长三角北部现代化中心城市建设

——基于淮安市的研究

史修松　孙爱武　著

中国财经出版传媒集团
中国财政经济出版社

图书在版编目（CIP）数据

长三角北部现代化中心城市建设：基于淮安市的研究／史修松，孙爱武著．--北京：中国财政经济出版社，2023.2
ISBN 978-7-5223-1869-1

Ⅰ.①长… Ⅱ.①史… ②孙… Ⅲ.①城市建设-研究-淮安 Ⅳ.①F299.275.33

中国国家版本馆 CIP 数据核字（2023）第 018345 号

责任编辑：段　钢　　　　责任校对：徐艳丽
封面设计：孙俪铭　　　　责任印制：史大鹏

中国财政经济出版社 出版
URL：http：//www.cfeph.cn
E-mail：cfeph@cfeph.cn

社址：北京市海淀区阜成路甲 28 号　邮政编码：100142
营销中心电话：010-88191522
天猫网店：中国财政经济出版社旗舰店
网址：https：//zgczjjcbs.tmall.com
北京财经印刷厂印刷　各地新华书店经销
成品尺寸：170mm×240mm　16 开　15.5 印张　254 000 字
2023 年 2 月第 1 版　2023 年 2 月北京第 1 次印刷
定价：68.00 元
ISBN 978-7-5223-1869-1
（图书出现印装问题，本社负责调换，电话：010-88190548）
本社质量投诉电话：010-88190744
打击盗版举报热线：010-88191661　QQ：2242791300

本书由江苏省重点培育智库苏北发展研究院、江苏省决策咨询研究基地“四化同步”研究基地、台商研究中心（2017ZSJD022）、苏北社区治理现代化研究中心、创新创业研究中心（2018ZDJD－B013）、创新创业与苏北高质量发展研究团队、江苏高校哲学社会科学重点研究基地“苏北社区治理现代化研究中心”、苏北发展与社会治理研究团队（2017ZSTD018）、淮安现代化研究院智库建设专项等项目资助。

PREFACE 前言

淮安位于长三角北部、江淮平原东部，境内四水穿城、五湖镶嵌，生态优良，风光旖旎；拥有2200多年的建城史，素有“南船北马、九省通衢”之称，是享誉四方的“中国运河之都”“世界美食之都”。主动融入国家发展战略，持续构筑大开放格局，对于助推地方发展具有重要意义。淮安将紧紧围绕国家重大战略实施，高质量对接实施长三角区域一体化发展、淮河生态经济带、江淮生态经济区等重大战略和“一带一路”倡议，更大力度集聚资源要素。淮安市第八次党代会确立了聚焦打造“绿色高地、枢纽新城”，全面建设长三角北部现代化中心城市，加快建设江苏“美丽中轴”和“绿心地带”明星城市的奋斗目标。随着区域经济互通互联、融合发展速度加快，整合城市内、外优势资源和要素，建设区域现代化中心城市成为各区域节点城市发展的方向。长三角地区是中国经济发展最活跃、开放程度最高、创新能力最强的区域之一，在中国经济社会建设和发展中具有举足轻重的战略地位。淮安地理位置处在长三角北部中心区域，建成长三角北部现代化北部中心城市，可以发挥服务周边城市及整个长三角区域人流、物流、资金流及信息流的集散和枢纽功能，提升城市品牌影响力。

本著作从长三角北部城市概况、淮安枢纽城市建设、制造业集群建设、数字经济建设、大运河文化带特色城市建设、进入全国地级市50强和百强县突破等方面，对淮安建成长三角北部现代化中心城市进行全方位研究。

第一章对淮安经济社会发展现状进行了概述，对城市群、中心城市、现代化等相关概念进行界定，对中心地理论、循环累积因果理论和市经济学理论等中心城市理论进行阐述。

第二章对长三角北部主要城市范围界定，对长三角北部城市徐州市、盐城市、淮安市、连云港市、淮北市、宿州市、蚌埠市、淮南市、滁州市等基本情况进行介绍，并从经济发展、社会发展、基础设施与环境、科技、文化、教育等方面对长三角北部城市进行详细分析，重点采用层次分析法（AHP）分析得到影响淮安建成长三角北部城市发展因素重要性权重大小的判断信息，在此基础上得出影响淮安建成长三角北部中心城市的因素重要性大小排序结果，为政府决策提供参考。

第三章从区位理论、区域产业集聚理论、复杂系统理论等方面对枢纽城市理论进行系统阐述，通过对淮安在枢纽城市圈节点城市的静态指标和动态指标进行比较分析，提升淮安枢纽城市影响力，需要加快城市化进程，优化产业结构，推动经济持续增长，构建交通物流体系，发展社会民生事业，提升枢纽城市品牌形象，为枢纽节点城市的周边地区提供物货、资金、信息的便捷、安全、高效地流转，为枢纽区域城市协同发展提供优质服务。

第四章对产业集群相关理论、形成机制和内在化理、动力要素和演化升级等进行论述，中心性城市要有强大的产业支撑，产业的高效发展是中心性城市的最主要特征。对淮安制造产业集群发展现状，尤其是淮安市特色产业集群进行综合分析，进而得到淮安制造产业集群发展存在的共性问题，最后从优化产业集群空间集聚，大力发展战略性新兴产业，支持核心共性技术研发，打造“数智支撑”产业集群等方面提出相关政策建议。

第五章对数字经济的基本概念、数字经济的统计分类等进行介绍，分别对中国、江苏和淮安的数字经济发展现状进行分析，提出淮安市数字经济高质量发展面临的问题，从加快数字基础设施建设，打造特色数字产业集群，推进数字经济和实体经济的深度融合，推进公共服务体系数字化进程，构建数字人才引育体系等方面提出政策建议。

第六章对淮安建设大运河文化带特色城市的研究背景、研究思路和方法进行介绍，从历史、文化、经济、生态等方面重新审视大运河物质和非物质文化遗产的价值，分析大运河文化、生态、航运等各种资源对城市发展产生的经济社会效应，以把淮安打造成为“游京杭运河、览漕运文化、看河工奇观、赏江淮风情”的最佳目的地为目标，分析淮安运河文化具有的特色和禀赋，以“文化保护传承利用为引领，统筹大运河沿线区域经济社会发展”的全新理念，基于淮安运河文化特色和资源禀赋，提出建设大运河文化带特色城市的对策建议。

第七章对淮安进入全国地级市50强的时代背景、研究方法进行阐述，依据2021年全国城市经济百强榜，选择了排名第37位的盐城市、第49位的金华市、第50位的襄阳市，分别从经济、科技、基础实施、环境四个方面进行对标分析，找出了淮安与对比城市在经济社会发展各方面的主要差距，在此基础上提出“十四五”期间淮安进入全国地级市50强的对策建议。

第八章对淮安百强县突破的国内背景、省内背景进行分析，对县域经济的概念和特征、县域经济的相关理论进行介绍，从百强县省域分布、百强县GDP等级分布、百强县发展显著特征进行分析，选择了排名第38位的东台市、第46位的邳州市、第57位的肥西县、第70位的沭阳县以及第100位的简阳市，分别从经济实力、经济活力、富裕程度、绿色水平等四个方面与淮安县域经济进行对标分析，最后从加快推进主导产业集群、突出科技创新驱动、完善社会保障体系、紧扣绿色发展导向等方面提出政策建议。

第九章为结论与建议。

CONTENTS 目录

第 1 章

绪　　论

1.1　研究背景

城市作为经济全球化载体和区域性生产贸易基本单位，对于一个地区、国家乃至全球经济的兴旺发达起着重要作用，衡量一个城市实力的指标是综合竞争力。研究城市综合竞争力不仅有助于正确认识和评价城市的发展现状和潜力，制定恰当的合作与竞争战略，实现城市之间的优势互补和良性竞争，形成合理的区域经济格局，还有助于城市参与国际竞争和国际分工。

淮安是江苏腹地中心城市，地处长三角北部中心节点区位，建设长三角现代化中心城市是淮安的责任与担当，也是长三角区域经济发展的历史选择。随着“双循环”新格局的加快构建，国家支持自主创新、“新基建”等推动新旧动能转换政策的大力实施，国家和省一系列重大战略在淮安的交汇叠加，自身区域交通条件的显著改善，生态、文化等资源优势的日益彰显，淮安将迎来一个大有可为的黄金发展期。淮安现代化城市建设对长三角区域经济发展至关重要，但当前城市现代化发展与其应发挥的功能还不是十分契合，需要通过开展长三角北部现代化中心城市对策研究，加快北部中心城市现代化水平建设速度，其在长三角社会经济发展中的地位。通过对现代化中心城市建设的区域经济学理论基础梳理，形成淮安现代化中心城市建设研究的理论支撑；通过淮安及长三角北部区域城市发展数据资料，分析淮安现代化发展的经济社会基础、产业集群架构和自然资源禀赋，以及淮安中心城市现代化发展的内、外在动因，在推动淮安城市现代化建设时抓住主要因素；通过国内外城市现代化建设案例分析比较，选择淮安现代化城市建设基本路径，为淮安城市现代化建设提出有效对策。通过研究，为淮安建设长三角北部现代化中心城市提供政策参考。

1.2 理论基础

1.2.1 城市群相关概念

（1）城市群。

英国学者 Howard（1898）提出了城市群的概念，Geddes（1915）、Unwin（1922）、Vining（1942）、Gottmann（1957）、于洪俊和宁越敏（1983）、McGee（1991）等学者不断发展和深化，城市群的内涵已经被学术界的广大学者所接受和认可。目前比较有代表性的观点有大都市区概念、超级都市区、全球城市区域、巨型城市区域、都市绵延区、城市密集地区、城市群、城镇密集区、城市集聚区等。

（2）中心城市。

2002 年，国家计委国土开发与地区经济研究所课题组将中心城市定义为经济社会组织的统一体。通过从经济聚集、基础设施、创新能力以及人口素质等方面评价中心城市，且认为其是在区域中具有很强的聚集能力、辐射能力以及综合服务能力，可以带动周边地区经济发展的城市。

（3）现代化。

现代化一般是指因知识增长、经济增长、政治发展和心理适应所导致的“传统社会”向“现代社会”过渡的急剧变动的过程。起源于工业革命，对人类社会现代化的意义不仅体现在生产技术、组织方式的变革所带来的经济的繁荣和物质财富的增长，引起整个社会制度、观念等方面的深刻变化以及社会发展水平的全面提高，促进了整个社会从传统到现代、从农业文明向工业文明的转化，给整个社会经济文化领域带来了根本性的变迁。

1.2.2 中心城市理论基础

(1) 中心地理论。

中心地理论被认为是20世纪人文地理学最重要的贡献之一，德国城市地理学家克里斯塔勒（W. Christäller）在1933年发表的《德国南部的中心地》一书中提出该理论，基于德国南部城镇农村居民点的调查，系统阐述了中心地的数量、规模和分布模式（克里斯塔勒，1933）。受杜能和韦伯区位论的影响，提出中心地、中心货物与服务、中心性、服务范围等概念，认为中心地有层级性和嵌套性，高等级中心地周边均分布有几个中级和低级中心地，在一定地域范围内，在市场原则、交通原则和行政原则下中心地所形成的职能、规模、空间分布形态呈现出规律性。

(2) 循环累积因果理论。

最早由瑞典著名经济学家、诺贝尔经济学奖获得者冈纳·缪尔达尔（Karl Gunnar Myrdal，1957）提出。他认为区域间经济循环及其“动力泵”是经济因素不均衡所致，经济因素的“差异”将带来经济循环的不同结果。这对于区域经济的发展，市场的趋动力量通常是倾向于增加的，中心城市的经济因素与区域内其他城市的经济因素要避免趋同化。城市之间差异性越大，互补性越强，经济环流势能越大，投资回报越多。

(3) 城市经济学理论。

德国地理学家拉采尔认为城市“是指地处交通方便，覆盖一定面积的人群和房屋的密集结合体”，苏联经济地理学家巴朗斯基认为，在经济地理上，国家或区域的主要轮廓是由道路和城市构成的，城市如一个国家的指挥部，在国家的经济、政治、行政和文化方面担负着组织的职能，城市是靠那些以农村经济中分化出来的非农业经济部门——工业、商业、运输业以及行政、文化部门而成长起来的。

1.3 研究内容

本书研究内容包括八章，第1章，绪论。本章首先介绍淮安建设长三角北部现代化中心城市的时代背景；其次，通过区域经济学、城市品牌学、社会学等理论梳理，提出淮安城市现代化建设理论基础，揭示淮安建成长三角北部现代化中心城市建设的经济学机理；最后，对本著作的主要研究内容进行阐述。

第 2 章，长三角北部城市整体概况。本章对长三角北部城市范围进行界定，通过统计年鉴、经济普查、政府信息数据资料梳理，分析长三角北部主要城市的社会经济基础、产业集群构架及自然资源禀赋现状；淮安建成长三角北部现代化中心城市中心内、外动因素分析，梳理分析作为地处长三角北部区域节点的中心城市现代化建设的主要因素；通过分析国内外城市现代化建设案例，借鉴案例的经验与教训，提出淮安建成长三角北部现代化中心城市对策与建议。

第 3 章，淮安枢纽城市建设研究。本章通过统计年鉴、经济普查、政府信息数据资料梳理，分析淮安区位与枢纽城市建设现状；通过区域经济学、城市品牌学、城市竞争等理论梳理，提出淮安枢纽城市地位提升建设理论基础，揭示淮安枢纽城市影响力提升的经济学机理；淮安枢纽城市地位影响因素分析，梳理影响枢纽城市建设的主次因素；通过分析国内外枢纽城市影响力提升建设案例，借鉴案例的经验与教训，提出淮安枢纽城市影响力提升的路径选择及对策。

第 4 章，淮安制造业集群研究。本章以淮安市制造业产业集群发展问题为研究对象，重点明确淮安制造产业发展的历史阶段特征、发展现状和整体水平，适应新时代和新发展格局要求，从淮安制造产业的结构、产业集群特征、工业基础、技术水平、区域特征、产业集群品牌等方面，提出打造具有区域影响力的制造业产业集群的实现路径和方法，提出对应的政策建议和保障措施。

第 5 章，淮安数字经济研究。本章以淮安市数字经济发展问题为研究对象，重点明确淮安数字经济发展历史阶段特征、发展基础、发展现状和整体水平，适应新时代和新发展格局要求，从数字基础设施、数字产业化和产业数字化等方面，构建淮安数字经济高质量发展发展的实现路径，提出对应的政策建议和保障措施。

第 6 章，淮安大运河文化带特色城市建设研究。本章对国内外运河文化相关研究成果进行文献梳理，总结运河文化对城市发展产生的影响和经济效应、社会效应；基于调查和统计数据，分析大运河的丰富文化、生态、航运等资源对淮安的经济价值和社会价值，总结出大运河淮安段的承载功能和孕育的文化资源；通过大运河江苏段沿线城市运河文化特点的对比，分析淮安运河文化资源的独特性以及特色城市建设的不足之处，从文化特性、资源禀赋和城市区位等方面提出淮安建设大运河文化带特色城市的对策建议。

第 7 章，淮安进入全国地级市 50 强研究。本章对城市竞争力及相关研究成果进行文献梳理，总结城市综合竞争力对城市发展产生的影响；基于调查和统计数据，从主导产业、科技创新、生态环境、资源禀赋、乡村振兴、公共服务等方面总结淮安经济社会发展现状；通过“十三五”期间 50 强地级市的对标分析，精准找出淮安经济社会发展存在的差距和不足，在此基础上，从多个方面提出淮安“十四五”进入全国地级市 50 强的对策建议。

第 8 章，淮安百强县突破研究。本章对县域经济核心竞争力的内涵及相关研究理论进行了系统梳理；从工业化发展阶段、城市化水平、信息化、农业现代化等多个角度对淮安县域经济发展现状进行评估；采用因子分析法对淮安县域经济发展各因子分析，计算出各公因子的得分，分析影响淮安县域经济发展的影响因素；根据淮安产业特色、县域经济的具体实际，提出淮安县域经济高质量发展的对策。

第 9 章，结论与建议。

第 2 章

长三角北部城市整体概况

2.1 长三角北部城市范围界定与城市简况

随着区域经济互通互联、融合发展速度加快，整合城市内、外优势资源和要素，建设区域现代化中心城市，已经成为各经济区域节点城市发展的使命和热点。长三角地区是长江三角洲的简称，也是中国经济发展最活跃、开放程度最高、创新能力最强的区域之一，在中国经济社会建设和发展中具有举足轻重的战略地位。淮安地处长三角城市群北部中心的地理位置，全方位建设成为长三角北部区域中心城市也是淮安人致力追求和奋斗的目标。

2.1.1 长三角北部主要城市范围界定

长三角地区是长江三角洲的简称，也是中国经济发展最活跃、开放程度最高、创新能力最强的区域之一，在中国经济社会建设和发展中具有举足轻重的战略地位。2018 年底，长江三角洲区域一体化上升为国家战略，推动长三角一体化发展，增强长三角地区创新能力和竞争能力，提高经济集聚度、区域连接性和政策协同效率，打造中国具有全球竞争力的世界级城市群，长三角地区成为中国经济参与全球竞合最强有力的引擎成为国家支持和发力方向。

长三角规划范围包括上海市、江苏省（苏州、无锡、常州、南京、镇江、南通、泰州、扬州、连云港、徐州、盐城、淮安、宿迁）、浙江省（宁波、杭州、嘉兴、金华、湖州、舟山、绍兴、温州、台州、丽水、衢州）、安徽省

（合肥、芜湖、马鞍山、六安、亳州、阜阳、铜陵、淮南、安庆、淮北、宿州、蚌埠、滁州、宣城、池州、黄山）全域，总面积 35.8 万平方千米，包括 40 个地级城市。

从长三角城市地理分布看，处在长三角北部的城市有江苏省北部连云港、徐州、盐城、淮安、宿迁五个城市和安徽省东部的淮北、宿州、蚌埠、淮南、滁州五个城市。从长三角地区北部八个城市地理区域分布上看，淮安地理位置处在中心区域，建成长三角北部现代化中心城市，可以有效发挥中心枢纽功能，发挥为周边城市及整个长三角提供人流、物流、资金流及信息流的集散和枢纽服务。基于长三角区域经济协调发展的需要和江苏淮河生态经济圈建设的规范，从经济、社会、交通物流、数字信息、邮电通信等全方位建设淮安为长三角北部现代化中心城市成为非常必要和紧迫。

2.1.2　长三角北部城市基本概况

（1）徐州市概况。

徐州是长三角北部江苏省内最北端的地级市，是江苏省重点规划建设的四个特大城市和三大都市圈核心城市之一。地处苏鲁豫皖四省接壤地区，拥有承东接西、沟通南北的区位优势，交通便捷发达，素有“五省通衢”之称，是全国重要的交通枢纽，已构建形成铁路、航空、公路、水运、管道“五通汇流”的现代化立体交通体系。下辖 2 市（新沂、邳州）、3 县、5 区和 1 个国家级经济技术开发区、1 个国家高新技术产业开发区，全市总面积 11258 平方千米，户籍人口 1045 万人。在国内大循环中处于连接东西、承接南北的战略位置，拥有“一带一路”建设、长三角一体化和淮海经济区中心城市建设等多重机遇。

（2）盐城市概况。

盐城地处江淮平原东部的黄海之滨，东临黄海，南与南通市、泰州市接壤，西与淮安市、扬州市毗邻，北隔灌河与连云港市相望。盐城有着得天独厚的土地、海洋、滩涂资源，是江苏省土地面积最大、海岸线最长的地级市。全市土地总面积 16931 平方千米，其中沿海滩涂面积 4553 平方千米，占全省沿海滩涂面积的 70%；海岸线长 582 千米，占全省海岸线总长度的 56%。2020 年末户籍总人口 810 万人。

（3）淮安市概况。

淮安位于江苏省腹地中心区域，处于长三角北部城市中心节点位置。市境东接盐城，东南毗扬州，北与连云港、西北与宿迁相连，南邻安徽省滁州。距离省会南京只有150千米，长三角核心城市上海300千米。2021年年末常住人口数为455.92万人，年末城镇常住人口为299.40万人、农村年末常住人口为156.52万人。

（4）连云港市概况。

连云港位于中国沿海中部，东濒黄海，东部与朝鲜、韩国、日本隔海相望，西与徐州市、宿迁市相连，南部与淮安市和盐城市毗邻，北至西北与山东省日照市、临沂市相邻，下辖3个区、3个县，土地面积7615平方千米，海域6677平方千米。2020年末户籍人口534.48万人。连云港区30万吨级航道建成通航，通达150多个国家地区，成为全国主枢纽港，入选国家物流枢纽布局承载城市。

（5）宿迁市概况。

宿迁地处江苏北部，是1996年7月设立的江苏省最年轻的地级市，属淮海经济带、沿海经济带、沿江经济带的交叉辐射区，总面积8524平方千米，2020年末户籍总人口591.21万人。沭阳县在“全国百强县”排名第32位，泗洪县跻身“全国百强县”，泗阳县获全省推进高质量发展争先进位综合奖，宿豫区获全省“人民生活高质量”争先进位奖，宿城区在全省主城区高质量发展监测中升至第9位。

（6）淮北市概况。

淮北市是长三角北部的安徽省最西北地级市，地处苏豫皖三省交界，是安徽省北大门，中原经济区重要成员，淮海经济区核心城市。距徐州观音机场90千米，距连云港260千米，是安徽省距出海口最近的城市。下辖相山区、杜集区、烈山区和濉溪县1县3区，5个省级开发区，总面积2741平方千米。2020年末全市户籍人口218.8万人。

（7）宿州市概况。

宿州地处安徽最北部，苏、鲁、豫、皖四省交界，襟临沿海、背依中原、北连古城徐州，是淮海经济协作区的核心城市之一，也是安徽省距离出海口最近的城市。下辖4县1区，土地面积9939平方千米，2020年末常住人口532.45万人。

（8）蚌埠人口基本状况。

蚌埠地处淮河中游，誉称“珠城”，北与宿州市接壤，南与淮南市，东与明光市和江苏省泗洪县毗邻，西与蒙城县、凤台县搭界。下辖怀远、五河、固镇 3 县，龙子湖、蚌山、禹会、淮上 4 区及 2 个国家级开发区，总面积 5951 平方千米，2020 年末常住人口 329.64 万人。

（9）淮南人口基本状况。

淮南市地处安徽省中北部，东与滁州市毗邻，东南与合肥市接壤，西南与六安市相连，西与阜阳市相接，北与亳州市、蚌埠市交界。下辖寿县、凤台县 2 个县，大通区、田家庵区、谢家集区、八公山区、潘集区 5 个市辖区以及毛集社会发展综合实验区。辖区东西最长距离 80.23 千米，南北最长距离 122.68 千米，总面积 5533 平方千米，2020 年末总人口 390.51 万人。

（10）滁州人口基本状况。

滁州市位于安徽最东部，东靠南京、西接合肥，北枕淮河、南临长江，是南京都市圈和合肥经济圈中心城市，也是长三角一体化发展核心区城市之一。下辖天长、明光 2 市，来安、全椒、定远、凤阳 4 县和琅琊、南谯 2 区，管理滁州经济技术开发区、中新苏滁高新技术产业园两个园区。全市土地总面积 13500 平方千米，2020 年末常住人口为 398.71 万人。

2.2　长三角北部城市发展现状

2.2.1　淮安市发展状况

（1）经济发展。

地区生产总值（GDP）：2020 年，淮安全市完成地区生产总值 4025.37 亿元，其中，第一产业完成 409.10 亿元，第二产业完成 1630.98 亿元，第三产业完成 1984.69 亿元。人均实现地区生产总值 87507 元（见图 2-1）。

财政收入：2020 年，全市实现财政总收入 500.95 亿元，一般公共预算收入 264.21 亿元，税收收入 206.69 亿元。

社会消费品零售总额：2020 年，全市实现 1675.85 亿元。

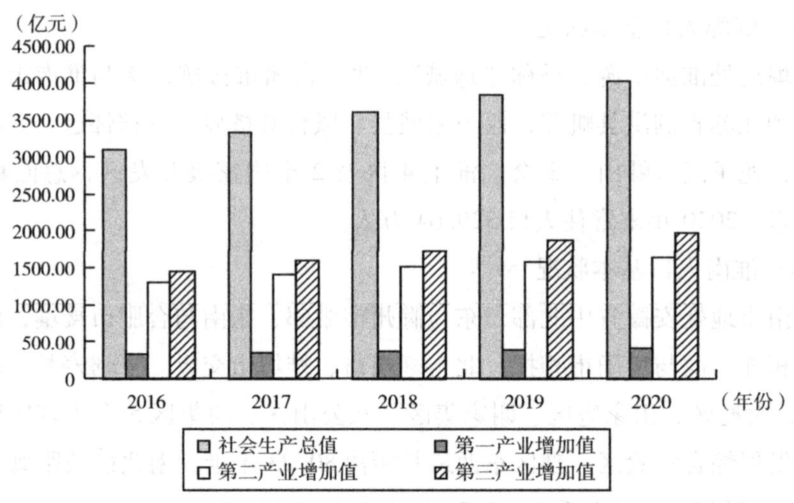

图 2-1 2016~2020 年地区产值情况统计

工业（规模以上）利润：规模以上工业企业 1486 个，实现营业收入 2481.66 亿元，实现利润总额 152.17 亿元（见表 2-1）。

表 2-1 2016~2020 年经济发展情况统计 单位：亿元

项目	2016 年	2017 年	2018 年	2019 年	2020 年
社会生产总值	3090.86	3341.61	3615.02	3840.21	4025.37
财政总收入	483.13	434.00	476.58	522.42	500.95
一般预算收入	315.51	230.61	247.27	257.31	264.21
税收	235.15	177.06	203.49	209.30	206.69
规模以上工业营业收入	7014.24	5894.20	3866.77	2266.99	2381.72
规模以上工业利润	404.81	360.95	213.40	143.56	152.17
社会消费品零售总额	1083.83	1197.09	1239.66	1745.41	1675.85
进出口总额	35.04	46.36	50.10	47.05	49.90

数据来源：相关省市统计年鉴。

（2）社会发展。

人口与就业：2020 年全市常住人口 455.92 万人，与 2016 年相比减少了 33.08 万人。全市吸纳就业人口约 269 万人（见表 2-2）。

城镇失业登记率：2020 年，城镇失业登记率为 1.76%。2016~2020 年城镇失业登记率下降了 0.11 个百分点。

城市化率：2020 年，城市化率为 65.7%。2016~2020 年城市率提高了 6

个百分点。

居民收入：2020 年，全市居民人均可支配收入平均为 31619 元，2016 ~ 2020 年年累计增长 8857 元。城镇居民人均可支配收入为 40318 元，农村居民人均可支配收入为 19730 元。

恩格尔系数：2020 年，城镇和农村恩格尔系数分别为 30.7% 和 33.1%，城市和乡村都进入小康社会序列。

表 2 -2　　2016 ~ 2020 年社会发展情况统计

年份（年）	常住人口（万人）	就业人口（万人）	城市化率（%）	居民可支配收入（元）	城镇登记失业率（%）
2016	489.00	283.60	59.70	22762.00	1.87
2017	491.40	284.50	61.30	24934.00	1.87
2018	492.50	285.10	62.40	27696.00	1.80
2019	493.26	284.70	63.50	30192.00	1.75
2020	455.92	268.90	65.70	31619.00	1.76

（3）基础设施与环境。

等级公路里程：2020 年，全市等级公路里程达到 13610 千米。2016 ~ 2020 年等级公路总里程增加了 259 千米。完成公路客运量 4151 万人，货运量 5079 万吨。

邮政业务量：2020 年，全市邮政业务量实现 53.66 亿元。2016 ~ 2020 年邮政业务量增长了 32.62 亿元。

电信业务量：2020 年，全市电信业务量实现 381.38 亿元。2016 ~ 2020 年电信业务量增长了 276.36 亿元（见表 2 -3）。

表 2 -3　　2016 ~ 2020 年基础设施情况统计

年份	等级公路里程（千米）	邮政业务（亿元）	电信业务（亿元）
2016	13351	21.04	105.02
2017	13232	29.61	79.11
2018	13436	35.28	191.84
2019	13508	45.73	308.15
2020	13610	53.66	381.38

（4）科技、文化、教育。

专利申请与授权：2020 年，全市向国家专利局申请专利量实现 15989 件，国家专利局授权量11768件。

图书馆及馆藏图书：2020年，全市拥有图书馆9个，馆藏图书4531千册。

高等学校及教师数量：2020年，全市高等学校数量为7所。在高等学校从事教育、教学、科研的老师数量4400人（见表2-4）。

表2-4 2016~2020年科技文化教育情况统计

年份	专利申请量（件）	专利授权量（件）	馆藏图书量（千册）	高校教师数（千人）
2016	17293	8081	2860	0.38
2017	16777	7331	3327	0.41
2018	17644	9050	3839	0.41
2019	13052	7676	4166	0.44
2020	15989	11768	4531	0.44

2.2.2 徐州市发展现状

（1）经济发展。

地区生产总值：2020年，全市完成社会生产GDP7319.77亿元，其中，第一产业完成718.68亿元，第二产业完成2931.61亿元，第三产业完成3669.48亿元。2016~2020年，社会生产总值年平均增长了377.49亿元，年平均增长速度为5.95%（见图2-2）。

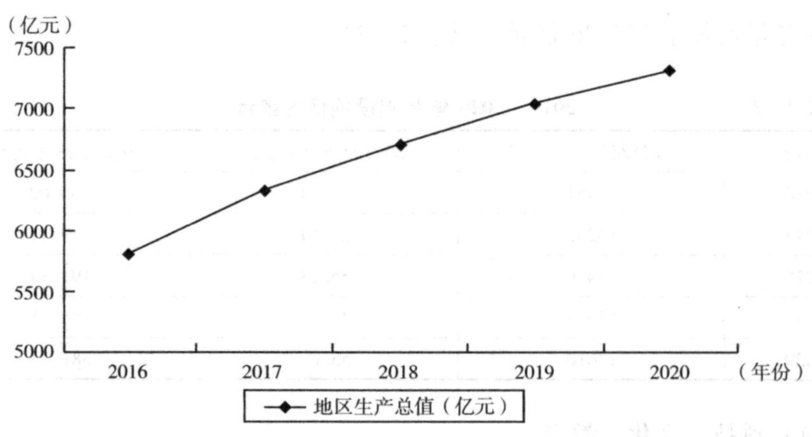

图2-2 徐州市2016~2020年地区生产总值发展趋势

2020 年，全市人均实现地区生产总值 80580 元。2016 ~2020 年，社会生产总值年平均增长了 3727. 75 元，年平均增长速度为 5. 24%（见表 2 –5）。

表 2 –5　　徐州市 2016 ~2020 年人均社会产值统计

项目	2016 年	2017 年	2018 年	2019 年	2020 年
人均社会产值（亿元）	67701	75611	76915	81138	80580

财政收入：2020 年，全市实现财政总收入 892. 07 亿元，一般公共预算收入 481. 8 亿元，税收收入 380. 68 亿元。2016 ~2020 年，财政总收入累计增长了 90. 96 亿元，5 年年平均增长了 20. 74 亿元。一般预算收入因为宏微观经济环境发生了深刻的变化，下降了 34. 24 亿元（见表 2 –6）。

表 2 –6　　徐州市 2016 ~2020 年财政收入统计　　单位：亿元

项目	2016 年	2017 年	2018 年	2019 年	2020 年
财政总收入	802. 01	844. 83	916. 87	897. 15	892. 97
一般预算收入	516. 06	501. 64	526. 21	468. 32	481. 82

社会消费品零售总额：2020 年，社会消费品零售总额全市实现 3286. 09 亿元。2016 ~2020 年社会消费品零售总额增加了 626. 7 亿元（见图 2 –3）。

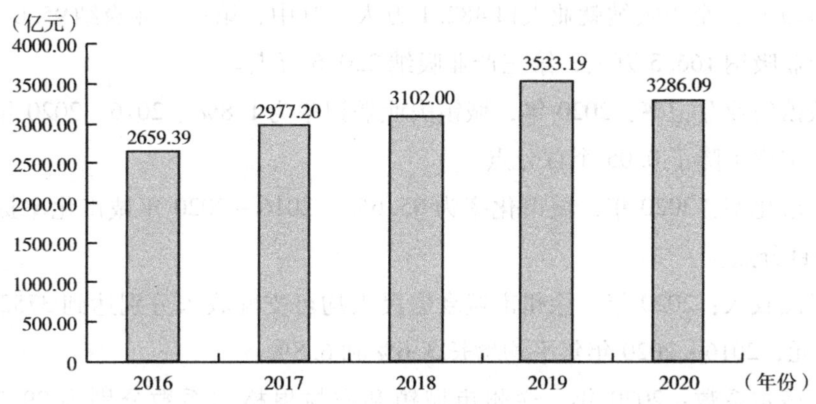

图 2 –3　徐州市 2016 ~2020 年社会消费品零售总额直方图

工业（规模以上）生产经营：规模以上工业企业 2024 个，实现营业收入 4758. 66 亿元，实现利润总额 290. 46 亿元（见表 2 –7）。

表 2-7 徐州市 2016～2020 年工业（规模以上）生产情况统计 单位：亿元

项目	2016 年	2017 年	2018 年	2019 年	2020 年
主营业务收入	13947.04	11668.49	5030.28	4322.77	4758.66
利润总额	1108.89	873.07	292.71	247.55	290.46

（2）社会发展。

人口与就业：2016～2020 年，徐州常住人口增长了 37.39 万人，5 年年增长速度达到 0.84%（见图 2-4）。

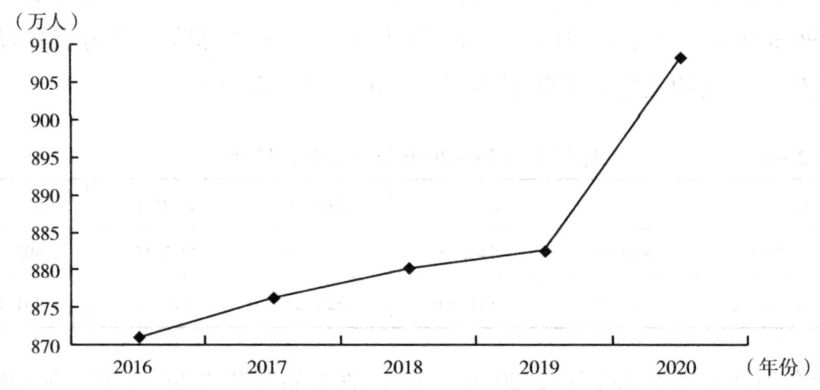

图 2-4 徐州市 2016～2020 年常住人口趋势

2020 年，全市吸纳就业人口 482.1 万人。其中，第一产业吸纳 95.0 万人，第二产业吸纳 166.5 万人，第三产业吸纳 220.6 万人。

城镇失业登记率：2020 年，城镇失业登记率为 1.8%。2016～2020 年城镇失业登记率下降了 0.05 个百分点。

城市化率：2020 年，城市化率为 65.6%。2016～2020 年城市化率提高了 3.2 个百分点。

居民收入：2020 年，徐州市城乡居民人均可支配收入分别达到 37523 元、21229 元，2016～2020 年年平均增长 3.6% 和 6.8%。

恩格尔系数：2020 年，徐州市城镇和农村恩格尔系数分别为 29.5% 和 30.9%，按照恩格尔理论贫富标准，徐州市已经实现小康社会建设目标。

（3）基础设施与环境。

等级公路里程：2020 年，全市等级公路里程达到 15918 千米。2016～2020 年等级公路总里程减少了 359 千米。

邮政业务量：2020年，全市邮政业务量实现106.11亿元。2016～2020年邮政业务量增长了66.81亿元。

电信业务量：2020年，全市电信业务量实现777.13亿元。2016～2020年电信业务量增长了569.74亿元（见表2－8）。

表2－8　2016～2020年基础设施情况统计

年份	等级公路里程（千米）	邮政业务（亿元）	电信业务（亿元）
2020	15918.00	106.11	777.13
2019	16793.00	77.45	619.41
2018	16611.00	65.72	381.18
2017	16351.00	53.12	155.65
2016	16277.00	39.30	207.39

（4）科技、文化、教育。

专利申请与授权：2020年，全市向国家专利局申请专利量实现35133件，国家专利局授权量27368件。

图书馆及馆藏图书：2020年，全市拥有图书馆9个，馆藏图书4366千册。

高等学校及教师数量：2020年，全市高等学校数量为12所。在高等学校从事教育、教学、科研的老师数量为9200人（见表2－9）。

表2－9　2016～2020年科技文化教育情况统计

年份	专利申请量（件）	专利授权量（件）	馆藏图书量（千册）	高校教师数（万人）
2016	21511.00	11458.00	3300.00	0.82
2017	18548.00	10523.00	3725.00	0.84
2018	25951.00	11247.00	3865.00	0.86
2019	33655.00	12603.00	4037.00	0.88
2020	35133.00	27368.00	4366.00	0.92

2.2.3 盐城市发展状况

（1）经济发展。

地区生产总值（GDP）：2020年，盐城全市完成地区生产总值5953.38亿元，其中，第一产业完成661.2亿元，第二产业完成2379.38亿元，第三产业完成2912.79亿元。人均实现地区生产总值88731元。

财政收入：2020年，全市实现财政总收入619.95亿元，一般公共预算收入400.1亿元，税收收入300.40亿元。

社会消费品零售总额：2020年，全市实现2216.12亿元。

工业（规模以上）利润：规模以上工业企业3139个，实现营业收入5256.3亿元，实现利润总额170.80亿元（见表2－10）。

表2－10　2016～2020年经济发展情况统计　单位：亿元

项目	2016年	2017年	2018年	2019年	2020年
社会生产总值	4546.90	4990.12	5387.16	5656.26	5953.38
财政总收入	597.24	545.24	593.62	598.81	621.36
一般预算收入	415.18	360.02	381.00	383.00	400.10
规模以上工业营业收入	8870.47	8080.48	5815.97	4653.68	5256.30
社会消费品零售总额	1630.88	1806.20	1778.74	2241.00	2216.12
进出口总额	79.51	86.53	95.49	96.12	119.33

（2）社会发展。

人口与就业：2020年盐城常住人口671.08万人，与2016年相比减少了52.44万人。全市吸纳就业人口418万人（见表2－11）。

表2－11　2016～2020年社会发展情况统计

年份	常住人口（万人）	就业人口（万人）	城市化率（%）	居民可支配收入（元）	城镇登记失业率（%）
2016	723.50	446.00	61.60	24463.00	1.85
2017	724.22	441.60	62.90	26740.00	1.82
2018	720.00	431.80	64.00	29488.00	1.80
2019	720.89	430.00	64.90	32096.00	1.78
2020	671.06	418.00	64.10	33707.00	1.80

城镇失业登记率：2020年，城镇失业登记率为1.85%。2016～2020年城镇失业登记率下降了0.05个百分点。

城市化率：2020年，城市化率为64.1%。2016～2020年城市化率提高了2.5个百分点。

居民收入：2020年，城乡居民人均可支配收入平均为33707元，2016～

2020 年年累计增长 9244 元。

恩格尔系数：2020 年，城镇和农村恩格尔系数分别为 29.0% 和 31.3%，城乡已经步入小康社会。

（3）基础设施与环境。

等级公路里程：2020 年，全市等级公路里程达到 21920 千米。2016～2020 年等级公路总里程增加了 2352 千米。

邮政业务量：2020 年，全市邮政业务量实现 58.79 亿元。2016～2020 年邮政业务量增长了 36.14 亿元。

电信业务量：2020 年，全市电信业务量实现 546.26 亿元。2016～2020 年电信业务量增长了 395 亿元（见表 2－12）。

表 2－12　2016～2020 年基础设施情况统计

年份	等级公路里程（千米）	邮政业务（亿元）	电信业务（亿元）
2020	21920.00	58.79	546.26
2019	20542.00	48.39	440.31
2018	20550.00	37.54	275.69
2017	19595.00	30.09	114.11
2016	19568.00	22.65	150.52

（4）科技、文化、教育。

专利申请与授权：2020 年，全市向国家专利局申请专利量实现 34489 件，国家专利局授权量 21533 件。

图书馆及馆藏图书：2020 年，全市拥有图书馆 11 个，馆藏图书 5980 千册。

高等学校及教师数量：2020 年，全市高等学校数量为 6 所。在高等学校从事教育、教学、科研的老师数量 4000 人（见表 2－13）。

表 2－13　2016～2020 年科技文化教育情况统计

年份	专利申请量（件）	专利授权量（件）	馆藏图书量（千册）	高校教师数（万人）
2016	28509.00	8076.00	3350.00	0.35
2017	31146.00	10017.00	3839.00	0.36
2018	34078.00	15932.00	4615.00	0.37
2019	25912.00	15713.00	4994.00	0.39
2020	34489.00	21533.00	5980.00	0.40

2.2.4 连云港市发展状况

（1）经济发展。

地区生产总值（GDP）：2020年，连云港全市完成地区生产总值3277.07亿元，其中，第一产业完成381.60亿元，第二产业完成1372.35亿元，第三产业完成1518.62亿元。人均实现地区生产总值71303元。

财政收入：2020年，全市实现财政总收入396.2亿元，一般公共预算收入245.17亿元，税收收入189亿元。

社会消费品零售总额：2020年，全市实现1104.29亿元。

工业（规模以上）利润：规模以上工业企业2024个，实现营业收入2854.45亿元，实现利润总额261.75亿元（见表2－14）。

表2－14　　2016～2020年经济发展情况统计　　单位：亿元

项目	2016年	2017年	2018年	2019年	2020年
社会生产总值	2536.49	2784.48	2923.04	3125.29	3277.07
财政总收入	315.10	339.46	391.39	408.10	396.20
一般预算收入	211.47	214.85	234.31	242.44	245.17
规模以上工业营业收入	5946.41	5338.77	2493.70	2719.80	2854.45
社会消费品零售总额	933.31	1038.31	1121.31	1162.82	1104.29
进出口总额	70.40	82.11	95.47	93.22	93.24

（2）社会发展。

人口与就业：2020年全市常住人口460.10万人，与2016年相比减少了10.46万人。全市吸纳就业人口253万人（见表2－15）。

表2－15　　2016～2020年社会发展情况统计

年份	常住人口（万人）	就业人口（万人）	城市化率（%）	居民可支配收入（元）	城镇登记失业率（%）
2016	449.64	250.50	60.20	21230.00	1.88
2017	451.84	250.60	61.70	23302.00	1.84
2018	452.00	250.50	62.60	25864.00	1.80
2019	451.10	249.50	63.60	28094.00	1.80
2020	460.10	253.00	61.50	29501.00	1.82

城镇失业登记率：2020 年，城镇失业登记率为 1.82%。2016～2020 年城镇失业登记率下降了 0.06 个百分点。

城市化率：2020 年，城市化率为 61.6%。2016～2020 年城市化率提高了 1.3 个百分点。

居民收入：2020 年，城乡居民人均可支配收入平均为 29501 元，2016～2020 年年累计增长 8271 元。

恩格尔系数：2020 年，城镇和农村恩格尔系数分别为 32.6% 和 35.9%，城市和乡村步入小康社会。

（3）基础设施与环境。

等级公路里程：2020 年，全市等级公路里程达到 12105 千米。2016～2020 年等级公路总里程增加了 78 千米。

邮政业务量；2020 年，全市邮政业务量实现 67.21 亿元。2016～2020 年邮政业务量增长了 49.83 亿元。

电信业务量；2020 年，全市电信业务量实现 390.55 亿元。2016～2020 年电信业务量增长了 287.07 亿元（见表 2－16）。

表 2－16　2016～2020 年基础设施情况统计

年份	等级公路里程（千米）	邮政业务（亿元）	电信业务（亿元）
2016	12027	17.38	102.58
2017	12117	24.60	80.28
2018	11909	33.82	197.83
2019	12103	46.94	314.18
2020	12105	67.21	390.55

（4）科技、文化、教育。

专利申请与授权：2020 年，全市向国家专利局申请专利量实现 12184 件，国家专利局授权量 8058 件。

图书馆及馆藏图书：2020 年，全市拥有图书馆 8 个，馆藏图书 3655 千册。

高等学校及教师数量：2020 年，全市高等学校数量为 5 所。在高等学校从事教育、教学、科研的老师数量 2500 人（见表 2－17）。

表 2-17　　2016~2020 年科技、文化、教育情况统计

年份	专利申请量（件）	专利授权量（件）	馆藏图书量（千册）	高校教师数（万人）
2016	8780	4599	2650	0.21
2017	9134	6311	3030	0.23
2018	9538	5790	3174	0.23
2019	8234	5012	3295	0.24
2020	12184	8058	3655	0.25

2.2.5 宿迁市发展状况

（1）经济状况。

地区生产总值（GDP）：2020 年，宿迁全市完成地区生产总值 3262.37 亿元，其中，第一产业完成 341.4 亿元，第二产业完成 1367.35 亿元，第三产业完成 1442.79 亿元。人均实现地区生产总值 65503 元。

财政收入：2020 年，全市实现财政总收入 394.69 亿元，一般公共预算收入 221.17 亿元，税收收入 189.20 亿元。

社会消费品零售总额：2020 年，全市实现 1258.08 亿元。

工业（规模以上）利润：规模以上工业企业 2065 个，实现营业收入 2966.90 亿元，实现利润总额 293.21 亿元（见表 2-18）。

表 2-18　　2016~2020 年经济发展情况统计　　单位：亿元

项目	2016 年	2017 年	2018 年	2019 年	2020 年
社会生产总值	2476.18	2721.87	2864.87	3084.23	3262.37
财政总收入	348.81	340.45	374.74	395.18	394.69
一般预算收入	238.08	200.58	206.20	212.60	221.17
规模以上工业营业收入	3896.33	2365.05	2188.65	2595.73	2966.90
社会消费品零售总额	705.40	781.39	833.82	1320.45	1258.08
进出口总额	24.22	29.48	36.01	34.25	48.59

（2）社会发展。

人口与就业：2020 年全市常住人口 498.8 万人，与 2016 年相比减少了 10.86 万人。全市吸纳就业人口 283 万人（见表 2-19）。

表 2-19　　2016~2020 年社会发展情况统计

年份	常住人口（万人）	就业人口（万人）	城市化率（%）	居民可支配收入（元）	城镇登记失业率（%）
2016	487.94	283.20	57.50	18957.00	1.88
2017	491.46	285.00	58.50	20756.00	1.80
2018	492.59	282.70	60.00	22918.00	1.80
2019	493.79	281.40	61.10	24938.00	1.80
2020	498.80	283.20	62.20	26421.00	1.70

城镇失业登记率：2020 年，城镇失业登记率为 1.70%。2016~2020 年城镇失业登记率下降了 0.18 个百分点。

城市化率：2020 年，城市化率为 62.2%。2016~2020 年城市化率提高了 4.7 个百分点。

居民收入：2020 年，城乡居民人均可支配收入平均为 26421 元，2016~2020 年年累计增长 7464 元。

恩格尔系数：2020 年，城镇和农村恩格尔系数分别为 32.5% 和 34.7%，城市和乡村步入小康社会。

（3）基础设施与环境。

等级公路里程；2020 年，全市等级公路里程达到 12405 千米。2016~2020 年等级公路总里程增加了 1905 千米。

邮政业务量：2020 年，全市邮政业务量实现 112.02 亿元。2016~2020 年邮政业务量增长了 87.39 亿元。

电信业务量：2020 年，全市电信业务量实现 431.78 亿元。2016~2020 年电信业务量增长了 326.2 亿元。

表 2-20　　2016~2020 年基础设施情况统计

年份	等级公路里程（千米）	邮政业务（亿元）	电信业务（亿元）
2016	10500	24.63	105.58
2017	10552	37.66	82.39
2018	10565	50.60	208.87
2019	12064	81.81	339.96
2020	12405	112.02	431.78

（4）科技、文化、教育。

专利申请与授权；2020 年，全市向国家专利局申请专利量实现 20680 件，国家专利局授权量 13960 件。

图书馆及馆藏图书：2020 年，全市拥有图书馆 8 个，馆藏图书 2804 千册。

高等学校及教师数量：2020 年，全市高等学校数量为 3 所。在高等学校从事教育、教学、科研的老师数量 1400 人（见表 2－21）。

表 2－21　　2016～2020 年科技文化教育情况统计

年份	专利申请量（件）	专利授权量（件）	馆藏图书量（千册）	高校教师数（千人）
2016	10522	4910	1440	0.09
2017	11126	4368	1563	0.09
2018	15531	8488	1705	0.11
2019	12431	7890	2520	0.12
2020	20680	13960	2804	0.14

2.2.6 淮北市发展状况

（1）经济状况。

地区生产总值（GDP）：2020 年，淮北全市完成地区生产总值 1119.06 亿元，其中，第一产业完成 80.35 亿元，第二产业完成 467.03 亿元，第三产业完成 571.69 亿元。人均实现地区生产总值 56661 元。

财政收入：2019 年，全市实现财政总收入 140.49 亿元，2020 年实现一般公共预算收入 80.07 亿元，税收收入 57.14 亿元。

社会消费品零售总额及进出口额：2020 年，全市实现 460.81 亿元，完成进出口 10.6 亿元。

工业（规模以上）利润：规模以上工业企业 639 个，实现营业收入 1334.55 亿元，实现利润总额 128.4 亿元（见表 2－22）。

表 2－22　　2016～2020 年经济发展情况统计　　单位：亿元

项目	2016 年	2017 年	2018 年	2019 年	2020 年
社会生产总值	799.03	924.01	1009.54	1077.94	1119.06
财政总收入	93.31	107.59	128.90	140.49	—

续表

项目	2016 年	2017 年	2018 年	2019 年	2020 年
一般预算收入	59.18	60.54	70.33	75.49	80.07
规模以上工业营业收入	2388.63	2512.01	682.00	1346.82	1334.55
社会消费品零售总额	315.86	353.13	324.48	454.93	460.81
进出口总额	6.13	6.08	7.18	8.15	10.06

（2）社会发展。

人口与就业：2020 年全市常住人口 197.1 万人，与 2016 年相比减少了 4.9 万人。全市吸纳就业人口 95.60 万人。

城镇失业登记率：2020 年，城镇失业登记率为 2.75%。2016～2020 年城镇失业登记率下降了 1.41 个百分点。

城市化率：2020 年，城市化率为 64.16%。2016～2020 年城市化率提高了 2.03 个百分点。

居民收入：2020 年，城镇居民人均可支配收入平均为 27248 元，2016～2020 年年累计增长 9180 元（见表 2－23）。

表 2－23　　2016～2020 年社会发展情况统计

年份	常住人口（万人）	就业人口（万人）	城市化率（%）	城镇居民可支配收入（元）	城镇登记失业率（%）
2016	202.00	118.50	62.13	36428	4.16
2017	201.00	120.80	63.61	34727	2.60
2018	199.00	122.30	65.11	31959	2.57
2019	198.00	123.10	65.88	29578	2.56
2020	197.10	95.60	64.16	27248	2.75

（3）基础设施与环境。

等级公路里程：2020 年，全市等级公路里程达到 5143 千米。2016～2020 年等级公路总里程增加了 872 千米。

邮政业务量：2020 年，全市邮政业务量实现 9.58 亿元。2016～2020 年邮政业务量增长了 8.02 亿元。

电信业务量：2020 年，全市电信业务量实现 174.31 亿元。2016～2020 年电信业务量增长了 137.94 亿元（见表 2－24）。

表 2 – 24　　2016 ~ 2020 年基础设施情况统计

年份	等级公路里程（千米）	邮政业务（亿元）	电信业务（亿元）
2016	4271	1. 56	36. 38
2017	4333	2. 10	26. 57
2018	4379	5. 93	83. 79
2019	4397	7. 82	141. 13
2020	5143	9. 58	174. 31

（4）科技、文化、教育。

专利申请与授权：2020 年，全市向国家专利局申请专利量实现 6724 件，国家专利局授权量 2925 件。

图书馆及馆藏图书：2020 年，全市拥有图书馆 5 个，馆藏图书 1034 千册。

高等学校及教师数量：2020 年，全市高等学校数量为 2 所。在高等学校从事教育、教学、科研的老师数量 1800 人（见表 2 – 25）。

表 2 – 25　　2016 ~ 2020 年科技文化教育情况统计

年份	专利申请量（件）	专利授权量（件）	馆藏图书量（千册）	高校教师数（千人）
2016	2604	909	919	0. 20
2017	3181	970	906	0. 20
2018	4827	1276	943	0. 16
2019	3995	1616	1015	0. 18
2020	6724	2925	1034	0. 18

2. 2. 7　宿州市发展状况

（1）经济状况。

地区生产总值（GDP）：2020 年，宿州全市完成地区生产总值 2044. 99 亿元，其中，第一产业完成 310. 42 亿元，第二产业完成 719. 61 亿元，第三产业完成 1014. 96 亿元。人均实现地区生产总值 38368 元。

财政收入：2020 年，全市实现财政总收入 208. 53 亿元，一般公共预算收入 133. 19 亿元，税收收入 87. 16 亿元。

社会消费品零售总额：2020 年，全市实现 1082. 57 亿元。

工业（规模以上）利润：规模以上工业企业 1011 个，实现营业收入 1452.59 亿元，实现利润总额 102.74 亿元（见表 2－26）。

表 2－26　2016～2020 年经济发展情况统计　单位：亿元

项目	2016 年	2017 年	2018 年	2019 年	2020 年
社会生产总值	1351.82	1466.45	1757.82	1978.75	2044.99
财政总收入	139.80	156.45	175.76	201.25	208.53
一般预算收入	95.62	100.12	111.56	130.17	133.19
规模以上工业营业收入	1315.00	1795.50	1151.00	1526.65	1452.29
社会消费品零售总额	476.92	533.68	554.34	1047.93	1082.57
进出口总额	4.70	5.79	7.42	9.09	13.42

（2）社会发展。

人口与就业：2020 年全市常住人口 532.65 万人，与 2016 年相比减少了 27.25 万人。全市吸纳就业人口 296 万人。

城镇失业登记率：2020 年，城镇失业登记率为 2.93%。2016～2020 年城镇失业登记率下降了 0.95 个百分点。

城市化率；2020 年，城市化率为 43.76%。2016～2020 年城市化率提高了 2.27 个百分点。

居民收入：2020 年，城镇居民人均可支配收入平均为 25533 元，2016～2020 年年累计增长 1143 元（见表 2－27）。

表 2－27　2016～2020 年社会发展情况统计

年份	常住人口（万人）	就业人口（万人）	城市化率（%）	城镇居民可支配收入（元）	城镇登记失业率（%）
2016	559.90	377.60	40.03	34373	2.42
2017	565.69	380.40	41.56	32643	3.01
2018	568.14	389.20	42.74	30100	2.60
2019	570.00	390.20	43.96	27703	2.36
2020	532.65	296.10	43.76	25533	2.93

（3）基础设施与环境。

等级公路里程：2020 年，全市等级公路里程达到 21250 千米。2016～2020 年等级公路总里程增加了 5448 千米。

邮政业务量：2020 年，全市邮政业务量实现 29.60 亿元。2016～2020 年邮政业务量增长了 7.54 亿元。

电信业务量：2020 年，全市电信业务量实现 416.24 亿元。2016～2020 年电信业务量增长了 338.71 亿元（见表 2－28）。

表 2－28　　2016～2020 年基础设施情况统计

年份	等级公路里程（千米）	邮政业务（亿元）	电信业务（亿元）
2016	15802	4.52	77.53
2017	16471	6.51	57.68
2018	17452	15.89	165.02
2019	19187	21.52	335.31
2020	21250	29.60	416.24

（4）科技、文化、教育。

专利申请与授权：2020 年，全市向国家专利局申请专利量实现 8233 件，国家专利局授权量 4122 件。

图书馆及馆藏图书：2020 年，全市拥有图书馆 6 个，馆藏图书 1322 千册。

高等学校及教师数量：2020 年，全市高等学校数量为 3 所。在高等学校从事教育、教学、科研的老师数量 1300 人（见表 2－29）。

表 2－29　　2016～2020 年科技文化教育情况统计

年份	专利申请量（件）	专利授权量（件）	馆藏图书量（千册）	高校教师数（万人）
2016	3324	1180	944.00	0.12
2017	3061	882	1160.00	0.12
2018	3996	1503	1362.00	0.18
2019	5485	1779	1350.00	0.14
2020	8233	4122	1322.00	0.13

2.2.8　蚌埠市发展状况

（1）经济状况。

地区生产总值（GDP）：2020 年，蚌埠全市完成地区生产总值 2082.73 亿元，其中，第一产业完成 255.01 亿元，第二产业完成 835.19 亿元，第三产业完成 992.53 亿元。人均实现地区生产总值 63209 元。

财政收入：2020 年，全市实现财政总收入 318. 30 亿元，一般公共预算收入 158. 48 亿元，税收收入 255. 89 亿元。

社会消费品零售总额：2020 年，全市实现 1202. 50 亿元。

工业（规模以上）利润：规模以上工业企业 1061 个，实现营业收入 2255. 78 亿元，实现利润总额 93. 84 亿元（见表 2 – 30）。

表 2 – 30　　2016 ~ 2020 年经济发展情况统计　　单位：亿元

项目	2016 年	2017 年	2018 年	2019 年	2020 年
社会生产总值	1385. 82	1550. 66	1906. 50	2057. 17	2082. 73
财政总收入	251. 25	274. 51	294. 72	317. 01	318. 30
一般预算收入	133. 88	141. 07	152. 65	163. 28	158. 48
规模以上工业营业收入	1160. 00	1115. 00	1106. 00	2107. 99	2255. 78
社会消费品零售总额	643. 99	725. 13	823. 46	1202. 11	1202. 50
进出口总额	17. 60	17. 71	14. 80	15. 83	18. 85

（2）社会发展。

人口与就业：2020 年全市常住人口 329. 76 万人，与 2016 年相比减少了 3. 34 万人。全市吸纳就业人口 173 万人。

城镇失业登记率：2020 年，城镇失业登记率为 2. 60%。2016 ~ 2020 年城镇失业登记率下降了 0. 26 个百分点。

城市化率；2020 年，城市化率为 55. 08%。2016 ~ 2020 年城市化率提高了 1. 34 个百分点。

居民收入：2020 年，城镇居民人均可支配收入平均为 28653 元，2016 ~ 2020 年年累计增长 10463 元（见表 2 – 31）。

表 2 – 31　　2016 ~ 2020 年社会发展情况统计

年份	常住人口（万人）	就业人口（万人）	城市化率（%）	城镇居民可支配收入（元）	城镇登记失业率（%）
2016	333. 10	231. 80	53. 74	28653	2. 86
2017	337. 67	236. 10	55. 31	31160	3. 10
2018	339. 20	262. 20	57. 22	33855	3. 18
2019	341. 20	241. 10	58. 58	37028	2. 30
2020	329. 76	172. 90	55. 08	39116	2. 60

(3) 基础设施与环境。

等级公路里程：2020年，全市等级公路里程达到11068千米。2016～2020年等级公路总里程增加了1838千米。

邮政业务量：2020年，全市邮政业务量实现29.83亿元。2016～2020年邮政业务量增长了27.39亿元。

电信业务量；2020年，全市电信业务量实现280.13亿元。2016～2020年电信业务量增长了219.06亿元（见表2－32）。

表2－32　　2016～2020年基础设施情况统计

年份	等级公路里程（千米）	邮政业务（亿元）	电信业务（亿元）
2016	9230	2.44	61.07
2017	9498	4.46	46.61
2018	9451	17.66	128.61
2019	9471	22.40	219.80
2020	11068	29.83	280.13

(4) 科技、文化、教育。

专利申请与授权；2020年，全市向国家专利局申请专利量实现9340件，国家专利局授权量4513件。

图书馆及馆藏图书：2020年，全市拥有图书馆8个，馆藏图书2870千册。

高等学校及教师数量：2020年，全市高等学校数量为3所。在高等学校从事教育、教学、科研的老师数量3400人（见表2－33）。

表2－33　　2016～2020年科技文化教育情况统计

年份	专利申请量（件）	专利授权量（件）	馆藏图书量（千册）	高校教师数（万人）
2016	9402	3098	1287.23	0.27
2017	7614	2190	1268	0.29
2018	9406	3290	1591	0.30
2019	7193	3608	720	0.34
2020	9340	4513	2870	0.34

2.2.9　淮南市发展状况

（1）经济状况。

地区生产总值（GDP）：2020 年，淮南全市完成地区生产总值 1337.2 亿元，其中，第一产业完成 142.35 亿元，第二产业完成 526.17 亿元，第三产业完成 668.68 亿元。人均实现地区生产总值 43557 元。

财政收入：2020 年，全市实现财政总收入 162.77 亿元，一般公共预算收入 104.02 亿元，税收收入 63.65 亿元。

社会消费品零售总额：2020 年，全市实现 774.32 亿元，实现进出口总额 7.62 亿元。

工业（规模以上）利润：规模以上工业企业 722 个，实现营业收入 1376.73 亿元，实现利润总额 84.30 亿元（见表 2－34）。

表 2－34　　2016～2020 年经济发展情况统计　　单位：亿元

项目	2016 年	2017 年	2018 年	2019 年	2020 年
社会生产总值	963.84	1060.18	1197.10	1296.17	1337.20
财政总收入	150.90	162.27	173.91	176.69	162.77
一般预算收入	97.45	101.32	105.38	109.41	104.02
规模以上工业营业收入	602.00	609.00	1138.48	1290.08	1376.73
社会消费品零售总额	512.46	573.45	609.02	761.49	774.32
进出口总额	2.75	2.99	4.83	5.98	7.62

（2）社会发展。

人口与就业：2020 年全市常住人口 303.47 万人，与 2016 年相比减少了 42.13 万人。全市吸纳就业人口 143 万人。

城镇失业登记率：2020 年，城镇失业登记率为 3.10%。2016～2020 年城镇失业登记率下降了 0.9 个百分点。

城市化率：2020 年，城市化率为 61.08%。2016～2020 年城市化率下降了 0.97 个百分点。

居民收入：2020 年，城镇居民人均可支配收入平均为 37699 元，2016～2020 年年累计增长 9601 元（见表 2－35）。

表 2－35　　2016～2020 年社会发展情况统计

年份	常住人口（万人）	就业人口（万人）	城市化率（%）	城镇居民可支配收入（元）	城镇登记失业率（%）
2016	345.60	226.40	62.05	28098	4.00
2017	348.70	223.70	63.46	30405	3.10
2018	348.95	219.50	64.11	32852	3.13
2019	349.00	214.60	65.04	35826	3.17
2020	303.47	142.90	61.08	37699	3.10

（3）基础设施与环境。

等级公路里程：2020 年，全市等级公路里程达到 9552 千米。2016～2020 年等级公路总里程增加了 1145 千米。

邮政业务量：2020 年，全市邮政业务量实现 14.23 亿元。2016～2020 年邮政业务量增长了 10.98 亿元。

电信业务量：2020 年，全市电信业务量实现 240.71 亿元。2016～2020 年电信业务量增长了 191.21 亿元（见表 2－36）。

表 2－36　　2016～2020 年基础设施情况统计

年份	等级公路里程（千米）	邮政业务（亿元）	电信业务（亿元）
2016	8407	3.25	49.45
2017	8513	3.51	41.24
2018	8367	7.50	106.06
2019	8598	10.33	191.26
2020	9552	14.23	240.71

（4）科技、文化、教育。

专利申请与授权：2020 年，全市向国家专利局申请专利量实现 7427 件，国家专利局授权量 3261 件。

图书馆及馆藏图书：2020 年，全市拥有图书馆 10 个，馆藏图书 711.20 千册。

高等学校及教师数量：2020 年，全市高等学校数量为 6 所。在高等学校从事教育、教学、科研的老师数量 3300 人（见表 2－37）。

表 2－37　　2016～2020 年科技文化教育情况统计

年份	专利申请量（件）	专利授权量（件）	馆藏图书量（千册）	高校教师数（万人）
2016	5540	2268	625.10	0.33
2017	5381	2358	663.00	0.33
2018	5460	2313	635.30	0.32
2019	5892	2067	1109.20	0.31
2020	7427	3261	711.20	0.33

2.2.10　滁州市发展状况

（1）经济状况。

地区生产总值（GDP）：2020 年，滁州全市完成地区生产总值 3032.07 亿元，其中，第一产业完成 271.68 亿元，第二产业完成 1477.82 亿元，第三产业完成 1287.57 亿元。人均实现地区生产总值 76087 元。

财政收入：2020 年，全市实现财政总收入 371.80 亿元，一般公共预算收入 226.02 亿元，税收收入 274.61 亿元。

社会消费品零售总额：2020 年，全市实现 1182.59 亿元。

工业（规模以上）利润：规模以上工业企业 1870 个，实现营业收入 3158 亿元，实现利润总额 288.46 亿元（见表 2－38）。

表 2－38　　2016～2020 年经济发展情况统计　　单位：亿元

项目	2016 年	2017 年	2018 年	2019 年	2020 年
社会生产总值	1422.83	1604.39	2594.07	2909.06	3032.07
财政总收入	256.37	289.28	324.50	357.12	371.80
一般预算收入	167.31	182.51	199.28	214.61	226.02
规模以上工业营业收入	1578.00	1537.00	1598.00	3070.44	3158.00
社会消费品零售总额	515.15	574.39	639.06	1137.82	1182.59
进出口总额	23.34	27.75	31.03	40.27	38.65

（2）社会发展。

人口与就业：2020 年全市常住人口 398.85 万人，与 2016 年相比减少了 5.55 万人。全市吸纳就业人口 215.50 万人。

城镇失业登记率：2020 年，城镇失业登记率为 2.82%。2016 ~ 2020 年城镇失业登记率下降了 0.26 个百分点。

城市化率：2020 年，城市化率为 61.84%。2016 ~ 2020 年城市化率提高了 11.44 个百分点。

居民收入：2020 年，城乡居民人均可支配收入平均为 25711 元，2016 ~ 2020 年年累计增长 7716 元（见表 2 – 39）。

表 2 – 39　　2016 ~ 2020 年社会发展情况统计

年份	常住人口（万人）	就业人口（万人）	城市化率（%）	居民可支配收入（元）	城镇登记失业率（%）
2016	404.40	298.10	50.40	17995.00	3.22
2017	407.62	291.60	51.89	19721.00	3.00
2018	411.42	310.40	53.42	21701.00	2.76
2019	414.70	315.90	54.54	23998.60	2.67
2020	398.85	215.50	61.84	25711.40	2.82

（3）基础设施与环境。

等级公路里程：2020 年，全市等级公路里程达到 20438 千米。2016 ~ 2020 年等级公路总里程增加了 3155 千米。

邮政业务量：2020 年，全市邮政业务量实现 30.32 亿元。2016 ~ 2020 年邮政业务量增长了 27.67 亿元。

电信业务量：2020 年，全市电信业务量实现 318.78 亿元。2016 ~ 2020 年电信业务量增长了 250.58 亿元（见表 2 – 40）。

表 2 – 40　　2016 ~ 2020 年基础设施情况统计

年份	等级公路里程（千米）	邮政业务（亿元）	电信业务（亿元）
2016	17283	2.65	68.20
2017	17574	4.61	53.93
2018	17941	15.76	147.97
2019	18417	21.08	250.56
2020	20438	30.32	318.78

（4）科技、文化、教育。

专利申请与授权：2020 年，全市向国家专利局申请专利量实现 14297 件，国家专利局授权量 8654 件。

图书馆及馆藏图书：2020 年，全市拥有图书馆 10 个，馆藏图书 2305 千册。

高等学校及教师数量：2020 年，全市高等学校数量为 5 所。在高等学校从事教育、教学、科研的老师数量 2900 人（见表 2－41）。

表 2－41　2016～2020 年科技文化教育情况统计

年份	专利申请量（件）	专利授权量（件）	馆藏图书量（千册）	高校教师数（万人）
2016	12628	3600	1155. 00	0. 25
2017	10083	3131	1361. 70	0. 25
2018	14399	4707	1868. 00	0. 28
2019	11086	6023	2204. 00	0. 30
2020	14279	8654	2305. 00	0. 29

2.3　淮安建设长三角北部中心城市影响因素

2.3.1　方法选择

本章选择对研究区域经济、城市发展问题的学者以及政府城市决策、管理工作者开展问卷调查，了解他们对影响淮安建成长三角北部现代化中心城市的具体因素及淮安建成长三角北部中心城市各类因素的重要性的认识和看法。基于面访、问卷调查搜集的数据信息资料，运用层次分析法（AHP 分析法）分析、推断，得到影响淮安建成长三角北部城市发展因素重要性权重大小的判断信息，在此基础上得出对影响淮安建成长三角北部中心城市的因素重要性大小排序结果，为政府决策提供参考。

层次分析法（AHP 分析法）是 20 世纪 70 年代美国运筹学家托马斯·塞蒂（T. L. Saaty）创立对多指标系统进行分析的层次化、结构化决策方法，他将影响决策系统的变量按照隶属关系排序，形成影响决策变量递进层次逻辑关系，构建判断矩阵，计算分析影响因素重要性权重大小。选择使用层次分析法（AHP 分析法）对影响淮安建成长三角北部中心城市因素重要性分析具有一定的科学性和适用性。

2.3.2 影响因素分解与归类

通过对淮安建成长三角北部中心城市发展影响因素梳理、分解，结合中心城市建设相关理论及淮安城市区位、经济社会发展的实际情况，认为可以将影响准则层因素分解为经济现代化、社会现代化、基础设施与环境现代化和文化现代化四大类别的因素。

在要素层因素中，将经济现代化因素进一步分解为人均社会产值、第三产业增加值占 GDP 比重、外贸依存度、高新技术产值占工业增加值比重、社会消费品零售总额等因素；社会现代化因素分解为平均预期寿命、恩格尔系数、城镇化率、社会保险覆盖率等因素；基础设施与环境现代化因素进一步分解为人均高速路里程数、信息化程度和绿化覆盖率、污物处理率等因素；文化现代化因素分解为人均拥有馆藏图书量、高等学校数量和受过高等教育人数比重等三类要素。按照因素间的递进关系排列得到因素分层结构表（见表 2－42）。

表 2－42　淮安建成长三角北部中心城市影响因素分层结构

目标层	准则层	要素层
淮安城市发展影响因素 M	经济现代化 M_1	人均社会产值 M_{11}
		第三产业增加值占 GDP 比重 M_{12}
		外贸依存度 M_{13}
		高新技术产值占工业增加值比重 M_{14}
		社会消费品零售总额 M_{15}
	社会现代化 M_2	平均预期寿命 M_{21}
		恩格尔系数 M_{22}
		城镇化率 M_{23}
		社会保险覆盖率 M_{24}
	基础设施与环境现代化 M_3	人均高速路里程数 M_{31}
		信息化程度 M_{32}
		绿化覆盖率 M_{33}
		污物处理率 M_{34}
	文化现代化 M_4	人均拥有馆藏图书量 M_{41}
		高等学校数量 M_{42}
		受过高等教育人数比重 M_{43}

2.3.3 影响因素重要性测度

（1）准则层因素重要性测度。

整理调查对象对目标路径所属经济现代化、社会现代化、基础设施与环境现代化、文化现代化因素重要性的受访者的观点与看法，形成构造判断矩阵的基础数据构造判断矩阵（见表2－43）。

表2－43　　淮安建成长三角北部中心城市影响因素判断矩阵

<table>
<tr><th>M</th><th>M_1</th><th>M_2</th><th>M_3</th><th>M_4</th><th>$u_{1i}=\prod_{j=1}^{4} M_{1j}$</th><th>$w_{1i}=\sqrt[4]{u_{1i}}$</th><th>$W_1=\sum_{j=1}^{4} w_{1j}$</th><th>$W_{1i}=\frac{w_{1i}}{W_1}$</th></tr>
<tr><td>M_1</td><td>1</td><td>3</td><td>5</td><td>4</td><td>60</td><td>2.78</td><td rowspan="4">5.01</td><td>0.54</td></tr>
<tr><td>M_2</td><td>0.33</td><td>1</td><td>2</td><td>0.5</td><td>0.33</td><td>0.76</td><td>0.15</td></tr>
<tr><td>M_3</td><td>0.2</td><td>0.5</td><td>1</td><td>0.5</td><td>0.05</td><td>0.47</td><td>0.10</td></tr>
<tr><td>M_4</td><td>0.25</td><td>2</td><td>2</td><td>1</td><td>1</td><td>1</td><td>0.21</td></tr>
<tr><td colspan="5" rowspan="5">一致性检验</td><td colspan="2">指标</td><td>指标值</td><td>结论</td></tr>
<tr><td colspan="2">λ1max</td><td>4.20</td><td rowspan="4">C. R1 <0.1
通过一致性检验</td></tr>
<tr><td colspan="2">$C.I_1$</td><td>0.067</td></tr>
<tr><td colspan="2">RI_1</td><td>0.90</td></tr>
<tr><td colspan="2">$C.R_1$</td><td>0.074</td></tr>
</table>

注：M－目标路径，M_1－经济现代化，M_2－社会现代化，M_3－基础设施与环境现代化，M_4－文化现代化。

利用方根法计算得到：

矩阵最大特征根的特征向量为：$E^M=(0.54,\ 0.15,\ 0.19,\ 0.20)^T$。

特征值为：$\lambda_{max}=4.20$。

影响淮安建成长三角北部中心城市影响因素间的相互关系众多而复杂，以及调查对象对影响因素理性认知和实践考察角度存在偏差，有可能会导致判断矩阵产生的判断相互矛盾，需要对判断矩阵一致性检验。

一致性检验：一致性指标 $C.I=\frac{\lambda_{max}-n}{n-1}=(4.2-4)/3=0.067$。

一致性比例：$C.R=\frac{C.I}{R.I}=0.067/0.9=0.074<0.1$。

结果通过一致性检验。因此，认为根据调查者的意见构造的判断矩阵可以接受，即经济现代化、社会现代化、基础设施与环境现代化和文化现代化四类因素重要性排序有效。

（2）要素层因素重要性测度。

下面对经济现代化、社会现代化、基础设施与环境现代化和文化现代化的所属要素层影响因素重要性看法构造判断矩阵，分析影响因素重要性大小。

①经济现代化因素重要性测度（见表2-44）。

表2-44　淮安建成长三角北部中心城市经济现代化因素判断矩阵

M_1	M_{11}	M_{12}	M_{13}	M_{14}	M_{15}	$u_{1i}=\prod_{j=1}^{4}M_{1j}$	$w_{1i}=\sqrt[4]{u_{1i}}$	$W_1=\sum_{j=1}^{4}w_{1j}$	$W_{1i}=\frac{w_{1i}}{W_1}$
M_{11}	1	1	2	1	6	12	1.64	6.11	0.27
M_{12}	1	1	2	1	5	10	1.58		0.26
M_{13}	0.5	0.5	1	2	5	2.5	1.20		0.20
M_{14}	0.25	2	2	1	6	6	1.43		0.23
M_{15}	0.17	0.2	0.2	0.17	1	0.001	0.26		0.04
一致性检验						指标		指标值	结论
						λ_{1max}		5.13	$C.R_1<0.1$ 通过一致性检验
						$C.I_1$		0.033	
						RI_1		1.12	
						$C.R_1$		0.029	

注：M_1-经济现代化，M_{11}-人均社会产值，M_{12}-第三产业增加值占GDP比重，M_{13}-外贸依存度；M_{14}-高新技术产值占工业增加值比重；M_{15}-社会消费品零售总额。

矩阵最大特征根的特征向量为：$E_1^M=(0.27,\ 0.26,\ 0.20,\ 0.23,\ 0.04)^T$。

特征值为：$\lambda_{max}=5.13$。

一致性检验：一致性指标 $C.I=\frac{\lambda_{max}-n}{n-1}=(5.13-5)/4=0.033$。

一致性比例：$C.R=\frac{C.I}{R.I}=0.033/1.12=0.029<0.1$。

结果通过一致性检验。因此，认为根据调查对象意见构造的判断矩阵可以接受，即人均社会产值、第三产业增加值占GDP比重、外贸依存度、高新技术产值占工业增加值比重、社会消费品零售总额五类因素的重要性排序有效。

②社会现代化因素重要性测度（见表 2 -45）。

表 2 -45　淮安建成长三角北部中心城市社会现代化因素判断矩阵

M_2	M_{21}	M_{22}	M_{23}	M_{24}	$u_{1i}=\prod_{j=1}^{4}M_{1j}$	$w_{1i}=\sqrt[4]{u_{1i}}$	$W_1=\sum_{j=1}^{4}w_{1j}$	$W_{1i}=\frac{w_{1i}}{W_1}$
M_{21}	1	2	4	2	16	2	4. 08	0. 43
M_{22}	0. 5	1	3	1	1. 5	1. 11		0. 24
M_{23}	0. 25	0. 33	1	0. 33	0. 027	0. 41		0. 09
M_{24}	0. 5	1	3	1	1. 5	1. 11		0. 24
一致性检验					指标		指标值	结论
					λ_{1max}		4. 20	$C.R_1<0.1$ 通过一致性检验
					$C.I_1$		0. 027	
					RI_1		0. 90	
					$C.R_1$		0. 03	

注：M_2 -社会现代化，M_{21} -平均预期寿命，M_{22} -恩格尔系数，M_{23} -城镇化率；M_{24} -社会保险覆盖率。

矩阵最大特征根的特征向量为：$E_2^M=(0.43,\ 0.24,\ 0.09,\ 0.24)^T$。

特征值为：$\lambda_{max}=4.08$。

一致性检验：一致性指标 $C.I=\frac{\lambda_{max}-n}{n-1}=(4.08-4)/3=0.027$。

一致性比例 $C.R=\frac{C.I}{R.I}=0.027/0.90=0.03<0.1$。

结果通过一致性检验。因此，认为根据调查对象意见构造的判断矩阵可以接受，即平均预期寿命、恩格尔系数、城镇化率和社会保险覆盖率等四类因素重要性排序有效。

③基础设施与环境现代化因素重要性测度（见表 2 -46）。

表 2 -46　淮安建成长三角北部中心城市基础设施与环境现代化因素判断矩阵

M_3	M_{31}	M_{32}	M_{33}	M_{34}	$u_{1i}=\prod_{j=1}^{4}M_{1j}$	$w_{1i}=\sqrt[4]{u_{1i}}$	$W_1=\sum_{j=1}^{4}w_{1j}$	$W_{1i}=\frac{w_{1i}}{W_1}$
M_{21}	1	2	3	3	18	2. 06	4. 53	0. 45
M_{22}	0. 5	1	2	2	2	1. 19		0. 27
M_{23}	0. 33	0. 5	1	1	0. 17	0. 64		0. 14
M_{24}	0. 33	0. 5	1	1	0. 17	0. 64		0. 14

续表

M_3	M_{31}	M_{32}	M_{33}	M_{34}	$u_{1i}=\prod_{j=1}^{4} M_{1j}$	$w_{1i}=\sqrt[4]{u_{1i}}$	$W_1=\sum_{j=1}^{4} w_{1j}$	$W_{1i}=\frac{w_{1i}}{W_1}$
一致性检验					指标	指标值	结论
					λ_{1max}	4.11	C. R_1 <0.1 通过一致性检验
					C. I_1	0.027	
					RI_1	0.90	
					C. R_1	0.041	

注：M_3 – 基础设施与环境现代化，M_{31} – 人均高速路里程数，M_{32} – 信息化程度，M_{33} – 绿化覆盖率，M_{34} – 污物处理率。

矩阵最大特征根的特征向量为：$E_3^M=(0.45,\ 0.27,\ 0.14,\ 0.14)^T$。

特征值为：$\lambda_{max}=4.11$。

一致性检验：一致性指标 $C.I=\frac{\lambda_{max}-n}{n-1}=(4.11-4)/3=0.037$。

一致性比例：$C.R=\frac{C.I}{R.I}=0.037/0.90=0.041<0.1$。

分析结果通过一致性检验。因此，认为根据调查对象意见构造的判断矩阵可以接受，即人均高速路里程数、信息化程度和绿化覆盖率、污物处理率等因素重要性排序有效。

④文化现代化因素重要性测度（见表 2 –47）。

表 2 –47　　淮安建成长三角北部城市文化现代化因素判断矩阵

M_4	M_{41}	M_{42}	M_{43}	$M_{ij}=\prod_{j=1}^{n} b_{ij}$	$w_{ij}=\sqrt[n]{M_{ij}}$	$W_i=\sum_{J=1}^{n} W_{ij}$	$W_{ij}=w_{ij}/\sum_{J=1}^{n} W_{ij}$
M_{41}	1	5	3	15	2.466	3.804	0.648
M_{42}	0.2	1	0.5	0.1	0.464		0.122
M_{43}	0.33	2	1	0.667	0.874		0.230
一致性检验				指标		指标值	结论
				λ_{1max}		3.01	C. R_1 <0.1 通过一致性检验
				C. I_4		0.001	
				RI_4		0.58	
				C. R_4		0.002	

注：M_4 – 文化现代化，M_{41} – 人均拥有馆藏图书量，M_{42} – 高等学校数量，M_{43} – 受过高等教育人数比重。

矩阵最大特征根的特征向量为：$E_4{}^M = (0.648, 0.122, 0.230)^T$。

特征值为：$\lambda_{max} = 3.01$。

一致性检验：一致性指标 $C.I = \frac{\lambda_{max} - n}{n-1} = \frac{3.002 - 3}{2} = 0.001$。

一致性比例 $C.R = \frac{C.I}{R.I} = \frac{0.001}{0.58} = 0.002 < 0.1$。

测算结果通过一致性检验。因此，认为根据专家、学者的意见可以接受，即人均拥有馆藏图书量、高等学校数量和受过高等教育人数比重等要素的重要性排序是有效的。

2.3.4　影响因素重要性排序

根据调查问卷的信息和数据构建出的判断矩阵通过一致性检验，说明现代淮安城市发展影响因素的重要性排序有效，根据计算结果确定各影响因素最终权重（见表 2－48）。

表 2－48　　影响长三角北部城市发展因素的权重

<table>
<tr><th>目标层</th><th>准则层</th><th>要素层</th><th>权重（%）</th></tr>
<tr><td rowspan="16">淮安建成长三角北部现代化中心城市影响因素 M</td><td rowspan="5">经济现代化 M_1</td><td>人均社会产值 M_{11}</td><td>14.58</td></tr>
<tr><td>第三产业增加值占 GDP 比重 M_{12}</td><td>14.04</td></tr>
<tr><td>外贸依存度 M_{13}</td><td>10.8</td></tr>
<tr><td>高新技术产值占工业增加值比重</td><td>12.42</td></tr>
<tr><td>社会消费品零售总额</td><td>2.16</td></tr>
<tr><td rowspan="4">社会现代化 M_2</td><td>平均预期寿命 M_{21}</td><td>6.45</td></tr>
<tr><td>恩格尔系数 M_{22}</td><td>3.60</td></tr>
<tr><td>城镇化率 M_{23}</td><td>1.35</td></tr>
<tr><td>社会保险覆盖率 M_{24}</td><td>3.60</td></tr>
<tr><td rowspan="4">基础设施与环境现代化 M_3</td><td>人均高速路里程数 M_{31}</td><td>4.50</td></tr>
<tr><td>信息化程度 M_{32}</td><td>2.70</td></tr>
<tr><td>绿化覆盖率 M_{33}</td><td>1.40</td></tr>
<tr><td>污物处理率 M_{34}</td><td>1.40</td></tr>
<tr><td rowspan="3">文化现代化 M_4</td><td>人均拥有馆藏图书量 M_{41}</td><td>13.61</td></tr>
<tr><td>高等学校数量 M_{42}</td><td>2.56</td></tr>
<tr><td>受过高等教育人数比重 M_{43}</td><td>4.83</td></tr>
<tr><td colspan="3">合计</td><td>100.00</td></tr>
</table>

以上分析结果显示，影响淮安建成长三角中心城市诸因素权重大小不一，说明淮安建成长三角中心城市影响因素的作用大小不同。影响淮安建成长三角中心城市因素的重要性排列顺序依次为：人均社会产值、第三产业增加值占GDP比重、人均拥有馆藏图书量、高新技术产值占工业增加值比重、外贸依存度、平均预期寿命、人均高速路里程数、受过高等教育人数比重、人均高速路里程数、恩格尔系数、信息化程度、高等学校数量、绿化覆盖率、污物处理率、城镇化率。

第 3 章

淮安枢纽城市建设研究

3.1 淮安枢纽城市发展概况

3.1.1 地理区位

淮安位于江苏省腹地中心区域，处于长三角北部城市中心节点位置。市境东接盐城，东南毗扬州，北与连云港、西北与宿迁相连，南邻安徽省滁州。距离省会南京只有 150 千米，长三角核心城市上海 300 千米。

3.1.2 自然资源

淮安井矿盐、芒硝、凹凸棒石、粘土等矿产资源较为丰富，但产业发展其他自然资源不是十分丰裕，自然资源的相对短缺对淮安的产业发展和枢纽城市影响力提升形成一定制约。寻求突破自然资源短板约束，发挥区位禀赋、交通物流、产业结构、制度优化、人力资源创新突破，对淮安枢纽城市影响力提升将是重要的路径。

矿产资源：淮安矿产资源主要有石盐、芒硝、凹凸棒石粘土、石油、玄武岩、石灰岩和白云岩、地热、矿泉水等。石盐、凹凸棒石粘土、芒硝保有资源储量居全省第一位。其中，探明石盐矿石资源储量 315.96 亿吨，凹凸棒石粘土资源储量 1960.52 万吨，无水芒硝矿石资源储量 6.79 亿吨。

土地资源：淮安属于黄淮平原和江淮平原，全市土地面积 10030 平方千米，耕地面积47.54万公顷，草地面积0.84万公顷，园地面积2.73万公顷，交通运输用地面积3.7万公顷，水域及水利设施用地面积28.93万公顷，城镇村及工矿用地面积13.84万公顷，其他土地面积0.74万公顷。

物产资源：淮安地处北亚热带和南暖温带之间，温、光、水、土等自然资源相对丰富，农业生产条件优越，适宜农作物生产、动物饲养和水产养殖，是全国重要绿色农副产品生产基地，盛产优质稻麦、棉花、油料、林木、水果、畜禽、鱼虾、鳖蟹、珍珠等物产，誉为“鱼米之乡”，洪泽湖大闸蟹、银鱼、淮安大米、盱眙龙虾、淮阴黑猪、青浦红椒、丁集黄瓜、金湖莲藕在市场具有较高的声誉。

3.1.3 人力资源

淮安劳动力较为丰富，但近年来人口稍有下降对劳动力资源供应有一定的负面影响，淮安统计年鉴（2021年）数据显示，2020年末常住人口数为455.92万人，年末城镇常住人口为299.40万人、农村年末常住人口为156.52万人。

3.1.4 水资源状况

淮安水资源较丰富，地表水资源较为贫乏。市境地处淮河流域中下游，境内河湖众多，水网密布，南水北调工程已成规模。境内年平均降雨径流深在199~262.5毫米。地表水资源较为贫乏，年际变化较大，年内分配不均，而地下水资源储量丰富，过境水量较多。

3.1.5 交通运输

淮安位于京杭大运河和淮河交汇处，是长三角及苏北地区重要的水陆交通枢纽，素有“南船北马”“九省通衢”美誉。目前，淮安“公、铁、水、空、管”综合交通运输体系建立，使枢纽城市的交通枢纽地位得到奠定，为长三角地区经济社会发展提供重要的交通支撑。

（1）公路交通状况。

淮安等级公路总里程13510千米，已经联网成环。长深、淮徐、盐淮、新扬、金马等6条高速公路贯穿境内，高速公路里程达403千米，并在苏北率先形成城市高速公路环；全市普通国省干线公路里程达到 824 千米，一级公路里程 760 千米，新改建农村公路超过 1 万千米，四级路实现“村村通”。

（2）航空运输状况。

航空运输近年来实现快速发展，对淮安枢纽城市影响力形成较大助力。淮安涟水国际机场航空客货运输增长迅速，2021 年，通航城市增至 40 多个，完成旅客吞吐量 140 万人次，货邮吞吐量 9.78 万吨，实现民用航空营业收入 10273 万元。

（3）港航运输状况。

全市共有航道 1483 千米，其中，等级航道 527 千米，共有港区 7 个、港口岸线 25.7 千米、码头 124 座、泊位 390 个，境内干线航道可常年通行 1000 吨级以上船舶。京杭大运河穿淮安城而过，纵贯城市南北，盐河、淮河、苏北灌溉总渠、洪泽湖等重要航道在境内交汇。京杭大运河是国家水运主通道，是南水北调东线工程的重要组织，京杭大运河两淮段是世界上最繁忙的内河航道之一。京杭大运河“三改二”、盐河“五改三”和工业园区通用码头、高良涧船闸扩容、淮河出海航道整治等一批重点港航设施建设，为淮安枢纽城市建设奠定良好基础。2021 年，淮安港航船闸累计开放 2.76 万闸次，放行船舶 11.01 万艘，船队 4745 个，过闸货物量 5606.13 万吨。

（4）铁路运输状况。

全市铁路通车里程达到 100.5 千米，铁路客运通达国内 50 多个大中城市。连淮扬镇、徐宿淮盐两条高铁建设已经通车，乘高铁出行，为枢纽城市建设提供极大便利。2021 年，共发送旅客 411 万人次，在长江以北江苏省的中心城市中仅次于徐州，与连云港相当，较 2020 年增长 324.73%，增幅在 74 个长三角百万客流车站中排名第二。

淮安铁路将建成“米”字形放射格局，连淮扬镇、徐宿淮盐、宁淮铁路、临淮铁路、沿淮铁路、淮泰铁路六条正线进出铁路建成将实现“六向进出、八线辐射”的规模，目前，连淮扬镇铁路和徐宿淮盐铁路形成十字交叉模式，这些铁路均在淮安东站交汇，使淮安的枢纽地位得以巩固和提升，由区域枢纽地位跃升为国家级枢纽高位。

3.1.6　物流产业

随着电子商务业的快速发展，物流企业对淮安网络经济及枢纽城市建设都产生重要影响。2021 年，淮安拥有邮电局（所）169 处，其中，市区拥有 88 处，涟水县拥有 34 处，金湖县 25 处，盱眙县 22 处。与众多的快递终端网点配合，支撑淮安物流运输的畅通。

3.1.7 经济发展

2020 年，淮安市实现地区生产总值 4025.37 亿元，其中，第一产业 409.70 亿元，占比为 10.2%；第二产业 1630.98 亿元，占比为 40.5%；第三产业 1984.69 亿元，占比为 49.3%。淮安实现财政总收入 500.03 亿元，一般公共预算收入 264.21 亿元，税收收入 206.69 亿元。

3.1.8 社会民生

2020 年，淮安市的城镇率为 65.7%，淮安市所有居民的可支配收入为 31619 元，城镇常住居民人均可支配收入 40318 元，农村常住居民人均可支配收入 19730 元，全市城镇登记失率为 1.76%。

3.1.9 科技文化

2020 年，淮安向国家专利局申请专利，受理量为 15989 件，其中，发明专利 2568 件；专利授权量为 11768 件，其中，发明专利 699 件。拥有公共图书馆 9 个，公共图书馆藏书量 453 成册。每万人专利申请量为 35.1 件/万人，其中，发明专利 5.6 件/万人；专利授权量为 25.8 件/万人，其中，发明专利 1.5 件/万人。

3.2 理论基础与指标选择

3.2.1 枢纽城市相关概念

（1）枢纽城市。

枢纽城市是指拥有物流枢纽地位的城市，在经济地位、交通区位等方面具有较大的优势。物流枢纽城市的物流业务量多、规模大，在全国物流建设和规划过程中需要重点培育，是重要的要素转换点。

(2) 影响力。

影响力是用一种别人所乐于接受的方式，改变他人的思想和行动的能力。影响力又被解释为战略影响、印象管理、善于表现的能力、目标的说服力以及合作促成的影响力等。

(3) 竞争力。

城市竞争力是在满足区域和国内外市场产品和服务的同时，能够增加居民收入、改善人民生活水平、推动可持续发展的能力大小。吸引和控制人力要素去发挥比其他城市更有优势的能力，在此过程中不断创造价值，为居民提供福利。城市在区域发展中对资源进行优化，并从社会、文化、产业和制度多维度下获得经济增长的能力。竞争力可以从五个方面理解，从竞争主体看，各类竞争者相互对比才会有竞争力存在，没有竞争则不存在竞争力；从竞争对象看，是竞争者与竞争对象的吸引力；从竞争表现看，竞争力是竞争主体所展现出的能力；从竞争状态看，竞争主体占有主动性，拥有控制影响能力；从竞争结果看，竞争力是竞争主体获得某种利益的能力。竞争力理论的内涵是根据竞争主体不同主要在国家、区域、城市和港口的竞争力等领域进行研究。

3.2.2 枢纽城市理论基础

随着长三角经济社会一体化进程加速，货物、人力在区域间的流通加剧，物流业得到繁荣发展，辐射范围不断扩大，城市物流枢纽建设应运而生。物流枢纽在物流业和交通运输业中的作用非常突出，能够保证区域物流通道的畅通，连接物流网络各节点与供应链上下游，使各项物流功能有序配合，实现物流网络的协同。淮安建设物流枢纽城市和提升影响力具有相应理论基础。

(1) 区位理论。

区位理论主要内容揭示经济活动行为对地域空间的选择和空间关系优化规律，主要包括农业区位论、工业区位论、中心地理论、市场区位理论、点轴理论和增长极理论等。

区位理论认为物流枢纽聚集了大量的经济要素和各类基础设施，对区域及周边城市的经济吸引力极大，物流枢纽集中的经济要素经物流通道辐射，促进区域及周边区域通联，带动城市经济发展。物流枢纽与城市经济关系紧密，现代城市内集聚了大量的传统流动要素，增加金融要素、智能服务要素、大数据服务要素，物流枢纽需要利用便捷的交通运输条件，发挥辐射作用。各种资源要素在城市集聚，促进物流枢纽建设。

（2）区域产业集聚理论。

产业集聚有利于降低物流成本、加速信息流和资金流的流通，并促进参与者协调互助形成多方联系的物流链条。不仅上下游企业建立起紧密的供求与合作关系网络，整个区域各产业也形成合理的分工，不断优化资源配置，协同发展，形成竞争力强的区域产业集聚。

产业集群发展受物流产业集聚的影响主要表现为三点：第一，物流业是其他产业和外界沟通的渠道，物流业集聚可以源源不断地为其他企业提供专业化的服务，这就可以吸引更多的企业在此聚集；第二，物流基础设施设备的高度聚集和专业化的操作，可使其他企业专注自身核心业务，降低物流运作成本的同时还促进了产业的集聚；第三，在发挥物流产业聚集优势的同时，处于上下游的企业也加强了相互之间的合作，促进产业链不同环节之间的信息共享。在这个过程中可以不断整合物流资源、统一物流需求，从而降低交易的不确定性。

（3）复杂系统理论。

由于物流枢纽系统受到内外部环境的非线性综合作用力，内外部环境的变化时刻影响着系统的变化。物流枢纽不仅需要将各个功能子系统实现有条不紊的协调运作，还需要实现与外部的经济和产业环境的有序发展。当然，外部环境也会受到物流枢纽的影响，唯有使物流枢纽系统和内外环境达到协同，资源才可以得到合理配置，并在此基础上优化资源利用率。

3.2.3 提升淮安枢纽城市影响力动因

（1）淮安提升枢纽城市影响力是承接长三角产业转移的需要。

长三角上海、江苏、浙江核心圈城市实施产业转型升级战略，大力发展数字产业、软件业和服务业等高端产业，制造产业（特别是中低端制造业）逐渐向长三角核心圈周边城市迁移，淮安市地理区位紧贴长三角核心圈，对接长三角核心圈城市产业转移最为便捷，加快物流枢纽城市建设，布局物流基础设施和产业建设，逐渐完善物流服务体系，及时抓住长三角核心圈城市产业转移机遇，吸引产业向淮安聚集，并推进自身产业转型，为周边城市提供物流服务。淮安物流枢纽建设已经取得成效，配套的物流供应链规模化服务已经具备条件，在长三角地区产业升级、集聚、分工的背景之下，加速物流枢纽城市建设，提升物流枢纽城市的影响力，为周边城市提供高效、优质物流服务是必然选择。

（2）淮安提升枢纽城市影响力是参与长三角城市竞争力的需要。

长三角地区包含上海、江苏、浙江、安徽的40个城市，都在紧抓国家长三角区域经济一体化战略机遇，提升城市的竞争力成为获取更多资源以拓宽发展空间，加快城市发展的基础路径。国内外典型城市的发展轨迹案例表明，物流枢纽功能发挥能够反映城市经济水平、城市竞争力及影响力。随着长三角经济一体化进程加快，区域城市都深刻意识到枢纽城市建设对城市社会经济的基础性和先导性作用，纷纷提出打造物流枢纽城市的规划，以物流枢纽为出发点，大力发展枢纽经济，提升城市竞争力。淮安是长三角北部中心城市，具备优良的区位、自然资源禀赋，加快建设城市物流枢纽基础设施，提升枢纽城市物流服务功能，是城市提升参与长三角发展战略城市竞争力的路径。

（3）淮安提升枢纽城市影响力是培育新经济增长极的需要。

数字经济和网络经济是国家着力推进的经济模式，物流枢纽是区域城市间货物集散和转运的组织中心，物流城市建设在城市数字经济和网络经济发展进程中发挥着关键节点和重要平台作用。淮安具有长三角北部“腹地”地域区位优势，需要利用“腹地”优势，把交通枢纽作为城市转型超越发展重要突破口，着力构建完善的现代综合交通运输体系，变地理几何中心为区域交通中心，全力发展枢纽经济，打造物流产业体系，努力使淮安成为流量超大、名副其实的枢纽新城，深入融入长三角区域经济一体化发展，培育出经济发展新的增长极。

3.2.4　枢纽城市影响力评价指标选取

淮安枢纽城市影响力评价指标从人口与就业、经济发展水平、交通运输与邮电、社会民生事业、科技文化教育等五个方面加以评价。人口与就业影响力选择常住人口、人口密度、吸纳就业人口数量等三个指标；经济发展影响力选择地区生产总值、一般公共预算收入、社会消费品零售总额、进出口总额等四个指标；交通运输与邮电影响力选择等级公路量程、公路客运量、公路货运量、邮政业务量、电信业务量等五个指标；社会民生事业影响力选择城市化率、常住居民人均可支配收入、城镇登记失业率等三个指标；科技、文化、教育影响力选择了专利申请受理量、专利申请受权量、图书馆及馆藏图书量、高等学校及教师数量等四个指标加以评价（见表 3－1）。

表 3－1　淮安枢纽城市影响力评价指标体系

	一级评价指标	二级评价指标
淮安枢纽城市影响力评价指标 M	人口与就业影响力 M_1	常住人口 M_{11}
		人口密度 M_{12}
		吸纳就业人口数量 M_{13}
	经济发展影响力 M_2	地区生产总值 M_{21}
		一般公共预算收入 M_{22}
		社会消费品零售总额 M_{23}
		进出口总额 M_{24}
	交通运输与邮电影响力 M_3	等级公路量程 M_{31}
		公路客运量 M_{32}
		公路货运量 M_{33}
		邮政业务量 M_{34}
		电信业务量 M_{35}
	社会民生事业影响力 M_4	城市化率 M_{41}
		城镇常住居民人均可支配收入 M_{42}
		农村常住居民人均可支配收入 M_{43}
		城镇登记失业率 M_{44}
	科技、文化、教育影响力 M_5	专利申请受理量 M_{51}
		专利申请受权量 M_{52}
		图书馆及馆藏图书量 M_{53}
		高等学校及教师数量 M_{54}

3.3　淮安在枢纽城市圈节点城市静态指标分析

3.3.1　人口与就业

（1）人口规模数量与密度。

2020 年，淮安常住人口为 455.92 万人，与枢纽节点城市圈的江苏 5 个城市人口数量相比较，常住人口为最少的地级城市。与徐州相比常住人口数量少 452.47 万人，比盐城常住人口数量少 215.14 万人，比宿迁常住人口数量少 42.9 万人，与连云港常住人口数量相近。就常住人口数量 2020 年静态指标比较而言，淮安常住人口数量少。

从人口密度角度看，淮安人口密度为 459（人/平方千米），在枢纽节点城市圈的江苏省 5 个城市处于倒数第二位，比盐城市的 396 人/平方千米高出 63（人/平方千米），比徐州少 771（人/平方千米），比连云港少 603 人/平方千米，比宿迁少 125（人/平方千米）。淮安的地域人口密度相对较低，吸纳人口的容量还具有较大空间（见表 3－2）。

表 3－2　2020 年枢纽节点城市江苏 5 个城市常住人口数量与密度比较

项目		徐州	连云港	淮安	盐城	宿迁
常住人口	人口数量（万人）	908.39	460.10	455.92	671.06	498.82
	差距（万人）	－452.47	－4.18	—	－215.14	－42.9
人口密度	人口密度（人/平方千米）	771	603	459	396	584
	差距（人/平方千米）	－312	－144	—	63	－125

（2）就业人口规模。

2020 年，淮安各行业吸纳就业总人数为 268.9 万人，第一产业吸纳就业人口 70.4 万人，第二产业吸纳就业人口 85.2 万人，第二产业吸纳就业人口 113.3 万人。与枢纽节点城市圈的江苏 5 个城市相比较，比徐州少吸纳 200 多万人，比盐城少吸纳近 150 万人，比后设立的地级宿迁市少吸纳 10 多万人，仅比连云港多吸纳近 16 万人。淮安的经济和产业发展对于吸纳就业人口的能力而言，还没有形成足够的影响力（见表 3－3）。

表3－3 2020年枢纽节点城市江苏5个城市产业吸纳劳动力情况对比 单位：万人

城市		徐州	连云港	淮安	盐城	宿迁
就业人员	绝对数	482.1	253.0	268.9	418.0	283.2
	差距	－213.2	＋15.9	—	－149.1	－14.3
第一产业	绝对数	95.0	70.0	70.4	85.4	74.3
	差距	－24.6	＋0.4	—	－15	－3.9
第二产业	绝对数	166.5	77.4	85.2	152.6	93.2
	差距	－81.3	＋7.8	—	－67.4	－8
第三产业	绝对数	220.6	105.6	113.3	179.9	115.6
	差距	－107.3	＋7.7	—	－66.6	－2.3

3.3.2 经济发展

（1）地区生产总值。

从地区生产总值绝对量上看，与枢纽节点城市的江苏5个地级市相比，处于中间位置，与徐州、盐城还存在较大差距，比徐州市的地区生产总值少3000多亿元，比盐城市地区生产总值少近2000亿元，比连云港市、宿迁市的地区生产总值多700多亿元。第一产业实现地区生产总值比徐州、盐城两市少300亿元左右，比连云港、宿迁两市多几十亿元；第二产业实现地区生产总值比徐州少1300多亿元、比盐城市少700多亿元，比连云港、宿迁两市多250多亿元；第三产业实现地区生产总值比徐州少1600多亿元、比盐城市少近1000亿元，比连云港、宿迁两市多400多亿元（见表3－4）。

表3－4 2020年枢纽节点城市江苏5个城市地区生产总值情况对比 单位：亿元

城市		徐州	连云港	淮安	盐城	宿迁
地区生产总值	绝对量	7319.77	3277.07	4025.37	5953.38	3262.37
	差距	－3294.4	＋748.3	—	－1928.01	＋763
第一产业	绝对量	718.68	386.10	409.70	661.20	341.40
	差距	－308.98	＋23.6	—	－251.5	＋68.3
第二产业	绝对量	2931.61	1372.35	1630.98	2379.38	1367.35
	差距	－1300.63	＋258.63	—	－748.4	＋263.63
第三产业	绝对量	3669.48	1518.62	1984.69	2912.79	1553.63
	差距	－1684.79	＋466.07	—	－928.1	＋431.06

为了客观地反映人口要素创造社会财富的能力，可以从人均实现地区生产总值方面分析。2020 年，淮安人均实现地区生产总值 87507 元，在江苏北部 5 个地级市中排在第二位，人均地区生产总值比盐城市的 88731 元/人少 1224 元，比宿迁市 65503 元/人多出 22000 元/人，比连云港市 16204 元/人多出 16000 元/人，比徐州市 80673 元/人还多出近 7000 元/人。这说明淮安市的人均创造社会财富的能力较强，在枢纽节点城市的江苏 5 个城市中具有较强的影响力（见图 3－1）。

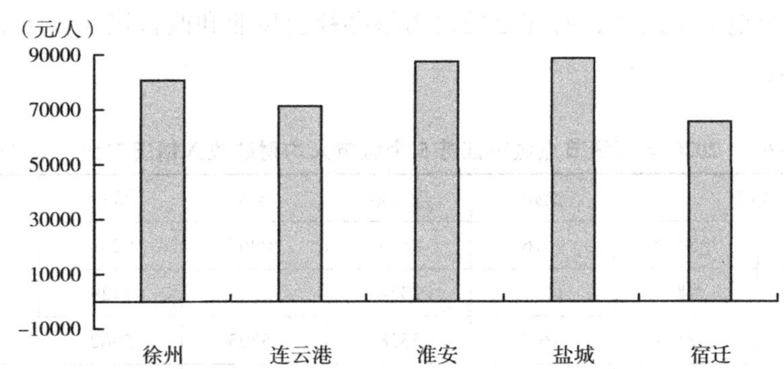

图 3－1　2020 年枢纽节点城市江苏 5 个城市人均地区生产总值直方图

（2）财政收入。

2021 年，财政总收入仅比连云港高出 100 多亿元，比徐州少 390 多亿元，比盐城、宿迁两市少 100 亿元以上。一般公共预算收入仅比连云港多近 20 亿元，比宿迁市多 40 亿元，比徐州少 200 多亿元，比盐城少 130 亿元以上。税收收入仅比连云港、宿迁高出 10 多亿元，比徐州少近 200 亿元，比盐城市少近 100 亿元（见表 3－5）。

表 3－5　2021 年枢纽节点城市江苏 5 个城市财政收入情况对比　单位：亿元

城市		徐州	连云港	淮安	盐城	宿迁
财政总收入	绝对量	891.65	395.38	500.03	619.95	394.09
	差距	－391.62	＋104.65	—	－119.92	－105.94
一般公共预算收入	绝对量	481.82	245.17	264.21	400.10	221.17
	差距	－217.61	＋19.04	—	－135.89	＋43.04
#税收收入	绝对量	380.68	189.00	206.69	300.40	189.20
	差距	－173.99	＋17.69	—	－93.71	＋17.49

从人均实现财力角度比较，淮安人均财政总收入在枢纽节点城市的江苏北部5个城市中最高，人均财政总收入比连云港高出2300多元，人均财政总收入比徐州高出1100多元，比盐城高出1700多元，比宿迁两市高出3000多元。人均一般公共预算收入排在第二位，仅比盐城少160多元，比宿迁市多1300元，比徐州多500元，比盐城多460元。人均实现税收收入在节点城市中也是最高，比徐州、连云港、盐城、宿迁分别高出342元、425元、57元、740元。这说明淮安市人均创造财力的能力较强，为中央贡献财力在枢纽节点城市的江苏5个地级市最大，有充足的财力举办社会事业和改善民生，影响力较高（见表3－6）。

表3－6　2020年枢纽节点城市江苏5个城市人均财政收入情况对比　单位：元/人

城市		徐州	连云港	淮安	盐城	宿迁
财政总收入	绝对量	9816	8593	10967	9238	7900
	差距	1151	2374	—	1729	3067
一般公共预算收入	绝对量	5304	5328	5795	5962	4434
	差距	491	467	—	－167	1361
#税收收入	绝对量	4191	4108	4533	4476	3793
	差距	342	425	—	57	740

（3）社会消费品零售总额。

从社会商品零售总额绝对量上看，与枢纽节点城市的江苏5个地级市相比，也处于中间位置。比徐州市的社会商品零售总额少1600多亿元，比盐城市社会商品零售总额多近600亿元，比连云港市少540亿元，比宿迁市的社会商品零售总额多400多亿元（见表3－7）。

表3－7　2020年枢纽节点城市江苏5个城市社会商品零售总额情况对比　单位：亿元

城市		徐州	连云港	淮安	盐城	宿迁
社会商品零售总额	绝对量	3286.09	2216.12	1675.85	1104.29	1258.08
	差距	－1610.24	－540.27	—	571.56	417.77

（4）进出口总额。

从绝对量上看，淮安市进出口总额与枢纽节点城市的江苏5个地级市相比，也处于靠后位置。比徐州市的进出口总额少700多亿元，比盐城市少近

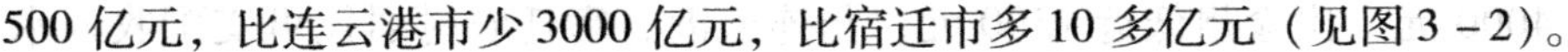

500 亿元，比连云港市少 3000 亿元，比宿迁市多 10 多亿元（见图 3 －2）。

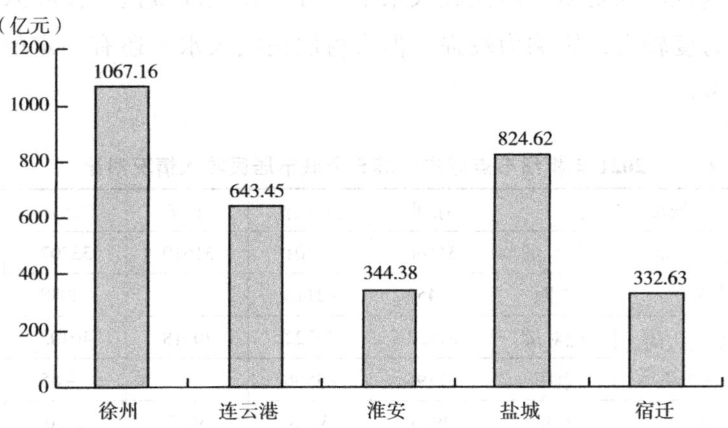

图 3 －2　2020 年枢纽节点城市江苏 5 个城市进出口总额直方图

3.3.3　社会民生事业

（1）城市化率。

排序在枢纽节点城市江苏 5 个城市第一位，说明淮安城镇化进程推进速度较快。与枢纽节点城市江苏北部其他 4 个城市相比，高出连云港 4 个多百分点，高出宿迁 3.5 个百分点，高出盐城近 2 个百分点，与徐州市的城镇化率相当，仅高出 0.1 个百分点（见表 3 －8）。

表 3 －8　2020 年枢纽节点城市江苏 5 个城市城镇化率情况对比

城市	徐州	连云港	淮安	盐城	宿迁
城镇率（%）	65.6	61.5	65.7	64.1	62.2
差距（%）	+0.1	+4.2	—	+1.6	+3.5

（2）居民收入水平。

2021 年，在枢纽节点城市的江苏北部 5 个城市中排在第三位，比盐城少 2000 多元，比宿迁高出 5000 多元，比连云港高出 2000 多元。城镇常住居民人均可支配收入 40318 元，在枢纽节点城市江苏 5 个城市中，比宿迁高出 8000 多元，比连云港高出 3500 多元，比徐州还高出近 3000 元。农村常住居民人均可支配收入 19730 元，排序在枢纽节点城市江苏 5 个城市中游水平，比盐城低近4000元，比徐州低近1500元，与连云港、宿迁农村居民可支配收入水平相当。这说明淮安城镇居民收入水平较好，在提高城镇居民收入的民生事业上工作力度较大，影响力较强，但农村居民收入水平还有一定的提升空间（见表3－9）。

表3－9　2021年枢纽节点城市江苏5个城市居民收入情况对比

城市		徐州	连云港	淮安	盐城	宿迁
居民人均可支配收入（元）	绝对量	31166	29501	31619	33707	26421
	差距	+453	+2118	—	-2088	+5198
城镇常住居民人均可支配收入（元）	绝对量	37523	36722	40318	40403	32015
	差距	+2795	+3596	—	-85	+8303
恩格尔系数（城镇）（%）	数量	29.5	32.6	30.7	29.0	32.5
	差距	+1.2	-1.9	—	+1.7	-1.8
农村常住居民人均可支配收入（元）	绝对量	21229	19237	19730	23670	19466
	差距	-1499	+493	—	-3940	+264
恩格尔系数（农村）（%）	数量	30.9	35.9	33.1	31.3	34.7
	差距	+2.2	-2.8	—	+1.8	-1.6

（3）城镇登记失业率。

2021年，全市城镇登记失业率为1.76%，在枢纽节点上的5个城市中处于前列，比第一的宿迁1.70%仅高0.06个百分点，就城镇失业率指标而言，对吸引人口就业具有一定的影响力。

表3－10　2021年枢纽节点城市江苏5个城市城镇登记失业率情况对比

城市	徐州	连云港	淮安	盐城	宿迁
城镇登记失业率（%）	1.80	1.82	1.76	1.80	1.70
差距（%）	-0.04	-0.06	—	-0.04	+0.04

3.3.4 交通运输与邮电通讯

（1）交通运输。

2020年，淮安公路里程数达到13610千米，公路客运量完成4151万人，公路货运量完成5079万吨。公路总里程比盐城少8000多千米，比徐州少2000

多千米，比连云港多1500多千米，比宿迁多1200余千米。公路客运量比连云港多出近1300万人/年，比宿迁市多出800多万人/年，比徐州少2500万人/年，比盐城少300万人/年。

表3-11　2020年枢纽节点城市江苏5个城市的公路运输情况对比

城市			徐州	连云港	淮安	盐城	宿迁
公路里程（千米）	等级公路	总里程	15918	12105	13610	21920	12405
		差距	-2308	+1505	—	-8310	+1205
	高速公路	总里程	464	354	402	396	247
		差距	-62	+48	—	+6	+155
公路客运量（万人）	运量		6672	2922	4151	4451	3340
	差距		-2521	+1229	—	-300	+811
公路货运量（万吨）	运量		29299	12322	5079	12047	10151
	差距		-24220	-7243	—	-6968	-5072

从等级公路网密度角度看，在枢纽节点江苏5个城市中，与连云港、宿迁市相比分别每百平方千米等级公路里程相差23千米、10千米，比徐州和盐城两市都高。高速公路路网密度仅比连云港每万平方千米面积差64千米，比起盐城高出167千米，比宿迁市调出117千米，比徐州高出7千米。在网络经济快速发展的时代，公路物流具有显著优势，枢纽城市的影响力明显（见表3-12）。

表3-12　2020年枢纽节点城市江苏5个城市的等级公路网密度情况对比

城市			徐州	连云港	淮安	盐城	宿迁
等级公路网密度	总里程（千米）		15918	12105	13610	21920	12405
	土地面积（平方千米）		11765	7616	10030	16931	8524
	路网密度（千米/百平方千米）		135	159	136	129	146
	差距（千米/百平方千米）		1	-23	—	7	-10
	其中：高速公路	总里程（千米）	464	354	402	396	247
		路网密度（千米/万平方千米）	394	465	401	234	290
		差距（千米/万平方千米）	7	-64	—	167	111

（2）邮电通讯。

在枢纽节点江苏北部5个城市中，邮电通讯总量上表现较弱，这主要受到除了经济因素影响外，常住人口数量对邮电通讯量制约明显。2020 年淮安市邮政业务总量实现 53.66 亿元，与徐州、宿迁两市相比差 50 多亿元。比连云港和盐城差 10 亿元左右。电信业务实现 381.38 亿元，与徐州相比少近 400 亿元，比盐城少 160 多亿元，比宿迁少 50 多亿元，比连云港少近 100 亿元。固定电话用户数为 33.59 万户，比徐州少 45 万户，比盐城少 20 多万户，比连云港少 15 万户多一点，比宿迁多 7.68 万户。移动电话用户为 471.34 万户，比徐州市少近 500 万户，比盐城市少 200 多万户，比宿迁市少 16.56 万户，仅比连云港市多 3.55 万户（见表 3－13）。

表 3－13　2020 年枢纽节点城市江苏 5 个城市通讯业情况对比

项目		徐州	连云港	淮安	盐城	宿迁
邮政（亿元）	业务总量	106.11	67.21	53.66	58.79	112.02
	差距	－52.45	－13.55	—	－5.13	－58.36
电信（亿元）	业务总量	777.13	390.55	381.38	546.26	431.78
	差距	－395.75	－9.17	—	－164.88	－50.4
固定电话用户（万户）	总量	79.33	49.12	33.59	53.70	25.91
	差距	－45.74	－15.53	—	－20.11	7.68
移动电话用户（万户）	总量	963.96	467.79	471.34	678.66	487.90
	差距	－492.62	3.55	—	－207.32	－16.56

通讯业务量受到常住人口数量的影响较大。从人均方面分析，邮政业务总量人均实现 1177 元，比盐城市多近 300 元/人，比徐州多出不到 10 元/人，与邻近的宿迁相比存在较大差距，人均少实现 1000 多元/人。电信业务实现 8365 元/人，与宿迁市相比少近 300 元/人，与徐州相比少 190 元/人，比连云港少 120 多元/人，但比盐城多 225 元/人。固定电话每百人拥有用户 7.4 部，比徐州每百人拥有量少 1.3 部，比连云港少 3.3 部，比宿迁多 2.2 部。移动电话用户每百人拥有移动电话 103 部，比徐州少 3 部，比盐城多 1 部，比宿迁多 5 部（见表 3－14）。

表 3－14　2020 年枢纽节点城市江苏 5 个城市人均通讯业情况对比

项目		徐州	连云港	淮安	盐城	宿迁
邮政（元/人）	人均业务总量	1168	1461	1177	876	2246
	差距	9	－284	—	301	－1069

续表

项目		徐州	连云港	淮安	盐城	宿迁
电信（元/人）	人均业务总量	8555	8488	8365	8140	8656
	差距	-190	-123	—	225	-291
固定电话数（户/百人）	拥有量	8.7	10.7	7.4	8	5.2
	差距	-1.3	-3.3	—	-0.6	2.2
移动电话数（户/百人）	拥有量	106	102	103	101	98
	差距	-3	1	—	2	5

3.3.5　科技与文化

（1）科技创新。

专利申请与授权状况：2020 年，淮安市向国家专利局申请专利，受理量为 15989 件，其中，发明专利 2568 件；国家专利局授权专利数量为 11768 件，其中，发明专利 699 件。在枢纽节点城市江苏 5 个地级市中相对较弱，专利申请受理量仅比连云港市多出 3800 多件，发明专利比宿迁多近 400 件，比连云港多 100 件不到（见表 3 - 15）。

表 3 - 15　　枢纽节点城市江苏 5 个城市 2020 年专利申请情况统计

城市		徐州	连云港	淮安	盐城	宿迁
专利申请受理量（件）	总量	35133	12184	15989	34489	20680
	差距	19144	3805	—	-18500	-4691
	发明	7647	2493	2568	7819	2200
	差距	-5079	75	—	-5251	368
专利申请授权量（件）	总量	27368	8058	11768	21533	13960
	差距	-15600	3710	—	-9765	-2192
	发明	3209	565	699	1621	263
	差距	-2510	134	—	-922	436

人均专利申请与授权数量：2020 年，淮安每万人专利申请量为 35.1 件/万人，其中，发明专利 5.6 件/万人；专利授权量为 25.8 件/万人，其中，发明专利 1.5 件/万人。在枢纽节点 5 个城市中，专业申请量仅比连云港市多 8.6 件/万人，比其他三个市都少，但发明专利申请量比连云港、宿迁两

市高；专利申请授权量人均也少，发明专利授权比宿迁市高出近1件/万人（见表3－16）。

表3－16　2020年枢纽节点城市江苏5个城市人均专利申请授理量统计

城市		徐州	连云港	淮安	盐城	宿迁
人均专利申请受理量（件/万人）	数量	38.7	26.5	35.1	51.4	41.5
	差距	－3.6	8.6	—	－16.3	－6.4
	发明	8.4	5.4	5.6	11.7	4.4
	差距	－2.8	0.2	—	－6.1	1.2
专利申请授权量（件/万人）	数量	30.1	17.5	25.8	32.1	28.0
	差距	－4.3	8.3	—	－6.3	－2.2
	发明	3.5	1.2	1.5	2.4	0.53
	差距	－2	0.3	—	－0.9	0.97

（2）文化与教育。

图书馆及馆藏图书量：2020年，淮安拥有图书馆9个，枢纽节点城市江苏5个地级市中排在靠前位置，从人均拥有图书馆数量上看，每百万人口拥有1.97个，排在第一位。拥有馆藏图书4531千册，排在第二位，从人均拥有图书数量看，每百万人口拥有图书994千册，占有绝对优势。这说明淮安的文化实力较强，影响力较大（见表3－17）。

表3－17　2020年枢纽节点城市江苏5个城市图书馆及馆藏图书量统计

项目	徐州	连云港	淮安	盐城	宿迁
图书馆数（个）	9	8	9	11	7
图书馆数（个/百万人）	0.99	1.74	1.97	1.64	1.40
图书数量（千册）	4366	3655	4531	5980	2804
图书数量（千册/百万人）	481	794	994	891	562

高等学校及教师数量：高等学校数量是衡量一个地区文化实力的另一指标。2020年，淮安拥有高等学校7个，比徐州少，但人均拥有高等学校数量达到1.54所/百万人，排在第一位，占有明显优势（见表3－18）。

表3-18　2020年枢纽节点城市江苏5个城市高等学校及教师数量统计

项目	徐州	连云港	淮安	盐城	宿迁
高等学校数（所）	12	5	7	6	3
高等学校数（所/百万人）	1.32	1.09	1.54	0.89	0.60
高校教师数量（人）	9200	2500	4400	4000	1400
高校教师数量（人/百万人）	1013	543	965	596	281

3.4　淮安在枢纽城市圈节点城市动态指标分析

3.4.1　人口与就业数量变动比较分析

（1）人口规模数量。

2016~2020年，淮安常住人口数量在5年时间里人口总量下降了33.08万人，盐城下降了52.44万人，枢纽节点城市中的徐州、连云港、宿迁三个市分别增长了37.39万人、10.46万人、10.86万人（见图3-3）。

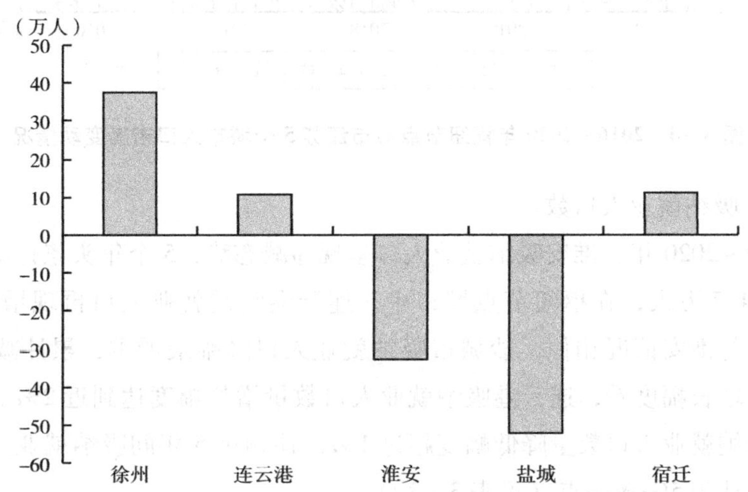

图3-3　2016~2020年枢纽节点城市江苏5个城市人口变动数量直方图

2016~2020年，枢纽节点城市的徐州、连云港、淮安、盐城、宿迁常住人口增长速度分别为8.4‰、4.6‰、-14.1‰、-15.1‰、4.4‰。从人口数量增长量上看，常住人口下滑速度较快，吸引人口的优势不足（见表3-19）。

表3-19 2016~2020年枢纽节点城市江苏5个城市人口变动情况

项目	徐州	连云港	淮安	盐城	宿迁
增长绝对量（万人）	37.39	10.46	-33.08	-52.44	10.86
年均增长速度（‰）	8.4	4.6	-14.1	-15.1	4.4

枢纽节点城市的人口密度变化不大，徐州市人口密度增长了31人每平方千米，连云港市人口密度增长了13人每平方千米，淮安市人口密度降低了29人每平方千米，盐城市人口密度减少了32人每平方千米，宿迁市人口密度增长了12人每平方千米（见图3-4）。

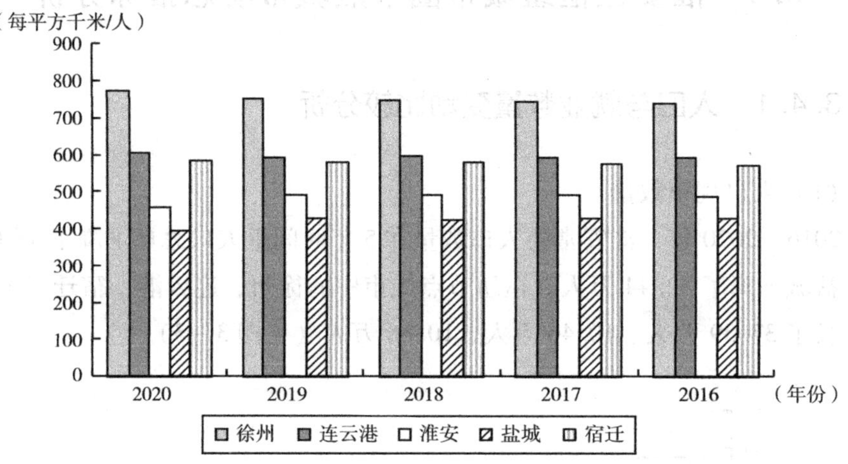

图3-4 2016~2020年枢纽节点城市江苏5个城市人口密度变动情况

（2）吸纳就业人口数。

2016~2020年，淮安吸纳就业人口呈现递减态势，5个年头累计减少就业人口数14.7万人，在枢纽节点城市中，连云港吸纳就业人口再现增长趋势，其他城市与淮安情况相似，盐城市吸纳就业人口降幅最严重，累计减少了28万人。从增长幅度看，连云港吸纳就业人口数量增长幅度达到近2‰。淮安和盐城市吸纳就业人口数量降低幅度超过1‰，徐州市5年间吸纳就业人口数量降低幅度达为5‰多一点（见表3-20）。

表3-20 2016~2020年枢纽节点城市江苏5个城市就业人数情况

项目	徐州	连云港	淮安	盐城	宿迁
增长绝对量（万人）	-1.3	2.5	-14.7	-28	0
年均增长速度（‰）	-0.54	1.99	-1.06	-1.29	0

3.4.2　经济发展

地区生产总值：2016～2020 年，淮安市实现地区生产总值年平均增长了 233.63 亿元，排在第三位，徐州市年平均增长了 377.49 亿元，盐城市年平均增长了 351.62 亿元，连云港市年平均增长了 185.15 亿元，宿迁市年平均增长了 196.55 亿元。淮安市地区生产总值 5 年平均增长速度达到 6.8%，在枢纽节点江苏 5 个城市中排名在第二位，仅比盐城低 0.2 个百分点，比徐州市高出近 1 个百分点（见表 3－21）。

表 3－21　2016～2020 年枢纽节点城市江苏 5 个城市地区生产总值情况

城市	2016 年	2017 年	2018 年	2019 年	2020 年	年均增长量（亿元）	年均增长速度（%）
徐州	5809.81	6333.50	6710.36	7053.35	7319.77	377.49	5.9
盐城	4546.90	4990.12	5387.16	5656.26	5953.38	351.62	7.0
淮安	3090.86	3341.61	3615.02	3840.21	4025.37	233.63	6.8
连云港	2536.49	2784.48	2923.04	3125.29	3277.07	185.15	6.6
宿迁	2476.18	2721.87	2864.87	3084.23	3262.37	196.55	7.1

人均地区生产总值：2016～2020 年，淮安人均地区生产总值 5 年年均增长了 5378.50 元/人，年平均增长速度为 7.3%，在节点城市江苏 5 个城市中排列名次第一位，比徐州市高出 2 个百分点之多（见表 3－22）。

表 3－22　2016～2020 年枢纽节点城市江苏 5 个城市人均地区生产总值情况统计

城市	2016 年	2017 年	2018 年	2019 年	2020 年	年均增长量（元）	年均增长速度（%）
徐州	65762.00	70905.00	74486.00	77954.00	80673.00	3727.75	5.2
盐城	68227.00	74707.00	80505.00	84408.00	88731.00	5126.00	6.8
淮安	65993.00	71525.00	77596.00	82699.00	87507.00	5378.50	7.3
连云港	56041.00	61173.00	63926.00	68151.00	71303.00	3815.50	6.2
宿迁	50210.00	54965.00	57698.00	62065.00	65503.00	3823.25	6.9

财政收入变动：2020 年，淮安实现财政总收入为 500.95 亿元，年平均增长速度为 0.9%，在节点城市江苏 5 个城市中排列名次靠后（见表 3－23）。

表 3－23　2016～2020 年枢纽节点城市江苏 5 个城市财政总收入情况对比

城市	2016 年	2017 年	2018 年	2019 年	2020 年	年均增长量（元）	年均增长速度（%）
徐州	802. 01	844. 83	916. 87	897. 15	892. 97	22. 74	2. 7
盐城	597. 24	545. 24	593. 62	598. 81	621. 36	6. 03	1. 0
淮安	483. 13	434. 00	476. 58	522. 42	500. 95	4. 46	0. 9
连云港	315. 10	339. 46	391. 39	408. 10	396. 20	20. 28	5. 9
宿迁	348. 81	340. 45	374. 74	395. 18	394. 69	11. 47	3. 1

一般公共预算收入：2020 年，淮安一般公共预算收入 264. 21 元，年平均增长速度为－4%，在节点城市江苏 5 个城市中属于降速较快的城市（见表 3－24）。

表 3－24　2016～2020 年枢纽节点城市江苏 5 个城市一般公共预算情况

城市	2016 年	2017 年	2018 年	2019 年	2020 年	年均增长量（元）	年均增长速度（%）
徐州	516. 06	501. 64	526. 21	468. 32	481. 82	－8. 56	－2
盐城	415. 18	360. 02	381. 00	383. 00	400. 10	－3. 77	－1
淮安	315. 51	230. 61	247. 27	257. 31	264. 21	－12. 83	－4
连云港	211. 47	214. 85	234. 31	242. 44	245. 17	8. 43	38
宿迁	238. 08	200. 58	206. 20	212. 60	221. 17	－4. 23	－2

3. 4. 3　民生社会事业影响力

（1）城市化率。

2016～2020 年，淮安的城镇化率在枢纽节点江苏 5 个城市中提升最快，上升了 6 个百分点，比徐州快 2. 8%，比连云港快近 5 个百分点，比盐城快 3. 5%，比宿迁快 1. 3%。这固然有城市化进程前期基础不一样的原因，但不能否认淮安城市化进程工作扎实，形成了较高的影响力（见表 3－25）。

表 3－25　2016～2020 年枢纽节点城市江苏 5 个城市的城镇化率情况　单位：%

年份	徐州	连云港	淮安	盐城	宿迁
2016	62.4	60.2	59.7	61.6	57.5
2017	63.8	61.7	61.3	62.9	58.5
2018	65.1	62.6	62.4	64.0	60.0
2019	66.7	63.6	63.5	64.9	61.1
2020	65.6	61.5	65.7	64.1	62.2
变化量	3.2	1.3	6.0	2.5	4.7
差距	2.8	4.7	—	3.5	1.3

（2）居民收入水平。

居民可支配收入总水平：淮安居民可支配收入 2016～2020 年，实现快速增长，5 年累计增长了 8857 元，比宿迁多增长了近 1400 元，比连云港增长了近 600 元，与徐州接近，增长了不到 40 元，比盐城少增长 300 多元。这说明淮安居民收入水平增长态势良好，具有较强的吸引力（见表 3－26）。

表 3－26　2016～2020 年枢纽节点城市江苏 5 个城市的居民收入情况　单位：元

年份	徐州	连云港	淮安	盐城	宿迁
2016	22348	21230	22762	24463	18957
2017	24535	23302	24934	26740	20756
2018	27385	25864	27696	29488	22918
2019	29736	28094	30192	32096	24938
2020	31166	29501	31619	33707	26421
增长量	8818	8271	8857	9244	7464
差距	39	586	—	－387	1393

城镇居民可支配收入：居民可支配收入从城市居民群体看，淮安城镇居民可支配收入在 5 年间增长了近 10000 元，达到 9983 元，比徐州多增长了 881 元，比连云港多增长了 1114 元多，比盐城增长了 76 元，比宿迁多增长了 2054 元。城镇居民可支配收入增长明显快于周边其他城市，具有较强的集聚吸引力（见图 3－5）。

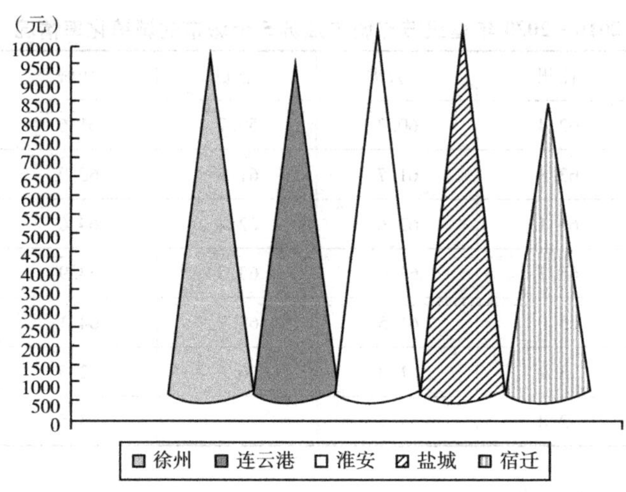

图 3－5　2016～2020 年枢纽节点城市江苏 5 个城市的城镇居民收入增长变动

农村居民可支配收入：从农村居民群体看，淮安农村居民可支配收入增长较缓慢，5 年间增长了 5411 元，比徐州少增长了 544 元，比连云港多增长了 106 元，比盐城少增长了 1087 元，比宿迁少增长了 126 元。与城镇居民可支配收入增长情况相比，明显慢于周边城市（见图 3－6）。

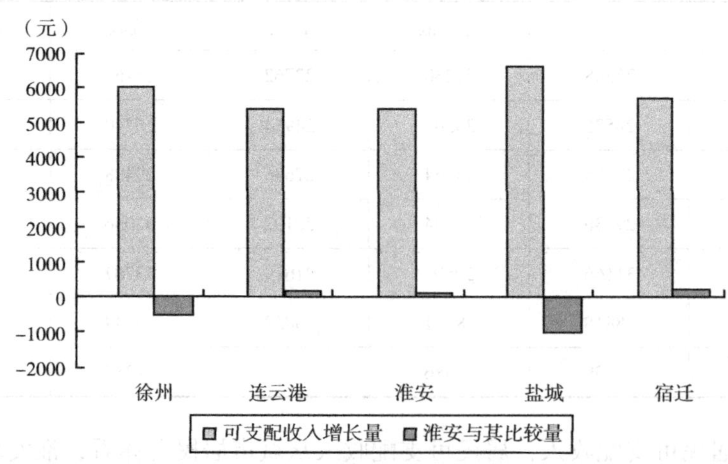

图 3－6　2016～2020 年枢纽节点城市江苏 5 个城市的农村居民收入变动比较直方图

（3）城镇登记失业率。

淮安城镇人口登记失业率 2016～2020 年，累计下降了 0.11%，虽然在枢纽节点城市中仅比宿迁下降快一些，比其他城市下降速度慢，但到 2020 年，淮安城镇人口登记失业率保持低位水平，具有较强的吸引力（见表3-27）。

表3-27　2016~2020年枢纽节点城市江苏5个城市的城镇登记人口失业率情况

单位：%

年份	徐州	连云港	淮安	盐城	宿迁
2016	1.85	1.88	1.87	1.85	1.88
2017	1.82	1.84	1.87	1.82	1.8
2018	1.78	1.8	1.8	1.8	1.8
2019	1.75	1.8	1.75	1.78	1.8
2020	1.80	1.82	1.76	1.8	1.7
增长量	-0.05	-0.06	-0.11	-0.05	-0.18
差距	-0.06	-0.05	0	-0.06	0.07

3.4.4　交通运输与邮电通讯

（1）交通运输。

公路里程：2016~2020年，淮安等级公路里程有了一定增长，但增长量不大，仅增长了259千米，与盐城、宿迁两市增长2000千米左右的等级公路还有较大发展空间以适应枢纽城市地位（见表3-28）。

表3-28　2016~2020年枢纽节点城市江苏5个城市的公路里程情况　单位：千米

年份	徐州	连云港	淮安	盐城	宿迁
2016	16277	12027	13351	19568	10500
2017	16351	12117	13232	19595	10552
2018	16611	11909	13436	20550	10565
2019	16793	12103	13508	20542	12064
2020	15918	12105	13610	21920	12405
增长量	-359	78	259	2352	1905

公路客运量：因为高铁的快速发展，枢纽节点城市都进入高铁时代，公众优先选择乘坐高铁出行，导致公路客运量呈现下降趋势。2016~2020年，淮安公路客运量下降了4151万人。枢纽节点其他城市公路客运量也存在不同程度的下降（见图3-7）。

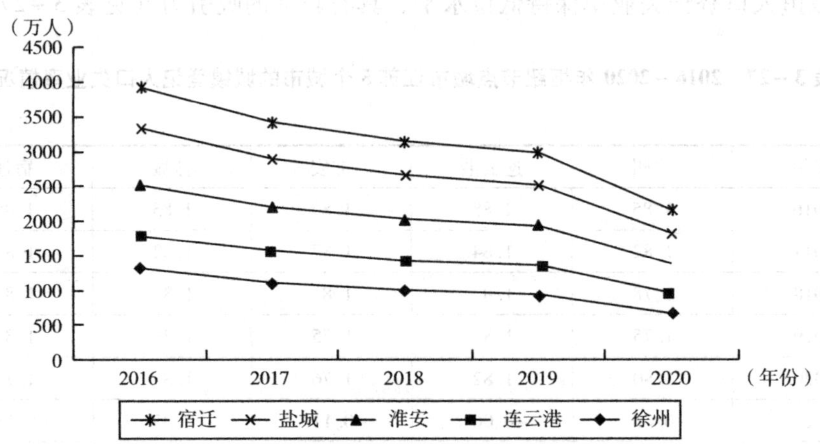

图3-7 2016~2020年枢纽节点城市江苏5个城市的公路客运量变动趋势

公路货运量：2016~2020年，淮安公路货运量增长呈现负增长，下降了584万吨，与枢纽节点其他城市呈现不同的态势，公路货运发展状况与枢纽城市地位适应度不够（见图3-8）。

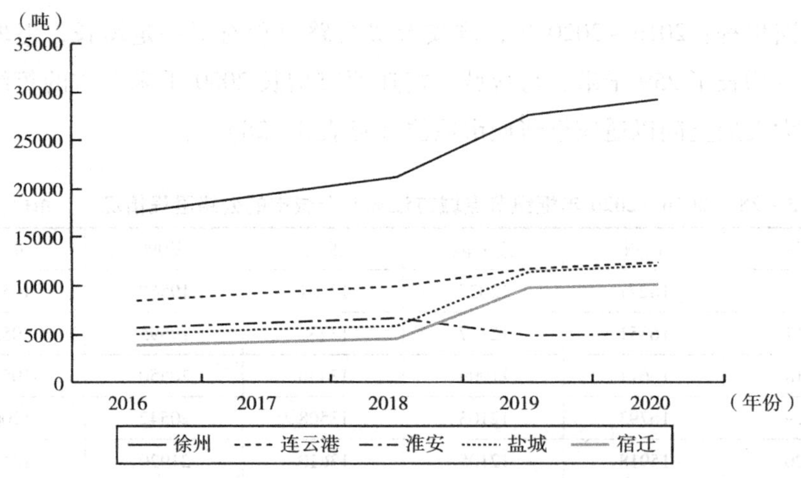

图3-8 2016~2020年枢纽节点城市江苏5个城市的公路货运量折线趋势

（2）邮政通讯。

邮政业务量：淮安邮政业务开展也不尽如人意，2016~2020年，仅增长了30多万元，与枢纽节点其他城市发展态势不同，邮政业务发展状况与枢纽城市地位适应度也不够（见表3-29）。

表 3－29　2016～2020 年枢纽节点城市江苏 5 个城市邮政业务量情况　单位：万元

年份	徐州	连云港	淮安	盐城	宿迁
2016	39.3	17.38	21.04	22.65	24.63
2017	53.12	24.6	29.61	30.09	37.66
2018	65.72	33.82	35.28	37.54	50.6
2019	77.45	46.94	45.73	48.39	81.81
2020	106.11	67.21	53.66	58.79	112.02
增长量	66.81	49.83	32.62	36.14	87.39
差距	－34.19	－17.21	—	－3.52	－54.77

电信业务量：淮安电信业务开展 2016～2020 年仅增长了 270 多万元，与枢纽节点其他城市相比还存在一定差距，即使存在人口数量因素，但与宿迁、连云港相比，电信业务发展状况也是较差的（见表 3－30）。

表 3－30　2016～2020 年枢纽节点城市江苏 5 个城市电信业务量情况　单位：万元

年份	徐州	连云港	淮安	盐城	宿迁
2016	207.39	102.58	105.02	150.52	105.58
2017	155.65	80.28	79.11	114.11	82.39
2018	381.18	197.83	191.84	275.69	208.87
2019	619.41	314.18	308.15	440.31	339.96
2020	777.13	390.55	381.38	546.26	431.78
增长量	569.74	287.97	276.36	395.74	326.2
差距	－293.38	－11.61	—	－119.38	－49.84

3.4.5　科技与文化

（1）科技创新。

专利申请量：2016～2020 年，淮安专利申请量增长呈现负增长，下降了 1304 件，枢纽节点城市中的徐州增长 13622 件，盐城增长 5980 件，连云港增长 3404 件，宿迁增长 10158 件（见图 3－9）。

专利授权量：2016～2020 年，淮安专利授权量增长幅度不大，仅增长了 3687 件，枢纽节点城市中的徐州增长 15910 件，盐城增长 13457 件，连云港增长 3459 件，宿迁增长 9050 件（见图 3－10）。

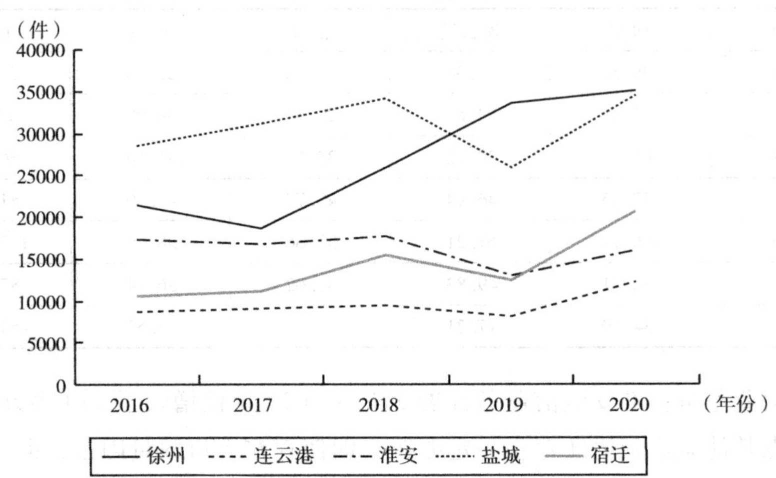

图 3-9　2016~2020 年枢纽节点城市江苏 5 个城市的专利申请变动趋势

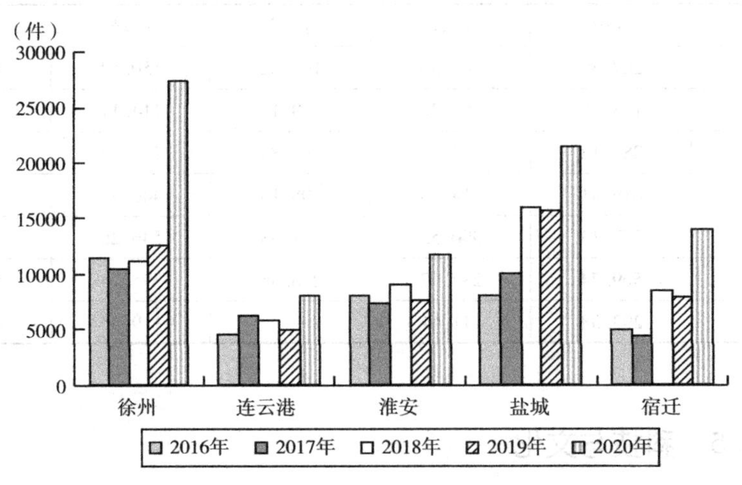

图 3-10　2016~2020 年枢纽节点城市江苏 5 个城市的专利授权量变动

（2）文化与教育。

图书馆量及馆藏图书量：2016~2020 年，淮安图书馆数量保持在 9 个，枢纽节点城市中的徐州增长 1 个，宿迁增长 1 个。馆藏图书增长了 1671 千册，在枢纽节点城市中图书增长量较多，排在第二位（见表 3-31）。

表 3－31　2016～2020 年枢纽节点城市江苏 5 个城市的馆藏图书情况　单位：千册

年份	徐州	连云港	淮安	盐城	宿迁
2020	4366	3655	4531	5980	2804
2019	4037	3295	4166	4994	2520
2018	3865	3174	3839	4615	1705
2017	3725	3030	3327	3839	1563
2016	3300	2650	2860	3350	1440
增长量	1066	1005	1671	2630	1364

高等学校数量：2016～2020 年，淮安高等学校数量保持在 7 所，枢纽节点城市中的徐州增加了 2 所，连云港增加 1 所，其他城市没有变化。高等学校教师数量增长 600 人，在枢纽节点城市中图书增长量较多，排在第二位（见表 3－32）。

表 3－32　2016～2020 年枢纽节点城市江苏 5 个城市的高等学校教师情况

单位：万人

年份	徐州	连云港	淮安	盐城	宿迁
2020	0. 92	0. 25	0. 44	0. 4	0. 14
2019	0. 88	0. 24	0. 44	0. 39	0. 12
2018	0. 86	0. 23	0. 41	0. 37	0. 11
2017	0. 84	0. 23	0. 41	0. 36	0. 09
2016	0. 82	0. 21	0. 38	0. 35	0. 09
增长量	0. 1	0. 04	0. 06	0. 05	0. 05

3. 5　淮安枢纽城市影响力提升对策

提升淮安枢纽城市影响力，需要加快城市化进程，优化产业结构，推动经济持续增长，构建交通物流体系，发展社会民生事业，提升枢纽城市品牌形象，为枢纽节点城市的周边地区提供物货、资金、信息的便捷、安全、高效流转，为枢纽区域城市协同发展提供优质服务。

3.5.1 推进城市化进程

（1）营造宜居人居环境，吸引人口集聚。

提升淮安枢纽城市影响力，需要营造宜居的人居环境，吸引人口到淮安定居。全国第七次人口普查与第六次人口普查数据对比显示，淮安在2010～2020年，人口净流出20多万，淮安吸引人口留淮工作、生活的吸引力还不足。营造宜居人居环境，吸引外来人口向淮安集聚，为提升枢纽城市影响力提供人力资源支撑基础。

推进生态文明建设示范创建，美化城市生态环境。构建里运河、古淮河等绿色廊道，美化里运河古淮河国家湿地公园沿线景观，提升沿岸景观品位，增建改造特色游园，增加公园绿地，新增市区停车泊位。推进城市老旧小区整治，实施生活垃圾分类，健全网络化、数字化管理机制，加快省级宜居示范居住区建设，提高城市文明程度，吸引人口集聚。

（2）打造宜业宜工载体。

留住人才，需要建设打造工作载体，提高就业增收水平。通过“创富淮安”计划实施，培训居民就业技能，强化兜底就业保障；制订灵活政策，鼓励大学生和返乡人员就业创业，促进退役军人高质量就业，促进低收入农户和低收入村稳定增收。

优化服务环境，壮大服务业，做优做特淮安现代服务业，围绕“枢纽新城、绿色高地”主线，建设长三角重要旅游目的地，建成长三角北部消费中心，吸引人口在旅游业就业。通过发展夜经济，合理布局设计夜间经济项目，形成完整产业链；发展时尚产业，满足不同消费群体的时尚消费需求，布局一批特色餐厅、口袋公园、文化体育场馆，打造融合文化、创意、消费等元素的休闲空间，提高城市时尚气质和活力指数。

3.5.2 完善产业体系

主动承接长三角核心区域产业转移，深度融入“一带一路”、长三角经济圈、淮河生态经济带一体化和协同发展战略，推动产业创新、基础设施、生态环保、市场开放、公共服务等领域实现一体化，完善淮安产业体系，推动经济高质量发展，提升枢纽城市的影响力。

（1）做强“三新一特”产业，打造优势产业集群。

培育壮大主导产业，以新型装备制造、绿色食品、新一代信息技术和新材料四大千亿元级主导产业为引领，打造优势产业集群，建成长三角经济圈先进制造业融合发展集聚区。发展集成电路和应用电子产业集群，打造特色“智芯小镇”，推动敏安电动汽车、比亚迪专用车、骏盛新能源、跃马轮毂等企业发展，进一步完善产业链条。建设高标准建设国内一流盐化工新材料产业基地，优化食品产业结构，创建国家级食品产业园。

打造高端印制电路板产业集群和半导体产业集群，对印制板产业集群，主要依托庆鼎精密电子、苏杭电子、宏恒胜等重点企业，聚焦环保型 PCB 及 FPC 设计制造产品的提档升级和高端化发展，重点发展多层、柔性、柔刚结合和绿色环保印制电路板；以发展特色应用集成电路为抓手，聚焦集成电路封测、第三代半导体材料领域，围绕现有集成电路制造企业发展配套产业，加快培育一批单项冠军、隐形冠军和专精特新“小巨人”企业。

（2）发展全域旅游产业，提升产业竞争能力。

发展全域旅游产业，提升产业附加值。加快品牌创建步伐，强化智慧旅游建设，创建“水懂我心、自然淮安”全域生态旅游品牌，彰显“看河看湖看湿地，品虾品蟹品美食”淮安特色，打造精品旅游项目，推动西游乐园部分试运营，建成水上森林温泉酒店等高等级旅游度假酒店，白马湖生态旅游景区创成国家 4A 级景区。

（3）发展数字经济产业，把握前沿发展机遇。

强化信息化应用示范引导，积极引进 5G 应用、区块链等新技术，加快新一代信息技术与产业融合发展。前瞻布局数字设施，推进新型智慧城市项目，规划建设市级数据中心，建成农业大数据平台，开展大数据、人工智能等增值应用联合创新，引导数字经济与实体经济、日常生活深度融合，开拓产业互联网、智能制造、远程教育医疗等新业态，形成多元协同、数智融合的算力基础设施服务体系，夯实淮安数字经济发展基础。

3.5.3　发展和谐社会事业

（1）优化公共交通环境，方便居民出行。

优化公共交通基础建设，便于居民出行。建成高铁东站一期工程及综合客运枢纽、淮安运河大桥等交通新地标，加快推进省道348、省道420等干线公路工程，完善交通配套设施，推进白马湖森林公园、西游记文化体验园和华强方特文化创意基地等大文旅项目交通设施建设，贯通108千米健身步道，开展高铁、内环高架沿线环境综合整治，改善公共交通设施环境，提升公共交通水平。

（2）均衡义务教育资源，减轻就学焦虑。

义务教育入学已经成为淮安市场最焦虑的民生事项，加快义务教育优质资源均衡发展，化解居民焦虑是提升淮安枢纽城市影响力的重要路径。近年来，淮安优质教育资源均衡得到一定改善，但与居民对义务教育优质资源均衡期待还有较大的差距，合理布局义务教育优质资源分布，让人民得到充分享受优质教育资源，能够吸引各类资源入驻淮安，特别是人才资源能够在淮安安心干事创业，提升淮安枢纽城市的聚合力、影响力。

（3）合理布局医疗机构，化解就医难题。

合理布局医疗机构，健全现代医院管理制度，建设健康淮安。做实紧密型医联体，打造一批急诊中心和农村区域性医疗卫生中心，完善疾病预防控制和院前急救体系，加强卫生综合监管执法。

3.5.4 建设交通基础设施

（1）发展公路交通。

淮安把构建现代综合交通运输体系作为建设枢纽新城的重要抓手，梳理排定一批重大交通基础设施项目，畅通枢纽经济发展的交通血脉。持续放大水上航运、陆路交通传统优势，聚力构筑“米字形”高铁网，着力建设跨境电子商务示范城市，对外构筑开放通道、对内畅通“毛细血管”，立体叠加数字通道，全力打造航空、港口、客运和数字“四位一体”的枢纽体系。

（2）整治港航水道。

构建“畅通、高效、安全、绿色”的现代化内河水运体系要求，推进干线航道建设，提升航道通达和区域带动能力，努力实现“通江达海、江海联运”目标。从地方实际需要出发，强化水运主通道建设，同步建设水上交通监管设施。实施京杭大运河运南闸至扬州交界段景观绿化提升工程，推进头溪河航道上游5千米七改二升级改造、淮河入海水道二期航道整治工程。完善内河港口和二类口岸建设，建设多功能、综合性的港口，满足枢纽城市不断增长的港口货物运输需求。

（3）建设铁路运输。

构建贯通南北、连接东西的铁路交通大通道，加快形成以淮安为中心的多向放射铁路网。根据上级规划，推进宁淮铁路建设，确保“十四五”中期建成，实现时速 350 千米高铁新突破。到“十四五”末，实现淮安区高铁出行“321”目标，即从淮安出发到北京 3 个小时、到上海 2 个小时、到南京 1 个小时，加快淮安成为全省重要的高铁枢纽和全国高铁路网重要节点进程。

3.5.5　打造精品物流

（1）完善基础设施建设，优化物流园区布局。

城市辐射半径、物流品牌商入驻占比、货物中转占比和异地快递业务量这些指标均排在前面，不难看出，交通区位、网络的流通以及市场主体的进驻和发育程度均受物流基础设施建设的影响，设施的完善和优化布局对于城市竞争力具有显著影响。

（2）提升枢纽衔接能力，提高物流服务效率。

路网密度是根据城市内所有道路的总长度与城市总面积之比。优化物流枢纽的衔接度，逐渐形成高度综合化的运输网络，让淮安物流枢纽城市为区域经济社会服务能力得以更好发挥，为周边城市和区域提供更加便捷的服务。加大对物流园区的布局规划及相应配套设施的建设等措施，加强物流枢纽功能，优化物流枢纽设施布局，增强物流枢纽的连通度及协调发展能力，从而提升淮安物流枢纽城市的竞争力水平。以航空、高铁、内河航运三大枢纽为支撑，着力打造东部沿海综合物流枢纽城市。围绕与徐州、连云港形成陆海空互为支撑的“金三角”现代物流体系，加快建设航空货运枢纽，积极探索航空高铁联运新模式，加快建设辐射苏北、联通全国的高铁快运分拨中心。强化内河中转联运，推进现有港口多式联运设施建设改造，加强与连云港、太仓、南京等枢纽港口协作，提升中转联运能力。加快物流信息服务平台建设和推广应用，谋划发展金融交易结算等现代高端服务业态。

3.5.6 提升城市品牌

打造全国文明城市品牌，提升枢纽城市口碑。通过围绕建设要素涌动、活力迸发的“创新淮安”，和合南北、通济江淮的“开放淮安”，清新疏朗、自然水韵的“美丽淮安”，共建共享、文明和谐的“幸福淮安”目标建设，最终将淮安打造成经济强、百姓富、环境美、社会文明程度高和安全保障枢纽城市。

第 4 章

淮安制造业集群研究

4.1 产业集群概念及主要理论

4.1.1 产业集群概念

马歇尔在 1890 年首次提出“产业集群”的概念，他将特定地区由小型专业化企业组成的集聚称为“工业区”，工业区设立的初衷是大量从事相关行业的企业会产生规模经济，从而降低成本，马歇尔认为这种集聚会刺激创新。波特 1990 年首次用“产业集群”对集群现象进行分析，在其 1998 年发表的《产业群落与新竞争经济学》中，波特将产业集群定义为：在特定区域集中的，业务上相互关联的企业和机构的总称，特定产业或区域的经济增长一直是经济学研究的基本命题，涉及分工、专业化、外部经济等焦点问题。区域经济发展不平衡的一个重要原因就在于产业集群的地理集中，波特对这一现象的解释为：对于产业来说，地理集中性如同磁场，高级人才和其他关键因素会因此被吸引过来。区域的竞争力对企业的竞争力有很大的影响，波特通过对 10 个工业化国家的考察发现，产业集群是工业化过程中的普遍现象，在所有发达的经济体中，都可以明显看到各种产业集群。

4.1.2 理论基础

(1) 分工理论。亚当·斯密在其《国富论》中提出：分工是经济增长的源泉，同时也提出：扩大的市场是专业化能够提高劳动生产力的前提，这为产业集群的垂直分工理论及本地市场的产业分工提供了理论基础。同时，亚当·斯密也提出以分工加速知识积累的技术变迁，是报酬递增的动力。亚当·斯密关于经济增长的理论存在相互矛盾的一面，通过对“分工”的解析，亚当·斯密认为经济活动是动态的增长过程，而其增长的动力是源自分工；但在讨论到商品的名义和真实价格、交换价值时，亚当·斯密则想说明商品实际价格是受自然的、以价格为中心的影响作用，以及经济活动的一般均衡论的提出，而事实上均衡理论是静态的，这与分工及报酬递增的理论存在矛盾。马歇尔在其《经济学原理》中，通过报酬递增和工业组织形式对“分工”思想进行进一步拓展，效用递减是边际效用论的核心论点之一，马歇尔分别从工业布局、厂商的规模生产以及厂商的经营管理职能三个角度分析和说明了“分工”存在的报酬递增效应。同时，马歇尔也提到“地方性工业”，即具有分工性质的企业在特定地区的集聚，外部经济的概念一并提出，他认为产业集群形成的原因在于外部规模经济提供的收益驱动。马歇尔认为，产业集群促进了知识、技术、技能等要素在企业间的传播和应用，对区域经济的发展有驱动作用。马歇尔已经认识到了企业组织形式对分工的影响，但还是在静态分析的框架中研究经济增长问题。

区域化或集中化是提高产业的规模经济效应并获得专业化收益的方式之一，与核心产业关联密切的辅助性的、补充性的产业不能离中心产业很远，否则不可能有效工作（施蒂格勒，1998），劳动分工与市场规模相互促进、循环演进，产业专业化是报酬递增的基本组成部分。分工是增长的源泉，原因在于分工带来了收益递增伴随着产业链和分工链的不断延伸，专业化程度会不断加深，专业化分工的深入和协调会使效率的提高和交易量增加。同时，只有在专业化分工的基础之上，才会出现规模经济和生产效率的提高。杨小凯认为，作为制度性的经济产业组织结构性的安排方式，分工所牵涉的是包括个人之间、组织之间的协调，经济增长内生于分工，并且是一个动态的发展过程。随着分工的不断演进，市场规模不断扩大的同时又促进了分工的进一步深化，专业化使知识积累的加深从而产生了报酬递增的效应进而促进了经济的内生增长。市场规模扩大带来了分工的交易费用的上升，但只要交易费用增加的部分低于分工所带来的收益增加的部分，分工就会有不断深化的动力。

（2）区位理论。约翰·冯·杜能阐述了农业区位理论，在假想的“孤立国”以及六个严苛的假设条件下，杜能分析了从一个地理上孤立的、假想的城市出发，分析了农业生产方式的空间配置，并提出著名的“杜能圈”，同时也解释了地租、位置和资源配置，提出不同的空间配置下有不同的农业经营方式，农业收益的差别产生了级差地租。马歇尔是古典区位理论的创始人，他系统地论述了产业集群的形成机制，发现一些特定产业部门在某些区域内的集聚，有利于提高生产效率。马歇尔认为，很多性质相似的小规模企业的集中即能形成“内部经济”，“代表性企业”能花费较少的劳动和其他要素来进行生产。马歇尔认为，产业持续增长并集聚在特定的地区，会产生熟练的劳动力市场和专业化的服务行业，并改进交通基础设施，引起知识和基础的增加和扩散。工业区位论（韦伯，1909）一个基本假设是：区位是厂商和企业之间竞争的重要影响因素，也是推动产业集群发展的动力源，该理论强调运输费用、劳动力费用、工业区位是厂商和企业在选址中需要重点考量的因素，而理想和最佳的工业区位应在生产和运输成本的最小点上。在专业化、分工驱动之下，企业之间形成的集群现象是工业区位论的核心内容之一。市场区位论（廖什，1939）将市场需求设置为空间环节的变量，在区位分析时考虑空间均衡，分析了市场需求和规模以及结构对厂商选址和产业配置的影响。企业产品的销售范围应该是一个圆形，产地是这个圆形的圆心，半径则是可以覆盖到的最大的销售半径，企业不断进入之后圆形最终会演变成一个六边形的市场网络。最佳区位是收入和费用之差也就是利润最大点。在市场区位论中，区位分析从生产扩展到市场，参与人也从单个厂商或企业扩展到整个产业。

（3）增长极理论。佩鲁（1955）最早提出了增长极理论，即不平衡增长理论，他主张以数学关系表述经济元素、单位之间的关系，认为增长极是围绕主导工业部门组织的有活力的、高度联合的、快速增长的产业，这些产业通过乘数效应推动其他部门的增长。他认为技术进步和创新是经济发展的主要动力，创新集中于前、后向高度关联的主导型、推进型企业当中。保德维尔将“增长极”定义为都市内不断扩大的一组产业，并将其理解为相关产业的空间集聚，他认为增长极既是功能空间的极化又是地理空间的极化。

（4）新经济地理学理论。传统经济学理论在研究产业空间的分布问题时，“规模报酬不变”和“完全竞争”是两个基本的假设前提，但这种分析方法的非凸性无法支撑贸易和区位的两种均衡，迪克西特和斯蒂格利茨首次以规模收益递增为基础建立了竞争均衡模型，开启了产业组织领域的第四次革命，催生了新贸易经济学，并为新经济地理学奠定了基础。克鲁格曼（1991）总结了市场潜力理论以及进口替代区域增长理论，沿用垄断竞争假设，提出了新经济地理学的核心模型。“核心边缘模型”其主要结论是：在一个经济规模较大的区域中，厂商为了降低运输成本并利用规模报酬递增，会在前后向关联的作用下形成空间集聚，且这种集聚会在循环因果的作用下不断实现自我强化。产业和经济的集中现象会随着经济规模的不断扩大而更加明显，规模收益、运输费用和制造业份额是“核心边缘模型”的重要影响变量。波斯玛认为，拥有新知识和新生产过程的企业一旦选择某一区域，新企业及其相关的活动会表现出路径依赖的特征，从而对产业集群的形成产生影响。沃纳波尔斯认为，制造业中间产品通过前向和后向联系，促进厂商的集中形成产业集聚。藤田、莫瑞认为经济体系会自发形成中心地理体系，随着新产业的进入，该地区成为区位竞争的获胜者，企业数量会随着成本优势和集聚优势的增加而进一步增加，产业集聚会形成良性的自我循环。克鲁格曼所代表的新经济地理学研究以模型化的方法，通过数学和模型演算说明了产业集聚的方式，同时也用严谨的数学模型说明了产业和工业集聚将推动形成制造业的中心区。

4.1.3 形成机制和内在化理

（1）内外部规模经济效应所带来的集聚。马歇尔认为产业集群的优势在于其内外部的规模经济效应，克鲁格曼认为规模报酬递增效应是产业集群的利益来源。波特认为产业集群有利于创新机制和创造竞争优势的形成。增长与区域经济活动的“自我强化模型”证实了经济活动在地理空间上的集聚能够促进经济增长，原因在于其降低了创新的成本，而同时新企业也更倾向于在该区域集聚，也就是说，区域经济增长和空间集聚之间存在循环积累的因果关系，这与“循环积累因果论”不谋而合。

（2）产业垂直联系所带来的集聚。地方上的研究开发和空间集聚的关系，发现垂直的产业联系（中间产品和最终产品之间）会导致生产和创新活动的集中。要素的流动和产业的垂直关联性是新经济地理学所关注的两大问题，需求关联和成本关联是空间集聚的两种动力，前向关联如资本的内生型所产生的需求关联可对产业集聚的贸易问题、区域自由化等问题进行分析。而消费者对最终贸易产品的多样化偏好也可能导致经济活动空间集聚现象的产生。

（3）自组织所形成的集群。非线性的企业群落是产业集群的初始阶段，相同类型或存在关联性的企业在某一片地理区域的集中即为企业群落，主要是为了产业的专业化分工的实现，其主要特点在于地理空间上的集中性和专业类别的相似性。黄中伟（2004）认为在企业群落中，劳动分工比较精细，专业化程度高，但创新性较低。蔡少洪等（2007）认为在某一个区域内形成产业集群的条件是：首先，该区域需要具备一定的产业生态位条件并形成产业群落，在内部子系统的非线性相互作用下形成协同，群落进入高效有序的自组织状态后才实现产业集群。因此，并不是所有的企业群落都能够发展成产业集群，仇保兴（1999）发现，一些人为形成的工业或科技园区，因没有自组织的过程，虽已形成群落，但未产生集群效应。自组织形成需要四个条件：一是开放体系，二是远离平衡态，三是非线性作用，四是涨落作用，产业集群是一种产业生态系统，是在相互制约、彼此渗透的各种因素共同作用下形成的。臧新（2003）认为产业群的自组织作用来源于产业群内企业的相互协作和竞争。李刚（2005）发现，产业集群的自组织特征保证了集群内各子系统有充分的能力和资源来实现内部的协调和平衡，实现从不平衡到平衡、从无序到有序的发展。

4.1.4　动力要素和演化升级

（1）知识溢出。马歇尔最早开始研究产业集群中的知识溢出，他指出，信息和知识的溢出是产业集群三个正外部性之一。此后，迈克、肯尼思·阿罗、卢卡斯等经济学家都强调知识溢出对区域内组织生产率提高、技术进步的促进作用，同时也意识到知识溢出能够推动产业集群的发展。产业集群的知识溢出有两种形式，第一种是国际知识溢出，第二种是本地知识溢出。王然等（2010）不少研究表明，国际知识溢出能够促进产业集群创新能力的提升，但现阶段，我国面临产业独立和产业升级，本地知识溢出显得更加重要。知识传导路径是决定产业集群知识溢出效应的重要方面，萨克森尼认为，产业集群的知识溢出主要通过集群内企业间的合作、人员流动以及交流互动等途径实现。易开刚、马飘（2014）将产业集群内的本地知识溢出传导与升级过程分为三个阶段：知识的溢出过程、知识溢出吸收与转化成为创新产出的过程、创新产出的再扩散与升级过程。于江鹏、吴翠花（2010）认为，知识溢出对产业集群的推动作用主要体现在：有利于激发和聚集集群企业的研发活动、增加集群企业的知识积累水平、降低企业的研发成本和风险以及加强了集群企业间的有效合作。

（2）竞争合作机制。外部性和产业集群存在紧密的关联性，经济活动的外部性、厂商之间的竞合关系能够推动产业集群的形成。从新古典经济学和产业组织理论的角度，竞争主要指的是参与方之间冲突或敌对的关系，不少学者从生态位的角度来研究产业集群内企业的竞争，从生态学的角度来说，竞争是由于生态位的高度重合而引发的，宋迎春、梁军（2006）从生态位的分析入手，认为集群内的企业在面对时间、空间、资源的竞争时，可以通过资源互补和整合、市场的开发和细分实现生态位分离来避免过度竞争，用相互补充和协作的方式来代替竞争。产业集群的内在机制实现了对传统竞争模式的突破，企业之间是合作竞争而非零和竞争的关系，产业集群能够健康发展的关键在于集群内企业能够在弹性化和专业化的前提下进行合作。在产业集群内部的企业是相互依存的、共生发展的群体，源自企业之间竞合关系的集群效应是保证产业集群能够健康可持续发展，并保持持续竞争优势的动力。

（3）创新动力的支撑。从集群的形成和动力支撑来看，其关键的两大要素在于创新性和网络性，同时，这两大要素能够促进区域的协调发展，不断创新演化和区域组织的协作使产业集群不断升级；对产业集聚来说，地理区位是不可忽视的重要条件；而技术则是推动产业集群的最核心的要素。李明惠等（2011）从宏观维度（政府）、中观维度（集群）、微观维度（企业）来探讨产业集群的自主创新动力机制；姜江、胡振华（2013）认为，产业集群的创新系统具有自组织的特性，也存在自组织所拥有的非连续化与社会生态的演化机制相类似，具有一定的演化的周期性。产业集群创新系统的结构模型由核心层（企业）、基础层（政府、高校及科研院所等）、外围层（政府和市场）。王钦（2011）引入技术范式、学习机制和集群创新能力的概念，认为产业集群转型的重点在于“学习机制”的建立和更新，而提升产业集群创新能力的关键在于培育具有行业领先地位的企业。

4.1.5 区域影响力产业集群特征

市场因素和政策因素是驱动特定地理区域内产业集群形成的主要根源，具备区域影响力产业集群一般具有以下特征：

（1）特色明显，产业集聚度高。特色明显主要指区别于其他产业集群；产业集聚度高指集群内供应链、配套产业、相关产业齐全，较少具有外部依赖性。例如，世界知名的美国加州“硅谷”就是以半导体、大规模集成电路、芯片、现代软硬件等门类齐全的特色产业集群。

（2）比较优势明显，竞争力强。比较优势明显指区域内产业集群相较其他区域类似产业集群具有全部或部分无法被替代的优势；竞争力强是指区域产业集群比较优势能够为其带来可持续的竞争优势。

（3）创新能力强，引领产业发展方向。创新能力强指区域内产业集群掌握最先进核心技术，具备快速应用创新技术的能力，能够引领产业的发展方向，具备产业升级或颠覆现有产业范式的能力。

4.2　淮安制造产业集群发展现状

4.2.1　淮安市规模以上工业企业

依据 2021 年江苏统计年鉴数据（见表 4－1），2020 年，淮安规模以上工业企业数量为 1486 家，居全省第 12 位，总资产 2610.81 亿元，居全省第 13 位，营业收入 2481.66 亿元，居全省第 13 位，利润 152.17 亿元，居全省第 13 位。数据显示，淮安规模以上工业企业及其收入在全省范围处于弱势地位。

表 4－1　　2020 年规模以上工业企业主要经济指标　　单位：亿元

市县	企业个数	资产合计	负债合计	营业收入	营业成本	利润总额
苏州市	11900	36999.14	18948.53	37007.39	31418.59	2232.36
南京市	3242	15053.00	7986.00	12908.00	10588.0	727.00
无锡市	7006	19457.41	10138.65	18829.91	15929.45	1302.51
徐州市	2024	5424.40	3055.81	4758.66	3805.52	290.46
常州市	5066	11691.98	6338.82	11496.99	9738.84	721.66
南通市	5365	10233.78	5444.46	8801.55	7362.94	576.19
连云港市	985	3840.03	2140.54	2854.45	2118.49	261.75

续表

市县	企业个数	资产合计	负债合计	营业收入	营业成本	利润总额
盐城市	3139	5754.85	3582.60	5256.30	4608.22	170.80
扬州市	3039	5234.05	2872.97	5160.00	4376.41	272.24
淮安市	1486	2610.81	1282.31	2381.72	1994.09	152.17
镇江市	2011	5314.69	2886.27	3923.88	3275.42	249.13
泰州市	2861	6063.64	3132.86	5881.06	4566.73	375.71
宿迁市	2065	3122.01	1533.43	2966.90	2397.65	293.21

数据来源：江苏统计年鉴收集整理。

淮安近年 GDP 在全省 13 个地级市中一直排名第 11 位，可能原因在于：淮安规模以上工业企业数量偏少，而规模以下工业企业可能偏多。

从 2017～2020 年的统计数据来看，淮安 2017 年规模以上工业企业营业收入 5908.81 亿元，利润 362.86，在近 4 年中最高，2019～2020 年，可能因为受疫情的影响，在总体营业收入和利润总额方面下降明显。

表 4-2　2017～2020 年淮安规模以上工业企业主要经济指标　单位：亿元

年份	资产合计	负债合计	营业收入	营业成本	利润总额
2020	2610.81	1282.31	2381.72	1994.09	152.17
2019	2431.02	1229.37	2266.99	1904.31	143.56
2018	2597.38	1270.08	3866.77	3268.32	213.40
2017	2876.94	1328.34	5908.81	5062.32	360.95

数据来源：江苏统计年鉴收集整理。

4.2.2 淮安市制造业发展地位

赛迪顾问智能装备与智能制造产业研究中心发布了《2019 先进制造业城市发展指数报告》（以下简称《报告》），该《报告》根据先进制造业发展的五大重点特征，构建了创新能力、多领域融合能力、经济带动性、品牌质量和绿色集约五个维度，R&D 投入强度、高新技术企业数量等 26 个具体指标的评价体系和评价模型。运用该评价模型得到全国主要 126 个城市先进制造业发展指数。从《报告》结果可以看出，上海、深圳、北京位列前三，江苏省共有 10 座地级市入围前 50 强，分别是苏州（第 5 名）、南京（第 9 名）、无锡（第

17 名）、常州（第 23 名）、徐州（第 26 名）、淮安（第 32 名）、南通（第 36 名）、泰州（第 39 名）、镇江（第 45 名）、连云港（第 48 名）。淮安以总得分 43.2 继上年之后，再次成功入围 50 强、位列第 32 名，较 2018 年前移一位。从总得分情况看，淮安处于第 25 ~ 第 50 名的第三梯队，该梯队以中部、东北地区城市为主，制造业处于发展中国家水平，主要还处于资源和劳动力密集型阶段，制造业信息化水平不足，基础创新能力不够，核心竞争力不强，产业不够集聚，缺乏一定数量的产业人才。目前制造业停留在代加工、承接发达城市产业转移阶段。该梯队制造业优势体现在国家政策扶持、土地成本较低、劳动力充沛等方面，若能加强创新驱动、打造区域特色、发挥优势、引进高水平人才、先进理念，先进制造业发展具有较好的自由度，将会逐步缩小与其他梯队的差距。

创新驱动维度。淮安市列第 47 名，科研投入、教育资源以及高新技术企业都与第一梯队有较大差距，提升先进制造业创新能力仍需在加强研发投入和培育高新技术企业上下功夫，同时创造优良的创新氛围也是提升创新能力不可或缺的因素。多领域融合维度。淮安市列第 26 名，比 2018 年提升 7 名，随着淮安高铁、机场、航运等建设日趋完善，苏北重要中心城市地位凸显，供应链创新与应用示范项目提高了产业间的协同发展能力，随着上下游产业链的打通、企业创新能力的加强，先进制造业发展速度将进一步加快。淮安市在江苏省《关于进一步加快智能制造发展的意见》的指导下，引进了包括总投资 12 亿元的蓝华智能制造项目等一批先进制造项目，同时引导集群企业开展信息化、智能化、网络化、绿色化的改造提升，推动产业转型升级。经济带动维度。淮安市列第 33 名，先进制造业与现代服务业深度融合水平还需提高，产业集群水平还有待提升。质量品牌维度。淮安市列第 50 名以后，这与江苏省入围 50 强城市最多的省份极不匹配，关键技术受限、产品核心竞争力不强、缺少品牌企业成为淮安市先进制造业发展的关键制约因素。绿色集约维度。淮安市列第 21 名，相比 2018 年第 28 名提升 7 个名次，这与淮安市生态文旅区的重点打造有关，节能减排、创新驱动将是淮安制造业崛起的内生动力。

4.2.3 淮安市产业构成分析

淮安市产业规模以上工业企业逾 1204 家，初步形成盐化工新材料、特钢、电子信息、食品、节能环保等五大千亿元优势主导产业和新材料、新能源、新医药、软件与信息服务等四大新兴产业以及机械、纺织、轻工、建材等四大传统产业格局。

盐化工新材料产业。岩盐是淮安市优势矿产资源之一，2009 年盐化工产业实现销售收入 249.2 亿元，已形成 300 万吨精制盐、280 万吨元明粉、15 万吨烧碱、35 万吨纯碱、26 万吨硝酸、1000 万套轮胎等盐化工产品的生产能力。2006 年，淮安启动建设了规划面积达 30.3 平方千米的盐化工产业园，台玻、井神盐业等一批投资超亿元的大型盐化工项目纷纷落户，盐化工产业园先后获批江苏省级特色产业园——淮安盐碱科技产业园和省级农药集中区。淮安以盐、碱为基础，以盐化工科技产业园为载体，以化工新材料为主导方向，重点发展四大类产品：一是盐。在扩大规模的同时，重点提高产品品质，调整产品结构，形成多品种、多系列的产品格局。二是纯碱。重点扩大规模，实现产品规模化、系列化。三是芒硝。重点突破硝盐分离的技术“瓶颈”，实现可持续发展。四是氯碱及盐化工新材料。重点加快发展聚氯乙烯、氯化聚丙烯、环氧氯丙烷、环氧树脂等耗氯类盐化工新材料。2020 年，全市拥有规模以上盐化凹土新材料企业 194 家，2020 年实现规模以上工业销售 374.97 亿元；拥有淮安清江石油化工有限责任公司、实联化工（江苏）有限公司、安道麦安邦（江苏）有限公司、江苏富强新材料有限公司等一批骨干企业。全市具备年产 550 万吨盐、350 万吨元明粉、220 万吨纯碱、60 万吨烧碱等基础盐化产品的生产能力，形成涵盖原材料开采、基础化工、盐化石化耦合、精细化工、生物化工、凹土材料、电子信息材料等的盐化新材料产业链。

骨干企业包括江苏安邦电化公司、台玻集团实联化工（江苏）有限公司、江苏省井神盐业有限公司、淮安嘉诚高新化工股份有限公司、福斯特化工有限公司、洪泽银珠化工科技有限公司、南风化工有限公司等。

特钢产业。经过 30 多年的发展，淮安市特钢及延伸加工产业已经形成了 300 万吨钢、300 万吨材、180 万吨铁、150 万吨钢管的年生产能力，成为淮安市工业的重要支柱。2009 年全市特钢产业实现销售收入 293.4 亿元，同比增长 7.4%，实现利税 22.6 亿元。近年，淮安将以发展壮大特钢棒材产业链为重点，加快特钢产业的高端化、规模化步伐。一是加快特钢产品结构调整。重点开发高等级管钢、模具钢、系泊链用钢、石油钻杆钻铤用钢、高质量汽车用钢、高档次线材，做精做强特钢棒材产品。二是延伸加工特种钢管。利用淮钢特钢大圆坯的优势，延伸加工大口径高压锅炉管、石油管、气瓶管等高等级无缝钢管。三是发展精锻产品。以国内最大规格连铸大圆坯的优势，加快发展大型锻件，开发大型轴类件、风电锻钢件、无缝管芯棒、大型机械锻钢件和锻钢扎辊。

骨干企业包括江苏沙钢集团淮钢特钢公司、江苏天淮钢管有限公司、淮安振达钢管有限公司、江苏瑞盛重工机械有限公司等。

电子信息产业。全市116家规上工业企业2019年实现工业销售额256.6亿元，同比增长9.8%，电子制造业实现工业总产值265.4亿元，软件和信息服务业主营业务收入5.1亿元，为全市工业稳健增长和转型升级做出了重要贡献。目前，淮安市已形成印刷电路板、信息终端配套件、电感电容电阻元器件三大特色产业集群，2019年分别完成开票销售99.5亿元、47.8亿元、8.2亿元。企业主要集中在产业链中游，以印制电路板、电阻、电容、电感等被动元件以及信息终端配套为主，上游产业涉及磁性材料等。淮安高新区正在规划建设省内唯一以半导体产业为主题的特色小镇"智芯小镇"，2019年时代芯存首款商业化量产的2兆位相变存储产品下线，标志着淮安市半导体产业实现新突破。

淮安电子信息产业布局"1+4"，即一个产业基地、四个特色产业群，一个产业基地，即富士康（淮安）科技城，以富士康和明基电脑为主体，集聚一批上下游关联企业，形成集研发、生产于一体，产业配套相对完整的计算机及网络产品产业链。四个特色产业群，即仪器仪表特色产业群、线缆特色产业群、绿色电源产业群和汽车电子产业群。发展激光打印机、电涡流减速器、高功率太阳能电池、医疗电子仪器、汽车电子部件、低功率冷光源、数码相机成像单元等一批技术含量较高的新产品。

骨干企业包括鹏鼎控股公司、庆鼎精密电子、宏恒胜电子、澳洋顺昌、文善电子、纳沛斯半导体、捷群电子富士康科技集团、淮安达方电子有限公司、富誉电子（淮安）科技公司、淮安翔宇电子有限公司、展德光电公司、浙大网新集团、江苏金恒泰电控科技有限公司、淮安楚天积木动漫科技有限公司、江苏省洪芯智能技术有限公司等。

环保产业。作为新兴产业，淮安的节能环保产业过去一直处于尚待开发的阶段。近年来，淮安坚持把引进实施重大科技创新型项目作为加快转变经济发展方式的有力抓手，大力实施"培育大产业"战略，先后引进投资达10亿美元的国宝空调等重大项目，有力地推动了节能环保快速发展。节能环保产业主要有节能环保设备产业链。以国宝空调项目为龙头，加快推进电动汽车项目，研发高压变频调速、静态无功补偿等节电设备，与变频调速等技术结合的水泵、电机等节能机电产品。推动半导体照明关键材料和专用芯片、大功率器件的产业化，加快LED产品的系列化、规模化。大力发展资源综合利用。推进中再生苏北环保科技园（盱眙）的建设，进一步发展余热、余压发电，加大固体废弃物的利用，提高综合利用水平。加大产业招商力度，加快研发生产环保设备、环境检测仪器和环保材料，发展环保产业，努力打造全国节能环保示范基地。

食品产业。进入21世纪以来，淮安市立足农副产品资源优势，积极发展食品工业，培植了一批规模企业，涌现出一批优势行业和知名品牌，初步形成了具有一定基础的食品工业体系。2009年，全市食品产业实现销售收入142亿元。双汇、旺旺、雨润、苏食等一批国内外知名品牌食品加工企业的进入，为淮安食品工业增添了新的发展动力。淮安食品产业以特色化、优质化、品牌化为发展方向，依据市场导向，发挥本地优势，夯实产业基础。重点加强粮油食品、肉制品、蔬菜加工、水产品加工业科技攻关力度。充分挖掘地方特色传统风味产品，开发新的特色食品并使之形成产业。重点发展高级烹调油、精炼油，研究开发米蛋白、米糠营养油等功能性食品，开发生产各类熟肉精制品、天然果汁和酸奶、超高温灭菌奶、含乳饮料等液态奶及制品。提高酒类生产技术水平和产品档次。

骨干企业包括江苏今世缘酒业有限公司、江苏淮安双汇食品有限公司、江苏海隆国际贸易有限公司、江苏省淮安新丰面粉有限公司、淮安市快鹿牛奶有限公司、江苏淮安苏食肉品有限公司、淮安市金源肉品有限公司、江苏民康油脂有限公司、江苏洪泽湖食品有限公司等。

机械产业。淮安市机械行业涉及农机、电工电器、石油机械、基础件、机床工具、船用机械、改装汽车等七大门类，主要产品有大中型拖拉机、电机、石油钻采设备、齿轮泵、输油泵、改装汽车、门泵、减速机、轴承、变压器、电线电缆、船用甲板机械等70余种产品。近年来，随着美商独资2000万美元的理士科技、捷克投资的爱吉斯海珠气缸套、比利时投资的安特汽车等一批外资企业的落户，以及美的集团投资的电动机制造等项目的兴办，有力地提升了淮安市机械行业的整体装配水平。机械产业主要有石油机械、轴承、船用机械、传动机械、汽车及零部件五个产业集群，提高电机、齿轮泵、轴承等基础件产品档次，加快发展石油机械、工程机械、农业机械、环保机械、数控设备、电力设备等装备制造业。

骨干企业包括江苏金石机械集团有限公司、金湖小青青机电设备有限公司、江苏爱吉斯海珠机械有限公司、江苏神舟轮毂制造有限公司、江苏清江电机股份有限公司、江苏清拖农业装备有限公司、江苏淮阴船用机械有限公司、江苏省金象减速机有限公司、江苏惠民汽车配件制造有限公司、江苏双环齿轮有限公司等。

纺织产业。纺织产业涉及棉纺织、服装、针织、印染等七大门类，其中韩资金海螺纺织、港资“霞”牌内衣、民营康乃馨公司的系列产品在国内市场已具有一定知名度，台商独资的源通制帽、港商投资的同泰服饰等外资企业也纷纷落户淮安市及各县区。纺织产业重点发展具有环保特色的棉纺织、毯类及印染面料、产业用纺织品、针织复制、服装五大板块。以维科工业园为依托，加快发展家纺面料产业，建成全国最大的家用纺织品基地；以百隆实业为支撑，建设全国最大的色纺基地；以共创人造草坪、锦纶化纤为重点，壮大产业用纺织品的规模；以楚州针纺织、涟水泰丰针织为依托，放大针织品牌优势；以淮阴区振雄制衣、盱眙天源服饰、涟水高芳杰服装等企业为重点，加快发展步伐，力争成为国内外知名品牌的生产基地和出口服装生产基地。

骨干企业包括淮安百隆实业有限公司、淮安锦纶化纤有限公司、江苏妙通纺织有限公司、江苏泰丰针织有限公司、江苏康乃馨织造有限公司等。

轻工产业。进入21世纪以来，淮安市轻工业快速发展，企业规模和竞争力明显提高，产业竞争力不断增强，涌现了一批带动力较强的优势产品和特色行业，合成香料、消毒剂、洗涤用品、高强度瓦楞纸、家庭制品、高档箱包等一批特色行业高速成长。在激烈的市场竞争中，江苏爱特福、万邦香料等一批龙头企业脱颖而出。造纸行业，主要产品有高强度瓦楞纸、高档新闻纸、生活用纸、高档印刷包装纸等各种高附加值纸张和纸品，促进产业链向高端延伸。日化行业，主要有合成香料、消毒剂、洗涤用品等重点产品档次。

骨干企业包括江苏爱特福实业有限公司、淮安万邦香料工业有限公司、江苏洁丽莱日化有限公司、膳魔师（江苏）家庭制品有限公司、华达利家具

(淮安)有限公司、江苏富通科技有限公司、江苏金荷厨具制品有限公司等。

建材产业。淮安建材工业历史悠久，近年来，在传统建材的基础上，新型建材从无到有，不断发展，已经初步形成了木材加工、水泥及水泥制品、墙体材料、装饰材料、化学建材等门类较全、品种繁多的工业体系。产品主要是水泥及其制品、砖瓦、建筑石料、塑钢型材及制品、塑料管材管件、粉煤灰加气砌块、轻质墙板、涂料等。

骨干企业包括淮安海螺水泥有限公司、江苏淮龙新型建材有限公司、淮安汤始建华管桩有限公司、江苏凯迪新科技发展有限公司等。

新材料产业。经过多年发展，淮安新材料产业在特钢、盐化工和凹土等新材料方面初具优势。2009 年，全市新材料产业实现产值 318 亿元以上，形成了一批产品具有特色、企业知名度高、竞争力强、行业影响力大的大型龙头企业。创新能力显著提升，创新体系初步形成，已拥有省级以上工程技术中心 24 家，市级以上科技公共服务平台 13 家。新材料产业有金属新材料、化工新材料和非金属新材料，加快培育微电子与新型显示材料、高性能纤维材料和高性能复合材料，全力建设特钢产业园、盐碱科技园和凹土科技园。金属新材料领域，重点开发生产核电用钢、风电用钢、高速列车用钢和高等级无缝钢管。化工新材料领域，重点发展环氧树脂、聚氨酯、改性尼龙、碳纤维、有机硅单体、硅橡胶等化工新材料。凹土新材料领域，重点突破纳米技术，拓展凹土应用领域，加快建设凹土科技产业园，促进凹土产业做大、做强。

新能源产业。近几年来，淮安新能源产业迅速兴起，已经初步形成太阳能发电、风电、生物质发电、核电和燃气发电等齐头并进的发展态势，主要分布在淮阴、盱眙、金湖、楚州等县区，随着国家加大对新能源产业的扶持力度，淮安新能源产业正呈加速发展之势。淮安新能源产业以低成本技术开发为重点，推动新能源技术与装备的产业化与规模化应用，提升新能源产业市场竞争力。在光伏领域，发展了太阳能技术与应用，打造从太阳能电池材料、电池组件、太阳能发电到太阳能系统应用的产业链条。在风电领域，重点研发逆变、变压、减速等配套新产品，加快发展风电叶片、风力发电变速齿轮、风光互补发电系统控制器等风电设备及控制部件技术产品。在生物质发电领域，重点开发高效收集秸秆资源的关键生产技术与装备，扩大生物质发电规模。在动力电池领域，重点引进开发电池分选和一致性技术、电池包可靠性和耐久性设计等技术，加强新型动力型磷酸铁锂电池产品的研发等。在新能源汽车及零部件产业方面，全市新能源汽车及零部件产业拥有规模以上企业63户，实现销售收入141.7亿元，同比下降4.1%。

骨干企业包括敏安汽车、韩泰轮胎、和兴汽车、神舟车业、惠民交通设备等。

新医药产业。经过多年的努力，淮安新医药产业发展已形成良好态势。依托天士力帝益药业、正大清江药业、神华药业、西格玛公司等一批行业龙头骨干企业，在心脑血管类、抗肿瘤类、精神系统类、消化系统类新药的研发、生产等领域取得新的成效。2009年，新医药产业实现销售收入17亿元，已成为淮安市最具发展潜力的战略性新兴产业之一。近年，淮安新医药产业向“专、新、精、特”方向发展，逐步提高产品附加值和市场竞争力。重点在心血管系列药物、抗肿瘤药物、骨关节病新药、雷替丁和结莫替丁等消化道系列原料药及中间体等方面实现突破，同时在药物制剂上重点发展疗效显著的新药和新制剂。生物制药领域，重点加强色氨酸、真菌原料药等高端生物药品的研发。中药领域，加强中药新剂型、新型给药系统以及中药材、饮片、提取物、中成药的技术开发，推进现代生产技术在中药生产中的应用，加快发展高效、速效、长效和剂量小、毒性小、副作用小及使用方便的新机型。医疗器械领域，大力发展心脑血管支架，提高全市医疗企业和药包材的技术含量。

软件和信息服务业。淮安市软件和信息服务业起步于20世纪末，成长历程较短。经过不足10年时间的发展，淮安市的软件和信息服务业初具规模，形成了远景科技、淮工深蓝、博世电子等一批软件研发与推广企业，培育了淮安软件园、清河动漫创意科技产业园、洪泽软件园等一批省级科技产业园。近年，淮安软件和信息服务业将优先发展软件服务业，大力发展嵌入式软件，着力发展行业应用软件，推进信息化与工业化加速融合；加快发展数字内容业务；加速发展信息传输服务，积极构建“无线城市”、打造“智慧淮安”。加快软件园区建设和发展，加大软件企业引进和培育力度，着力打造“一个核心区、四个特色区”。一个“核心区”即省级淮安软件园，四个“特色区”以服务外包为主的淮阴软件科技产业园、以物联网应用为主的洪泽安芯智能港、以动漫制作为主的清河动漫科技产业园和以软件研发为主的浙大网新科技园。

4.3 淮安市主要特色产业集群

4.3.1 高沟食品产业集群

高沟镇酿酒业历史悠久，从清朝乾隆年间就已经批量生产高沟大曲酒，“裕源”槽坊生产的高沟大曲早在1915年就在巴拿马国际博览会上获得了金奖，品牌传承历史悠久，因此，高沟食品产业集群以高沟镇酒产业集聚为主，主要拥有今世缘酒业、情缘酒业、冉辰酒业、好人缘酒业等企业，2019年实现酒类工业产值48.7亿元，其中，今世缘酒业为龙头企业，拥有“今世缘酒”中国十大文化名酒和中国十大高端商务白酒品牌，年生产“国缘”“今世缘”和“高沟”系列白酒2万吨。绿色食品（除酒类以外）产业龙头企业包括开票销售1亿元以上的淮安通威饲料、超越工贸、三升食品、大自然食品4家企业，及开票销售5000万元至1亿元的月塔米业、旺谷米业2家企业。已经形成以大型龙头企业今世缘酒业为引领，双塘酒业、好人缘酒业、情缘酒业、冉辰酒业等中小酒企协同发展的格局。

4.3.2 金湖石油机械产业集群

金湖石油机械产业形成了以江苏金石机械集团为龙头，以高压油气井口装置为主要产品，60多家企业协作参与的产业集群，铸造、锻造、粗加工、精加工、热处理、表面处理、检测试验等产业配套体系较为完善，拥有国内领先的1600吨液压锻造生产线，最大铸件达50吨，可为机械制造类企业提供优质配套；建有省级石油机械产品研究室，并正在打造国家级石油机械研发中心，成为全行业产品研发、设计的公共创新平台。

产业集群内的企业既有竞争又有合作，既有分工又有协作，这种互动形成的竞争压力、潜在压力构成了集群企业内持续的创新动力，并将带来一系列的知识创新、技术创新、管理创新、产品创新，促使产业升级加快。与此同时，高度聚集的资源和生产要素为企业提供了极大的便利，不仅使企业各项生产要素得到较为合理的配置，也降低了企业交易的成本。金湖石油机械产业产品的质量档次、技术水平、市场覆盖面和占有率在全国同行业中一直保持领先地位，产品覆盖国内各大油田，多次在国际市场竞争中标，并出口到美国、加拿大、印度尼西亚、伊朗、叙利亚、菲律宾、委内瑞拉、埃及、苏丹、阿联酋、哈萨克、土库曼等20多个国家。

主要企业有：江苏金石机械集团有限公司、西派集团有限公司、金湖恒力机械有限公司、安澜科技（江苏）股份有限公司、金湖县支点石油科技有限公司、江苏利文机械有限公司、江苏政轩石油机械股份有限公司、江苏益马机械有限公司、江苏迪吉威阀门有限公司、江苏金莲花机械设备限公司、江苏卫东机械有限公司、江苏输油泵有限公司。

4.3.3 淮安化工产业集群

2014年6月17日，江苏省经信委公布第四批全省特色产业集群名单，淮安经济技术开发区、淮安市淮阴区、洪泽县被认定为盐化工产业集群。岩盐是淮安的优势矿产资源之一，资源储量高达1300亿吨，属世界特大型岩盐矿床，为发展盐化工提供了丰富的资源。目前该地区盐化工产业已初具规模。江苏省要求加强规划引导，优化布局结构，提升产业层次，进一步做好区域特色产业集群培育工作。

江苏淮安工业园区化工片区规划环评面积24.58平方千米，是江苏省唯一一家依托地方化学矿产资源优势建设的特色产业园区，也是淮安市唯一保留的化工园区。近年来，园区紧紧围绕高质量发展和打造一流创新载体的目标，以智慧安全“5+1”工程为抓手，以数字化技术打造智慧园区，为安全生产装上“智慧大脑”，为化工产业转型发展保驾护航。

安工业园区形成了从盐卤开采、加工合成制盐制碱到后道吃氯耗氢，再向下游延伸、配套较为完善产业链，先后获批国家火炬淮安盐化工特色基地、省新型工业化示范基地、省级先进制造业基地等称号。园区智慧安全“5+1”工程，是以封闭化管理、应急指挥中心、危化品停车场、特勤消防站及隔离防护带“五个工程”为基础依托，以综合信息控制系统为“一个中心”，目的是建设园区安全的最强智慧大脑，保障园区高质量发展。“这个工程最大的好处就是做到园区整个风险的监管和掌控，能第一时间应急反馈并与相关企业核实，通过这个系统进一步落实企业安全主体责任。”江苏宏邦化工科技有限公司董事季新林介绍说，宏邦化工是一家精细化工企业，产品为合成香料，属于“两重点一重大”企业。自2019年以来，该公司与其他企业同步上线应用了淮安市应急管理系统平台危险化学品监测预警系统、淮安工业化工园区企业信息采集平台、五位一体平台、江苏省危化品使用专项治理信息系统（使用单位端）等平台，并与园区智慧安全“5+1”工程融合连接，全面采集安全生产、封闭管理、应急管理、综合服务、产业运行等业务管理信息或相关系统数据，打通了不同业务场景及系统之间“信息孤岛”和数据壁垒，逐步构建了集配套安全生产管理、综合服务、应急救援指挥于一体的支持体系，有效提升化工园区规范化、智能化管理服务水平，园区安全风险等级评估顺利实现由B级跨档至D级。招商引资进入门槛不一、竞争无序。目前，盐化工园区由四个片区（市区、淮安区、洪泽县、淮阴区）组成，存在许多问题。一是四个园区之间很少沟通，情况不相互通报，不利于执行编制的盐化工园区规划；二是园区主体——市盐碱产业园区建设进度慢、许多配套服务措施没有跟上，大大影响洪泽盐化工区许多项目的运行；三是淮安由于过去已建的园区被市园区切去，目前发展园区的积极性较低；四是为了能招到商、引到资，有的园区一再降低标准。如拆迁政策、税收政策，在县、区之间就不相同。同时，县、区之间各自为政，竞相降低地价，形成恶意竞争，给园区协调发展带来不利的影响。

淮安市盐矿20家盐硝矿虽分属10多家企业管理，但已形成以江苏井神盐化为龙头的特色产业创新集群。依靠科技创新和科学化的管理制度，盐矿开采工艺技术和综合利用水平显著提高。2014年，江苏白玫化工有限公司丁场芒硝矿、江苏省井神盐业有限公司下关盐矿、洪泽大洋化工有限公司芒硝矿和洪泽银珠化工集团有限公司芒硝矿等4家盐矿确定为第四批国家级绿色矿山试点单位；2019年，淮安实源采卤有限公司老场盐矿、南风集团淮安元明粉有限公司苏庄石盐芒硝矿、中国石化集团江苏石油勘探局有限公司淮安赵集盐矿、江苏井神盐化股份有限公司蒋南盐矿、江苏井神盐化股份有限公司谢碾岩盐矿区、江苏井神盐化股份有限公司黄码盐矿、江苏安邦电化有限公司谢碾盐矿等7家盐矿确定为第五批江苏省省级绿色矿山试点单位，绿色矿山建设成效显著。

淮安市盐矿已分别在洪泽盐盆和淮安盐盆建成以盐矿企业为主体、自然资源主管部门负责组织监督、地质技术服务单位具体实施的地质环境监测网。洪泽盐盆地质环境监测网覆盖现有开采区及规划开采区，是统一规划建设的、集地面沉降和地下水污染于一体的综合监测网络，包括2个基岩标、41普通地面标、6个GPS标和15眼地下水监测井。淮安市盐盆地质环境监测网由3个静力水准自动化监测站、1个基岩标GSS连续监测站、89个水准监测点（地面标、墙角标）、3个GPS监测墩及24个地下水水质监测点组成。

淮安工业园区紧紧围绕省"一园一策"评估反馈整改意见和省化工整治领导小组2021年一号文件要求，全面梳理、整改问题，持续加快安全环保基础设施建设，全力推动化工园区升级工作。目前，省化工联盟专家组对淮安工业园区升级工作给予充分肯定，达标升级工作进程进一步加快。坚持规划引领，明确发展方向。2014年，淮安工业园区编制完成了《淮安盐化新材料产业园区产业发展与布局规划》，规划年限为2015～2030年。两区合并后，结合具体实际，园区又委托石油和化学工业规划院，编制了《淮安工业园区化工产业发展规划》，对产业链再次进行梳理。根据规划，园区将依托岩盐资源优势，打造一条以基础盐化工为龙头，高性能合成材料、高端专用化学品两大产业板块为主导的盐化新材料产业链，培育做强新型药物制剂产业集群，形成化工产业"一链一集群"的发展模式。目前，园区化工企业（含在建项目）总计85家，其中盐化新材料产业链上企业68家，新型药物制剂集群企业23家。

强化配套建设，筑牢发展根基。淮安工业园区全面加快配套设施建设，已全面建成符合要求的公共基础设施。供水方面，园区化工片区企业用水由洪泽井源水务提供，其供水能力已达到10万立方米/天，可满足企业日常生产、生活需求。供电方面，建成1座220KV范集变电站、1座110KV玉河变电站，且已实施双电源供电。供汽方面，园区现有国信电厂、实联化工、富强新材料、瀚蓝环保等供汽企业，能够满足化工片区企业用汽需求，并实现"一网工程、集中供热、平台保障"。管廊方面，目前园区已建成污水压力管架165千米、热力管道37千米。

聚焦安全生产，守住安全底线。园区以"5+1"强基工程为抓手，持续加大安全生产设施投入，全面提升安全生产管理水平。目前，园区已实现封闭化管理，依托虚拟围栏、全景AR、AI视频智能行为分析等技术，对24.58平方千米全面实现封闭化管理；危化品专用停车场项目正在加快推进，拟设38个停车位，并建设室外消火栓、应急事故池、消防水站等公辅设施，预计4月底即将建成投运；新建消防特勤站正在紧锣密鼓地施工，预计6月底主体完工，8月初交付使用。

4.3.4 淮安信息技术产业集群

2019年，全市116家规上工业企业实现工业销售额256.6亿元，同比增长9.8%，电子制造业实现工业总产值265.4亿元，软件和信息服务业主营业务收入5.1亿元，为全市工业稳健增长和转型升级做出了重要贡献。目前，淮安市已形成印刷电路板、信息终端配套件、电感电容电阻元器件三大特色产业集群，2019年分别完成开票销售99.5亿元、47.8亿元、8.2亿元。企业主要集中在产业链中游，以印制电路板、电阻、电容、电感等被动元件以及信息终端配套为主，上游产业涉及磁性材料等，骨干企业有庆鼎精密电子、富誉电子、宏恒胜电子、达方电子、澳洋顺昌、文善电子、纳沛斯半导体、捷群电子等。淮安高新区正在规划建设省内唯一以半导体产业为主题的特色小镇“智芯小镇”，2019年时代芯存首款商业化量产的2兆位相变存储产品下线，标志着淮安市半导体产业实现新突破。2020年实现规模以上工业销售290亿元，同比增长13%；拥有庆鼎精密电子、富誉电子、宏恒胜电子、达方电子、澳洋顺昌、文善电子、纳沛斯半导体等骨干企业。全市新一代信息技术产业已形成印刷电路板、电子元器件等特色行业集群，具备年产电路板900万平方米、手机接插件3亿件、基础元器件18亿只、LED外延片及芯片1800万片、显示驱动芯片2亿颗的生产能力；总体呈现出以开发区为核心，淮安区、清江浦区、涟水县等为补充的“一核多点”发展格局。

4.3.5 淮安教育装备产业集群

淮安施河现代教育装备产业园坐落于淮安区施河镇境内，规划面积达7平方千米，建成区共3000亩。园区内道路管网、供电、给排水、通信等基础设施完备。园内共有电教装备、实验室装备、体育装备、教室装备、数字化园等7大类5000多个品种的产品，教育装备企业近200家，其中生产型教育装备企业131家；从业人员1.21万人，2014年工业产值突破100亿元。其中江苏共创人造草坪有限公司创建成为江苏省民营企业100强，并成为全球人造草坪领军企业。施河教育装备产业经过多年发展已经形成中小企业集群。施河教育装备产业从1992年1家企业到2014年200余家企业，其中规模企业有20家，通过ISO9000认证企业有80家，通过ISO14000认证企业有40家，市级品牌产品30个，省级品牌10个；工业总产值从1992年2万元增加到2010年50.36亿元，从业人员从1992年的100余人，发展到2010年的11万余人；从20世纪90年代零出口发展到2010年出口交货值10亿元，产品面向国内国外两个市场，大约80%产品销售在国内市场。

经过30多年的产品积累和市场拓展，施河镇教学装备产业产生了较强的区域集聚效应，形成了教育装备制造企业、研发机构、销售贸易公司、行业协会、物流服务、金融机构等群体集聚，诞生了共创、喜洋洋、奇乐娃等部分龙头企业，特色明显，其中，生产性教具企业100多家，销售贸易性教具企业200多家，目前已有9大类3000多种产品，形成了多品牌、多品种的产品体系，产业影响力逐步辐射全国，部分企业如共创人造草坪公司已具备国际影响力。

按照教育装备产业“基地化、产业化、国际化、现代化”发展战略和建设全国最大的教学具产品生产、研发、销售专业市场的目标，淮安施河教具产业集群及相关产业园区建设，成效显著。

一是集聚要素，突出“功能提升”。坚持以科学规划为引领，邀请国内知名专家修订《中国施河教具城产业中长期发展规划》《工业集中区和小城镇建设总体规划》，按照“一轴五片区”的发展思路，将教具城产业园面积由2.2平方千米调整到7平方千米。通过市场运作的方法，在规划的集中区内新建标准化厂房90万平方米，完成园区“六纵五横”道路铺设、电力扩容、绿化亮化等基础工程。构建了园区框架，完善供水、供电等配套设施，建成道路16.5千米、管网32千米，提升园区对项目集聚的吸引力、产业集群的支撑力和区域发展的带动力，为产业扩量转型提供了广阔的发展空间，先后吸引江苏共创、南京万德、浙江巧巧、新起点实业等34家现代教育装备知名企业入驻现代教育装备产业园。

二是集群发展，突出“龙头带动”。以人造草坪规模世界第一的共创公司为龙头，整合40家企业成立行业商会，以商会为载体，大中小企业抱团作战，推动产业由游击队向集团军升级。共同编制项目，制作教学具产业宣传画册，申报教具城集体商标。目前，已有两件集体商标收到国家商标局受理通知书，80家企业通过ISO9000质量认证，40家企业通过ISO14000环境认证。共创公司2015年开票销售达12亿元，入库税收达8600万元，该公司不仅在产值销售上是全球同行业龙头，更在品牌文化、质量效益上体现出国际水准。

三是集约经营，突出“内力驱动”。建立教具城党组，加强对企业工作的领导和指导；成立现代教育装备产业园管理服务中心，建立教育装备产业发展基金扶持教育体育装备产业发展。园区企业生产产品覆盖教学具、幼儿玩具、学校后勤装备等9大类、3100个品种，教具城产品覆盖全国，成为全国最大的教具产业基地。与南京师范大学等高校建立合作关系，联合开发通用技术管理软件等项目6个，使教学具产业发展前景更加广阔。

4.4 淮安制造产业集群存在的共性问题

（1）缺乏重量级领军型核心企业。

目前淮安产业集群主要由本土企业、引进企业、承接产业转移企业和对江苏其他区域产业集群的配套企业构成，与其他知名产业集群相比，淮安的产业集群普遍规模偏小，集群内缺乏在技术、市场和行业影响力方面领军型核心企业，这限制了淮安产业集群的现代化发展。

（2）产业分类集聚程度不高。

淮安产业集群空间布局分散在不同的地理位置，各工业园区、科技园区、开发区等建设存在独自为战的情况，缺少整体统一的布局规划。没有将同类企业、产业链企业尽可能地集聚在同一个园区。

（3）核心技术对外依赖。

淮安一些制造业集群主要还处在产业链中低端，例如，电子产业集群主要有印刷电路板、信息终端配套件、电感电容电阻元器件三大特色产业集群，但是产业总体技术含量不高，半导体行业核心技术装备依赖进口。

4.5　打造区域影响力产业集群对策

4.5.1　优化产业集群空间集聚

淮安市的产业集群主要分散布局于各种园区，园区建设比较分散，缺乏大规模、产业链齐全的超大产业集群，目前淮安有272家科技产业园区，涵盖智能制造、软件、电子、化工、纺织、医药、生物工程、机械、农业、种植等多种行业，例如，省级科技产业园区就有淮安经济技术开发区、淮安软件园、盐碱科技产业园、凹土科技园、淮安工业园区、淮安大学科技园、淮安科教产业园、淮安欧美工业园、台州工业园、盱眙凹土科技产业园、清河动漫产业园、楚州精密机械产业园、清河科创园、涟水经济开发区新港电子产业园、洪泽软件园、清河软件园、淮安市留学生创业园、淮安空港产业园等，省级以上农业科技园有清浦设施蔬菜科技园、白马湖农场种业科技园、江苏洪泽食品科技园、淮安国家农业科技园区、淮安高新区被认定为省级高新技术产业开发区。因此，需要根据重点打造产业集群的需要，结合园区建设，在地理空间上对产业集群的空间布局进行进一步的优化，结合市场需要和政府政策推动，在厘清目前产业布局的实际情况基础上，通过重新规划、改造等手段，将重复的产业园区进行合并和重新布局，尽可能地将同一产业链的企业集中于同一园区。

4.5.2　大力发展战略性新兴产业

根据淮安市“十四五”规划目标，结合淮安地理位置和现有产业，以适应第四次工业革命带来的变化为方向，对推动传统产业升级和新兴产业培育进行有机结合，重点培育和打造以下主导产业集群。

(1) 数字产业集群。

数字设备制造产业集群。结合淮安市数字经济发展需求和外部市场需求，以淮安市现有印刷电路板、电子元器件、传感设备、半导体和集成电路产业为基础，大力发展智能传感器、无人驾驶智能设备、工业机器人、仪器仪表智能化等数字应用产业集群。

数字应用产业集群。整合淮安现有软件和信息服务产业，结合工业互联网建设、大数据中心建设、电子商务平台建设和物联网建设需要，大力招引和培育基础软件、工业软件、应用软件和工业 App 开发企业。

集成电路产业集群。目前，淮安集成电路产业聚集多家企业，其中德淮半导体、时代芯存、中璟半导体 3 户制造企业，纳沛斯半导体 1 户封测企业；大量科技 1 户封测装备制造企业。围绕半导体信息全产业链条建设，市相关部门精准分析半导体产业发展方向，细分产业链条，优化产业布局，加快人才集聚，按照“走出去”和“引进来”并重的工作思路，不断加强与台湾等地区半导体企业的沟通联系，通过与台湾地区双新考察团的交流合作，围绕半导体信息的上下游项目，在 IC 设计、原料供应、设备提供等前端环节，一批项目已达成投资协议；围绕生产制造等中端环节，积极对接全球第三大晶圆厂——环球晶圆总投资超 20 亿美元的生产线项目落户，助推淮安高新区半导体产业“扩容增量”；围绕封装、测试、应用等末端环节，总投资 15 亿元的光腾光学镜头、10 亿元的晶测封装测试、5 亿元的智能电表、5.5 亿元的半导体层膜、5 亿元的茂丞科技、2 亿元的手机模组、2 亿元的捷佳科技、2 亿元的鼎响科技、1 亿元的领先针测电子等项目正在积极跟进。

淮安可以围绕圆片级封装、多芯片封装等高密度先进封装和测试关键技术及设备；宽禁带第三代半导体材料；集成电路先进制造和特色工艺开发，集成电路先进封装测试技术，集成电路装备等技术及配套技术培育核心、领军企业。

（2）化工产业集群。

生物医药产业集群。目前，淮安生物医药企业数量和规模有限，存在产品结构不合理、生产企业规模小、创新能力不强等不足之处，主要有正大清江制药有限公司、江苏天士力帝益药业有限公司、江苏神华药业有限公司、涟水制药厂、江苏润邦药业有限公司、淮安晖宇化工科技有限公司、江苏正济药业股份有限公司、江苏鹏翔生物医药有限公司、涟水县科诺生物技术开发有限公司等，但是，淮安处于新医药产业链的中上游，具有农业资源、环境资源、水资源、生物资源等优势，基于淮安本地资源优势，大力推进创新链和产业链融合，发展以现代生物技术为核心的相关产业，推进科技成果产业化，使生物技术和新医药产业成为核心竞争力和巨大发展潜力的高科技产业。在产业集群建设方面，推动现有生物医药企业进行产业集聚，通过本土培育和外部引进，打造生物医药领域的领军型企业。

盐化凹土新材料产业集群。淮安拥有非常丰富的岩盐资源，已探明储量达1300亿吨（主要分布在淮安、淮阴和清浦三个区），还有储量20多亿吨的芒硝资源（主要分布在洪泽县和淮阴区）。淮安的盐矿是我国东部地区盐类矿床中地质构造最好、储量最大、品质优良的盐矿资源，其特点是储量大、丰度高，矿石品位高、卤水质量好，具有重要的工业化开采价值。作为淮安市四大工业优势特色产业之一，盐化凹土新材料产业近年来一直保持平稳较快发展。为充分发挥淮安得天独厚的岩盐资源优势，提升盐化新材料产业发展水平，淮安市培育建设千亿元级盐化新材料产业园区，核心区及建成区已达到24平方千米。园区先后被批准为国家火炬盐化工特色产业基地和省级特色园区、特色产业基地、科技园区、农药集中区。

一是突出融合发展，聚力打造盐化新材料产业园区"园中园"。按照"高起点规划、高标准建设、高速度推进"的园区发展理念，确立"一步规划、核心做强、组团相连、一区多园、产城融合、分步推进"的块状发展和融合发展思路。打造特色园区，加快建设以集群配套发展为核心的盐化新材料项目"企业园中园"和"县（区）园中园"。以大企业集群配套和产业链延伸配套为重点，以组团式规划建设"园中园"。打造精品园区，加快建设以成果转化为核心的盐化新材料"科技园中园"。打造快捷园区，加快建设以物流传输一体化为核心的盐化新材料"物流园中园"。规划建设危化品仓储区、物流区，规划建设岸线码头和专线铁路等。

二是突出链式发展，聚力打造盐化新材料产业园区"大、特、高、优"产业。按照"强链、补链、建链"的产业发展理念，确立"以重特大项目建设为引擎，以两碱一盐为基础，以盐化工与石油化工相结合发展为支撑，以特殊功能材料和高端精细化学品为特色"的集成发展和转型升级发展思路。

聚焦发展融合能力强、集中度高的大产业。大力推进基础化工向高分子化工产业链延伸，做强拉长氯碱化工、石油化工等融为一体的大型集中化产业链。聚焦发展竞争力强的特殊性能材料产业。大力推进无机化工向有机化工产业链延伸，大力发展聚氨酯、氨纶芳纶等特种纤维、氟硅材料、高性能树脂、合成塑料等特殊性能材料，补齐做粗“两碱一盐”延伸产品链。聚焦发展科技含量高的精细化学品产业。大力推进医药、农药中间体等精细化工产品向生物化工、生命科学新材料等高端化学品延伸，通过引进附加值高、科技含量高的高端产品在盐化新材料产品分工中实现产业较大幅度的提升增值。聚焦发展市场前景好、品质优的盐化日化产业。突破发展盐化日用化学品，开发日化用盐、表面活性剂、化妆品、洗化用品、美容保健品等轻工日化产品链，优化拓展盐化新材料产品空间、市场领域。

三是突出集群发展，聚力打造盐化新材料产业园区“企业群”。按照“做强企业、做大产业”的转型升级理念，确立“打造主导产业群、龙头企业群和主打产品群”为支撑的企业培塑发展思路。打造基地型企业群。以实联化工和井神盐业“两碱一盐”产业园和盐化石化融合发展产业园等为龙头，打造我国“两碱一盐”及盐化新材料重要生产基地，形成一批销售100亿元以上的战略性企业。做大集团型企业群。发展壮大中农化淮安农药化工基地、盈恒化工聚氨酯等主业突出、核心竞争力强的企业集团，形成一批销售30亿~50亿元以上的区域性企业。培育发展型企业群。大力培育在盐化工产业链上的科技创新型企业和拥有主打产品的优势企业，形成一批销售超10亿~30亿元的成长性小巨人企业。同时，创新企业组织机构和提高产业集中度，推动企业战略重组，不断提升园区内企业分工协作和技术、产品及市场竞争力。

(3) 高端制造产业集群。

高端装备制造产业集群。目前，淮安高新技术产业开发区、金湖经济开发区已经获得江苏省高端装备制造业特色产业基地认定，其中，淮安高新区以高端装备制造、电子信息、新材料等为主导，目前已集聚德瑞加数控、翔宇电力、胜克机电等装备制造企业58家，淮安经济技术开发区的半导体层膜和维修项目还可以为国内半导体厂、光电厂和太阳能面板厂提供专业维修和新备品生产供应服务，具备与省高端装备产业集群进行一定协作和对接的基础，可以围绕高端数控机床、智能成套系统、智能机器人和现代交通装备等领域所涉及的技术、产品、配件和原材料，结合淮安实际技术、生产和能力基础开展核心企业和领军企业培育。

新能源汽车产业集群。目前，淮安汽车产业经过多年的发展，已经具有一定的规模和基础，其中汽车制造企业36余家，专用汽车4家，零部件企业31

余家，近年还引进了新能源电动汽车生产企业，如江苏敏安电动汽车科技有限公司、淮安市专用汽车制造有限公司、淮安市久泰汽车零部件制造有限公司等，围绕省汽车及零部件先进制造产业集群以及无人驾驶、车联网等新兴技术研发，具备成为淮安市主导产业的基础。

高端纺织产业集群。目前，淮安市现有各类纺织生产销售企业 500 多家，其中规模以上企业 30 多家，拥有康乃馨等中国名牌、省级名牌 10 多个，拥有国际先进的纺织、服装及印染后整理等生产设备，从业人员 3 万多人，推进纺织产业向高端化、数字化和智能化方向转型，探索将主要纺织企业集中在特定地理空间的可能性。

4.5.3　支持核心共性技术研发

（1）新一代信息技术。

以支撑淮安制造产业数字化和智能化转型为目标，加大新一代信息技术研发支持力度，支持庆鼎精密电子、苏杭电子、澳洋顺昌、纳沛斯半导体、时代芯存、大量科技等企业在半导体照明、新一代移动通信设备、云计算、集成电路与芯片、高档电子元器件、新型传感器等领域开展技术攻关，突破一批关键元器件制备技术，加快科技成果的应用。加快软件技术研发，重点支持基础软件、工业嵌入式软件、智能终端软件、信息安全软件、电子商务交易平台和服务平台建设等领域的外包企业发展壮大，推动自主开源操作系统、中间件、信息安全技术开发，推动软件服务外包产业向价值链高端提升。

（2）新型装备制造技术。

支持淮钢特钢、金象传动等骨干企业开展高端钢管、高端轴承、精密齿轮、减速机等高端产品开发以及产业化；支持金石集团、政轩石油机械等企业对石油钻机整体系统和油气钻采智能集成控制系统的开发和引进，培育发展海洋石油装备。支持汉邦科技、科圣化工机械、常盛动力机械配件等企业开展超临界流体色谱系统、有机硅流化床反应器、柴油机喷油泵高压共轨关键部件等研发和产业化。支持工业机器人、高性能数控金属切削与成型机床、多轴联动加工中心、柔性制造单元等高档数控机床与基础制造装备研制，加快突破智能数控系统、高精度传感器、高档伺服系统、网络化系统集成等一批关键智能共性技术，加速开发一批智能精密机械装备产品。

（3）新材料技术。

支持共创人造草坪、联合化纤、阿路美格新材料、侨新新材料、视科新材料等企业开展抗菌性人造草坪、高性能差别化聚酯纤维功能材料制备、超能防火保温安仟板、氨纶废丝循环再生氨纶纤维、高性能视光学材料等技术研发及产业化。加强基础聚合物制备、集成创新和成套工艺技术研究，研发造腔控制与预测技术、材料改性和加工成型技术以及配套助剂，可降解及回收材料等技术。支持清陶能源、博图凹土等企业利用凹土材料开发功能涂覆材料、半导体热电材料、生物功能材料、纳米功能材料等新产品。

（4）生物医药技术。

依托天士力帝益药业、正大清江药业、麦德森制药、神华药业、永安制药等骨干企业，重点突破疫苗分子设计、抗体工程优化、新释药系统及新制剂、规模化分离制备、效果评价等关键技术和“瓶颈”技术，加快新型疫苗、抗体、血液制品等重大生物制品的研发；重点研发毒副作用小、临床疗效高的创新药抗癌药及抗癌辅助用药，心脑血管和糖尿病治疗的新型药物、新型抗感染药物、抗肿瘤固体制剂、靶向制剂、缓释控固体制剂；着重攻克药物新制剂及释药系统、药物评价动物模型研究与制备、药效评价及新机理研究、药物安全性评价等方面的关键技术。

（5）新能源技术。

支持敏安汽车、上淮动力、骏盛新能源等企业开展混合动力汽车及纯电动汽车关键零部件研制，突破动力电池及管理系统、驱动电机及控制系统、先进变速器、轻量化材料、整车智能控制等核心技术，研发高性能动力电池与电池管理技术、电控技术、燃料电池动力技术。支持新源太阳能、鼎盛太阳能等企业开展太阳能光伏发电、太阳能光热利用关键核心技术研发与产业化，攻克薄膜太阳能电池、高效晶体硅太阳能电池及组件、新型太阳能电池、太阳能并网发电、太阳能光伏转换、高效中高温太阳能集热器及蓄热器为代表的太阳能技术。

4.5.4 打造“数智支撑”产业集群

以推进淮安制造产业集群高质量发展，提升区域影响力为目的，加快推进淮安制造产业集群企业数字化、智能化建设，以数字基础设施、工业互联网平台、工业软件应用开发和智能装备制造为支撑，围绕工业软件开发、信息技术服务和集成、智能装备和新一代信息技术等硬件数字产品，打造本地数字化和智能化转型服务产业集群，以专项政策扶持、专项资金支持、金融服务和人才引培为激励和保障措施，全面实施淮安制造产业集群的数字化和智能化转型工程。

第 5 章

淮安数字经济研究

5.1 数字经济理论

5.1.1 数字经济的概念界定

1994 年，“数字经济之父”唐·泰普斯科特（Don Tapscott）在其著作《数字经济：网络智能时代的前景和危险》中提出了“数字经济”这一术语，概括总结了数字经济的 12 个特征，但并未直接给出数字经济的具体定义。关于数字经济概念界定的研究主要集中在国际组织和各国统计局的研究成果和工作报告中，基本上是在 SNA 框架下进行探讨的。其中，讨论最为深入和最具影响力的是经合组织（OECD）和 BEA 的研究。

（1）OECD 的界定。

20 世纪中叶以来，伴随着计算机、电子技术以及信息技术的涌现和快速发展，经济运行和人类生活方式发生重要变化。为了对这类由信息技术带来的经济社会变革进行统计观测，OECD 从 1992 年开始发布系列出版物《信息技术展望》，描述信息技术货物和服务供需的快速增长，反映信息技术对产出水平和结构、职业和就业的影响，以及对经济和社会转型的支撑作用。随着互联网技术的不断发展，以及传统固定电话和移动通信技术向网络信息技术的转化，信息经济已经不能完全满足对基于网络信息技术的新型经济业态的描述。2012 年，OECD 将《信息技术展望》系列出版物更名为《互联网经济展望》。OECD 定义的互联网经济是一个十分宽泛的概念，涵盖互联网支持的所有经济、社会和文化活动，包含所有互联网连接带来的用途和好处。近年来，数字技术在各行业广泛渗透，从电子商务到自动驾驶、大规模开放的在线课程、电子记录和个性化医疗、社交网络等，数字技术影响了零售、交通、教育、医疗、金融、社交媒体等各个领域。

2018 年，OECD 在《数字经济测度框架》中提出了定义数字经济的新视角，即通过交易的性质来界定一项经济活动是否属于数字经济。如果交易通过电子订购或者电子交付的方式实现，则对应的经济活动属于数字经济，OECD 这种概念界定与数字化最明显的表现形式相吻合。

从信息经济到互联网经济，从互联网经济到数字经济，充分体现出 OECD 对数字经济的认识经历了一个逐步探索和深化的过程，这一研究过程也是对数字经济发展脉络的刻画。

（2）BEA 的界定。

1998 年和 1999 年，美国商务部经济与统计署连续发布了两份数字经济报告《新兴数字经济 Ⅰ》和《新兴数字经济 Ⅱ》（The Emerging Digital Economy）。Landefeld 和 Fraumeni（2001）在向美国联邦经济统计咨询委员会提交的会议论文中对数字经济进行了界定，具体包括信息技术生产行业（IT - producing Industries）、信息技术使用行业（IT - using Industries）以及电子商务（Electronic - commerce）。BEA（2018）认为，“数字经济包含主要基于互联网及相关信息通信技术（ICT）的经济活动”。

（3）其他机构的界定。

2016 年，G20 杭州峰会提出了数字经济的定义：“数字经济指的是以数字化信息与知识作为生产要素，以信息化网络为载体，以 ICT 的使用来促进效率提升和宏观经济结构优化的经济活动总和。”

中国信息通信研究院认为，“数字经济是以数字化的知识和信息为关键生产要素，以数字技术创新为核心驱动力，以现代信息网络为重要载体，通过数字技术与实体经济深度融合，不断提高传统产业数字化、智能化水平，加速重构经济发展与政府治理模式的新型经济形态。”

关会娟等（2020）认为，数字经济是以数字设备制造、数字信息传输、数字技术服务等基础设施为核心支撑，高度数字化的媒体内容和互联网应用活动的集合。

5.1.2 数字经济评价

(1) 数字经济统计分类。

为了进行数字经济测度，OECD 提出了数字经济卫星账户的概念框架，建议按其核心经济活动将企业划分为6个不同的类别：①数字驱动行业；②数字中介平台；③电子零售商；④其他数字业务行业；⑤依赖中介平台的行业；⑥其他行业。其中，数字驱动行业类似于国际标准产业分类中的ICT产业，该产业所生产的产品旨在通过传输和显示等电子方式实现信息处理和通信的功能，具体包括ICT制造业、ICT服务业和ICT贸易行业。数字中介平台可通过中介的服务性质来识别（如住宿数字中介平台、交通数字中介平台）。其他数字业务行业包括基于网络的搜索引擎、社交网络和协作平台（如YouTube、维基百科、Freecycle等）以及提供订阅基础内容的数字业务（如Spotify、Netflix等）。依赖中介平台的行业包括那些在很大程度上依赖于中介平台开展活动的企业。其他行业包括前5个类别中未涵盖的所有其他数字经济相关企业，以保证数字经济测度的完整性。

BEA 数字经济产业包括三个大类：数字化赋能基础设施、电子商务和数字媒体。其中，数字化赋能基础设施是支撑计算机网络与数字经济存在及使用的基础物理材料和组织构架，具体包括计算机硬件、计算机软件、通信设备和服务、建筑物、物联网、支持服务等6个小类。电子商务指基于计算机网络进行的买卖交易活动，包括企业与企业之间的电子商务（Business - to - Business，B2B）、企业与消费者之间的电子商务（Business - to - Consumer，B2C）、消费者与消费者之间的电子商务（Peer - to - Peer，P2P）等3个小类。数字媒体指人们在数字设备上观看、创造、获取或储存的内容，区别于消费者购买租赁的书籍、报纸、音乐、视频等传统物理产品，数字媒体属于在线访问的数字产品，具体包括直接销售的数字媒体、免费数字媒体、大数据等3个小类。

关会娟等（2020）的分类：将数字经济产业划分为数字设备制造、数字信息传输、数字技术服务、数字内容与媒体和互联网应用及相关服务等5个大类。数字设备制造包括可支撑数字信息处理的终端设备的制造、相关电子器件和元件的制造以及高度应用数字化技术的智能设备的制造，具体包括计算机制造、通信及雷达设备制造、数字媒体设备制造、电子器件和电子元件制造、数字化仪器仪表制造、智能设备制造和其他相关数字设备制造7个中类，共计68个小类。数字信息传输具体包括电信服务、广播电视传播服务和卫星传输服务3个中类，共计7个小类。该部分内容与《国民经济行业分类（2017）》有较好的对应，分类相对成熟全面。数字技术服务是数字信息运行的虚拟载体和支撑，指提供数字信息技术产品的服务和提供相关支持的服务，具体包括软件开发、信息技术服务、网络基础资源服务、网络安全服务和数字设备维修5个中类，共计20个小类。数字内容与媒体是指利用数字设备制作、发布、传播数字信息内容的服务，具体包括广播、电视、电影和相关服务，互联网信息服务和其他数字内容服务3个中类，共计16个小类。互联网应用及相关服务是指通过计算机网络实现了实物性商品所有权的转移交易（如服装、家用电器等的批发零售），或实现了服务性商品的有偿提供（如互联网金融借贷支付服务、金融信息服务等）。互联网应用及相关服务划分为互联网平台、互联网批发和零售、互联网金融、其他互联网应用等4个中类，共计11个小类。

（2）数字经济评价。

2017年，国家信息中心数字中国研究院在《数字中国建设通讯》报告中提出了“五位一体”衡量数字经济的指标体系：基础能力（基础设施、信息共享、数据开放、技术创新）、核心发展（数字经济发展度、数字治理）、保障水平（资金、人才、制度、数字社会）。

2017年，中国信通院发布了《中国数字经济发展白皮书》（见表5-1）。

表5-1　　中国信通院评价指标

一级指标	二级指标范围
先行性指标	大数据投资融资；云计算服务市场规模；物联网终端用户数；移动、固定宽带用户数和接入市场；移动互联网接入流量
一致性指标	信息通信技术主营业务收入和综合价格指数；互联网投资融资；电子信息产业进出口总额；电子商务和互联网服务市场规模；“互联网+”协同制造、智慧能源、普惠金融和高效物流
滞后性指标	第一、第三产业增加值；工业增加值；信息消费规模

2017年5月，财新智库发布了《中国数字经济指数2017年度报告》。该报告构建的中国数字经济指数指标体系从劳动、资本和创新三个投入角度出发，包括数字经济的产业、融合、溢出和基础设施四个分指数（见表5-2）。

表 5-2 财新智库评价指标

一级指标	二级指标
产业指数	大数据、互联网与人工智能产业
融合指数	工业互联网；智慧供应链；共享经济；金融科技
溢出指数	制造业、其他行业对数字经济利用率与占比；其他行业中信息产业作为中间投入的比例
基础设施指数	数据资源管理体系；互联网基础设施；数字生活应用普及程度

2017 年，上海社科院发布了《数字经济蓝皮书》。蓝皮书分析了数字经济与竞争力相的理论，从基础设施、产业、创新和治理四个竞争力角度出发，构建了全球数字经济竞争力评价指标体系（见表 5-3）。

表 5-3 上海社科院评价指标

一级指标	二级指标
数字基础设施竞争力	云服务；智能终端；链接云服务和智能终端的各种设备
数字产业竞争力	经济产出；国际贸易；平台企业
数字创新竞争力	技术研发；人才支撑；创新转化
数字治理竞争力	公共服务；治理体系；安全保障

2018 年 9 月，数字经济研究院等联合发布了《2018 全球数字经济发展指数》。报告中提出了数字经济五因素模型，即基础设施、消费、产业生态、公共服务与教育科研，构建了数字经济发展指数指标体系，该指标体系不仅评估了数字经济的发展水平，也评价了数字经济的产业结构和发展路径。

5.2 中国数字经济发展概况

据中国信通院的研究报告，数字经济已经成为新发展格局的关键支撑，目前，我国数字经济发展存在梯度发展（整体）、区域极核（北京、广东）、点轴发展（长江经济带）和多极网络（长三角、珠三角）等多种模式，数字经济高梯度区域（如北京和广东）以数字产业集群和产业数字化输出为主，数字经济中梯度区域则以引进或承接高梯度区域数字产业驱动传统产业数字化转型（如重庆和辽宁），数字经济低梯度区域结合地方实际以融入中高度产业链为主（如甘肃）。

从历年我国数字经济发展规模来看（见表5－4），我国数字经济总量呈现逐年递增的发展态势，增长速度领跑我国GDP增速的2倍以上，在国民经济发展整体呈下降趋势的情况下，数字经济逆势向上增长，截至2020年，我国数字经济总体规模已经达到39.2万亿元，其中数字产业化达到7.5万亿元，产业数字化规模达到31.7万亿元，受疫情影响，我国GDP增速近年放缓（2.3%），数字经济增长快速，达到GDP增速的4倍多，农业、工业和服务业的数字渗透率达到8.9%、21%、40.7%（2018年，工业、服务业、农业数字经济占行业增加值比重分别为18.3%、35.9%和7.3%）。

表5－4　　中国数字经济历年发展状况

年份	数字经济总量（万亿元）	占GDP比重（%）	增加值（万亿元）	占比同比增长（%）	数字经济增速	GDP增速（%）
2020	39.2	38.6	3.3	2.4	9.7	2.3
2019	35.8	36.2	4.5	1.4	15.6	6.1
2018	31.3	34.8	4.1	1.9	20.9	6.6
2017	27.2	32.9	4.6	2.6	20.3	6.8
2016	22.6	30.3	4.0	2.8	18.9	6.7
2015	18.6	27.5	2.4	1.4	15.8	7.0
2014	16.2	26.1	5.7	1.8	17.3	7.3
2013	13.8	24.3	4.7	1.1	15.0	9.3
2012	12.0	23.2	2.2	1.0	14.3	9.6

数据来源：历年中国信通院《中国数字经济发展白皮书》，部分缺失数据通过估算。

5.3　江苏数字经济发展现状

5.3.1　江苏数字经济发展规模

近年，江苏聚焦数字产业化、产业数字化和数据价值化，加速培育发展新技术、新业态、新模式，赋能制造业高质量发展，全省数字经济呈现规模增长迅速、创新融合驱动加快、新业态不断涌现的良好发展态势，总体规模和水平从全国来看，名列前茅，仅次于广东省，据《中国数字经济发展白皮书（2018、2019、2020）》的报告，2018 年，江苏信息化发展整体水平位居全国前列，数字江苏发展评价总指数达到 81.53，全省数字经济规模超过 3 万亿元，位居全国第二，增速超过 19%，占 GDP 比重超过 40%，企业“两化”融合水平保持全国第一，同时，全省互联网普及率达到 61.4%，高于全国 1.8 个百分点。2019 年，江苏数字经济规模达 4.29 万亿元，位居全国第二，占 GDP 比重超 40%，数字经济已经成为推动经济高质量发展的新引擎。2020 年，江苏数字经济规模超过 4.4 万亿元，占 GDP 比重超 43%，位居全国第二，5G 网络建设位居全国前列，全省已建成并开通 5G 基站 7.1 万座，排名全国第二，5G 网络基本实现全省各市县主城区和重点中心镇全覆盖（见表 5－5）。

表 5－5　　江苏省数字经济发展情况估算

年份	GDP（万亿元）	数字经济规模（万亿元）	占 GDP 比重（%）	增加值（万亿元）	占比同比增长（%）
2020	10.27	4.49	43.70	0.20	0.70
2019	9.96	4.29	43.00	0.49	3.00
2018	9.32	3.80	40.10	0.62	2.85
2017	8.59	3.18	37.15	0.46	1.95
2016	7.74	2.72	35.20	0.47	3.87
2015	7.13	2.25	31.63	0.26	1.58
2014	6.62	1.99	30.02	0.30	2.07
2013	6.07	1.69	27.95	0.26	1.27
2012	5.37	1.43	26.68	0.28	1.13

数据来源：江苏统计年鉴、中国信通院，缺失数据通过估算。

由于数字经济界定和测定差异，目前我国有多种测度方法，其中，中国信息通讯研究院的测度方法在国际国内得到的认可度比较高，已经连续测度 7 年。本章利用中国信通院发布的白皮书数据，对于不能确定具体数值的年份，利用江苏历年 GDP 数据进行了估算，估算结果见表 5－5。从表 5－5 来看，江苏数字经济 2012～2020 年，数字经济规模呈现历年增加态势，平均增量在 3000 亿元以上，数字经济占 GDP 的比重也基本上呈现逐年增加的趋势，数字经济增长速度居全国中等水平。

5.3.2　江苏数字经济发展特征

近年，江苏以经济社会高质量发展和现代化建设为指南，按照“走在前列，示范引领”的要求，在数字基础设施建设、数字产业化、产业数字化、数字治理和数据资源价值创造等方面，加快建设力度，取得了显著成效。

数字产业化基础扎实。数字技术创新成效显著，围绕5G通信、物联网、人工智能、大数据等数字技术重点领域，加强核心技术研发部署，深入实施省产业前瞻与关键核心技术等重点研发计划，持续推进重大科技成果转化，取得一批重大原创性成果，“神威·太湖之光”超级计算机、“昆仑”超级计算机达到国际顶尖水平，未来网络试验等国家重大科技基础设施落户江苏，网络通信与安全紫金山实验室纳入国家科技力量布局，第三代半导体技术创新中心正式获批。数字产业规模不断提升，2020年，电子信息产品制造业业务收入2.87万亿元，软件和信息服务业业务收入1.08万亿元，“十三五”时期年均增速分别达9.54%、8.87%，物联网、人工智能、云计算等新兴产业规模和增速领跑全国。数字产业能级保持全国前列，“十三五”时期，参与创建和试点的中国软件名城数量位居全国第一，无锡市物联网、南京市软件和信息服务入选全国先进制造业集群，苏州获批国家新一代人工智能创新发展试验区，无锡国家级车联网先导区建设深入推进，16家企业入围全国互联网百强企业，7家企业入围全国互联网成长型企业20强，2020年成长企业入围数位列全国第一。2019年，江苏工业互联网的产业增加值规模达3573亿元，位居全国第二。江苏工业互联网基础设施推进力度持续加强，上半年已培育标识解析二级节点15个，全年计划培育30个。大力推进全省28个超大型数据中心、15个大型数据中心建设，全年新增机架数超7万个。IPv6规模部署成效明显，省内电信运营企业IDC机房已全部完成IPv6升级改造。超前布局了人工智能算力平台、行业数据标注平台、政府数据共享开放平台等一批公共服务平台。

产业数字化转型加快。“江苏制造”向“江苏智造”加速转变，“两化”融合发展水平指数连续六年位居全国第一，更多企业迈上“云端”，创建省级示范智能车间1307家、智能工厂42家，24家企业获批国家智能制造系统解决方案供应商，占全国21%；工业互联网应用发展位列全国第一方阵，建成区域级、行业级、企业级工业互联网平台86家，徐工信息汉云、苏州紫光云工业互联网平台入选国家级双跨平台。积极推进服务业领域数字技术创新应用，培育国家级电子商务示范基地 12 家，位居全国第一，创建 10 个国家级跨境电商综合试验区，积极构建跨境电商发展产业链和生态圈，2020 年全省实现网上零售总额 1.0678 万亿元，社交电商、直播电商等新模式不断涌现；积极承接法定数字货币试点，苏州成为全国首批 4 个试点城市之一。农业生产经营数字化转型不断普及，建成全国农业农村信息化示范基地 12 家，省级农业农村大数据建设全面启动。2019 年，累计培育省级智能车间 1055 家、智能工厂 30 家、智能制造服务领军机构 68 家，11 个智能制造解决方案供应商项目获国家立项，占全国 18%。大力推进工业互联网应用提档升级，深入实施“HATS”重点合作工程，牵头创建长三角工业互联网一体化发展示范区，承担国家工业互联网创新发展工程项目 39 个，重点培育了 1 个国家级十大工业互联网双跨平台，7 个全国 50 强平台和 61 个省级重点工业互联网平台，打造了 95 家工业互联网标杆工厂、2939 家星级上云企业，全省“两化”融合发展水平指数达 61.4、连续五年保持全国第一。

数字化治理稳步推进。数字经济市场竞争秩序逐步规范，出台促进平台经济健康发展“20 条”，制定“两反两保”行动方案，开展网络市场监管专项行动，聚焦大数据“杀熟”、直播带货虚假宣传等新型网络不正当竞争行为加强专项执法，形成政府指导、企业参与、具有江苏特色的电子商务平台规范化管理机制。数字技术全面赋能社会治理，“互联网 + 政务服务”和“不见面审批（服务）”全面推广，“苏服码”等面向企业跨部门实体证照免带的创新政务应用启动试点，“互联网 + 医疗健康”示范省建设有序开展，疫情期间“苏康码”快速上线，教育、就业、养老、社保、救助等服务场景数字化应用不断普及，数字服务和产品适老化改造扎实推进，“大数据 + 网格化 + 铁脚板”治理机制形成经验做法，人民群众共享数字经济红利。

数据资源价值不断释放。积极推进公共数据资源开发利用试点省份建设，建立完善全省政务信息资源目录体系，五大基础数据库基本建成并对外提供服务，成功搭建省级公共数据开放平台，完成第一批重点领域公共数据资源开放。企业数据价值不断释放，成为全国首批国家工业数据分类分级、数据管理能力成熟度（DCMM）评估试点省份，4 家企业入选国家工业数据分类分级试点优秀案例，入选数位居全国第一。政府和社会数据融合应用格局初步形成，培育苏州吴江区、无锡梁溪区等 5 个江苏省区域大数据开放共享与应用试验区，举办江苏大数据开发与应用大赛，推动部门和企业开放数据样本，发动社会力量挖掘数据创新应用场景，不断激活数据潜在价值。

数字基础设施持续升级。网络基础能力位居全国前列，建成 5G 基站 7.1 万座，基本实现全省各市县主城区和重点中心镇全覆盖，工业互联网、车联网、智慧城市等领域试点应用成效显著，IPv6 发展指数位居全国前列。算力基础设施支撑有力，全省在用数据中心标准机架数达 35 万架，建成国家超级计算无锡中心、昆山中心，南通国际数据中心产业园、昆山花桥经济开发区认定为国家新型工业化产业示范基地（数据中心类），数据中心集约化、规模化、绿色化发展态势初显。

5.3.3　江苏数字经济发展存在的主要问题

其主要表现为：数字科技基础研究和原始创新能力不足，核心技术和关键领域面临“卡脖子”问题，产业供应链安全性和稳定性有待提升；数字经济领域高质量上规模产业集聚和引领性示范区相对偏少，缺乏产业影响力大、科技创新能力强的领军型平台企业，骨干企业在产业链上下游融通发展中的引领作用尚未充分发挥，产业协调联动发展有待加强；数字技术与实体经济融合渗透不够，制造业数字化智能化水平与江苏制造强省地位不相匹配，多领域数字化应用场景亟待进一步挖掘；数据要素市场体系尚未形成，数据资源开发利用有待进一步加强；数字经济发展制度体系尚不完备，数字经济监管理念和方式有待创新优化。

5.4　淮安数字经济发展现状

5.4.1　淮安数字经济发展规模

近年，淮安不断推进数字基础设施、数字应用、电子商务、数字政府、数字社会、数字安全等方面的建设，数字经济发展不断取得进步。由于缺乏淮安数字经济统计数据，我们应用江苏省历年数字经济占 GDP 比重和淮安数字经济发展指数与全省平均数之比测算淮安数字经济在 GDP 中的比重，以此为基础估算了淮安历年（2012～2020 年）的数字经济规模，结果见表 5－6。

表 5－6 淮安数字经济发展规模

年份	GDP（千亿元）	数字经济规模（千亿元）	占 GDP 比重（%）	增加值（千亿元）	占比同比增长（%）	数字经济增长（%）
2020	4.03	1.55	38.46	0.19	0.62	13.00
2019	3.87	1.46	37.84	0.19	2.64	14.90
2018	3.60	1.27	35.20	0.16	2.51	14.40
2017	3.39	1.11	32.69	0.17	1.71	18.10
2016	3.05	0.94	30.98	0.14	3.15	17.50
2015	2.86	0.80	27.83	0.15	1.41	23.10
2014	2.46	0.65	26.42	0.12	1.82	22.60
2013	2.16	0.53	24.60	0.08	1.12	17.80
2012	1.92	0.45	23.48	0.07	1.00	15.10

数据来源：淮安市统计年鉴、数字江苏建设发展报告，缺失数据通过估算。

从表 5－6 数据来看，2012～2020 年，淮安数字经济发展规模增长了 3 倍多，从 2012 年的 450 亿元增加到 2020 年的 1550 亿元，数字经济占 GDP 的比重从 2012 年的 23.48% 增加到 2020 年的 38.46%，淮安数字经济的增长速度明显高于 GDP 的增长速度。

5.4.2 淮安数字经济发展地位

（1）发展指数比较分析。

根据腾讯研究院发布的《数字中国指数报告 2019 年》，在数字中国总指数城市百强名单中，苏州排名为第 12 位，南京第 15 位，处于百强上游水平，无锡第 32 位、常州第 43 位、徐州第 44 位、南通第 45 位，处于百强中游水平，盐城（68）、泰州（83）、扬州（84）、宿迁（86）、淮安（91）、连云港（94）处于百强下游水平。苏州的总指数为 8.77，淮安的总指数为 1.57，表明淮安数字发展水平与苏州差距较大，淮安在江苏上榜 12 个设区市中排名第 11 位，与淮安 GDP 在全省中的排名保持一致。

据《江苏信息社会发展水平报告（2018）》（滕宏虹，2018）数据显示

(见图5-1),在江苏13个设区市中,无锡、苏州和南京这三个地区数字经济发展水平较高,数字经济指数超过0.7,明显高于其他设区市;常州和镇江数字经济指数在0.6~0.7;扬州、南通、泰州数字经济指数在0.5~0.6;盐城、徐州、淮安和连云港数字经济指数在0.4~0.5;宿迁数字经济指数在0.4以下。淮安在江苏省13个设区市中排名第11位,与在腾讯研究院报告中排名一致。

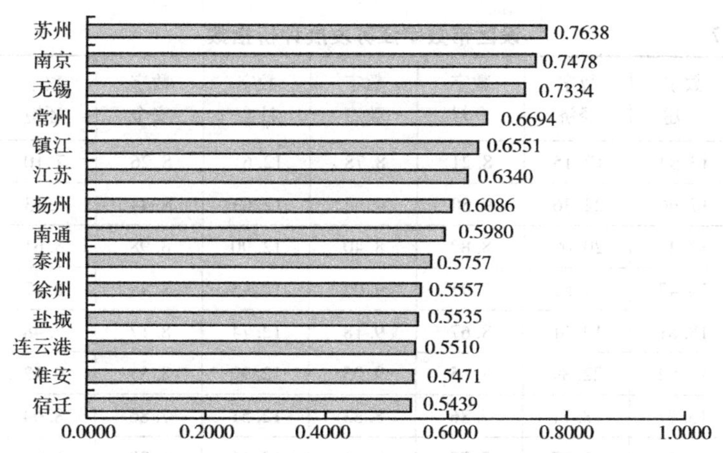

图5-1 江苏省设区市信息社会发展水平指数

数据来源:《江苏信息社会发展水平报告(2018)》(滕宏虹,2018)。

江苏省互联网信息办发布《数字江苏建设发展报告2020年》,会同江苏省发展改革委员会、省工业和信息化厅、省政务办、省统计局和省通信管理局,全面分析了江苏数字基建、数字经济、数字政府、数字安全、数字环境的数据和产业数字化总体情况,提出了数字江苏建设发展评价指标体系,测度并评价2019年江苏13个设区市的数字发展指数(见表5-7)。

从2019年数字江苏发展综合评价指数来看,淮安市总指数为67.45,低于全省平均指数76.02,居全省设区市末位。从数字基建指数来看,淮安的指数为11.82(最低11.56,最高17.96),仅高于连云港市(11.56);从数字经济指数来看,淮安的指数为13.40(最低13.40,最高22.36),处于全省末位;从数字乡村建设来看,淮安的指数为6.82(最低6.05,最高9.50),居第12名;从数字政府建设来看,淮安的指数为8.67(最低7.67,最高9.32),排名全省第9名;从数字社会建设来看,淮安的指数为12.32(最低12.08,最高13.16),排名第11名;从数字安全建设来看,淮安的指数为8.22(最低6.90,最高8.98),排名全省第9名;从数字环境建设来看,淮安的指数为

6.21（最低4.43，最高9.73），排名第8名。

相较江苏省其他设区市，淮安在数字政府、数字安全和数字环境三个方面的建设排名高于数字基建、数字乡村、数字经济、数字社会建设排名，表明近年淮安在数字政府、网络安全和数字环境方面的建设成效显著。但是，在其他方面，特别是在数字经济建设方面落后于其他设区市。

表5-7 设区市数字江苏发展评价指数

地区	数字基建	数字经济	数字乡村	数字政府	数字社会	数字安全	数字环境	总指数
全省均值	13.94	17.15	8.21	8.78	12.61	8.26	7.10	76.02
南京市	17.96	22.36	9.50	9.32	12.63	8.44	9.73	89.93
无锡市	17.47	20.09	8.87	8.40	12.90	8.98	8.61	85.04
徐州市	14.47	14.51	7.93	9.03	12.43	8.44	8.17	74.98
常州市	13.81	19.61	8.67	9.18	12.74	8.17	7.48	79.66
苏州市	17.92	22.89	8.85	9.05	12.90	8.31	9.72	89.64
南通市	13.71	18.71	7.86	8.83	12.51	7.86	8.04	77.52
连云港市	11.56	13.77	7.77	9.31	13.16	6.90	6.08	68.55
淮安市	11.82	13.40	6.82	8.67	12.32	8.22	6.21	67.45
盐城市	12.51	14.34	8.75	9.19	12.08	7.61	5.10	69.59
扬州市	12.42	17.58	7.83	8.25	13.12	8.48	6.64	74.31
镇江市	12.62	16.47	6.05	8.93	12.20	8.56	6.09	72.91
泰州市	12.96	14.91	7.98	8.33	12.47	8.67	4.43	69.76
宿迁市	11.99	14.32	7.83	7.67	12.46	8.68	6.03	68.97

数据来源：《数字江苏建设发展报告2020》。

（2）发展规模比较分析。

为了进一步分析淮安市与江苏其他设区市的数字经济发展差距，根据数据可获得性，我们进一步选择并测算了2020年江苏13个地市的数字经济发展规模，测算结果见表5-8。

从表5-8可以看出，苏州数字经济发展总量达到8.8千亿元以上，居首位，排在第二位的是南京，达到6.87千亿元，无锡排第三，达到5.43千亿元，南通市居中，数字经济总量约为苏州的一半。徐州和常州的规模比较接近，在3千亿~4千亿元，盐城、扬州、台州接近，在2千亿~3千亿元，淮安数字经济总量与连云港、宿迁处于同一层次，在1千亿~2千亿元，淮安略高于其他两市。

总体上，从表 5-8 来看，江苏各地市的数字经济发展规模排名基本上与各地市 GDP 排名是一致的，淮安市历年 GDP 在 13 个地市中一直稳定在第 11 名，数字经济发展规模排名也与此相同，但是，从数字经济占 GDP 的比重来看，淮安则排在末位，这可能是因为淮安主要规模产业主要集中于传统产业，传统产业升级和数字化转型程度不高。

表 5-8　　江苏设区市数字经济发展规模（2020 年）

地区	GDP（千亿元）	数字经济规模（千亿元）	占 GDP 比重（%）
南京市	14.81	6.87	46.40
无锡市	12.37	5.43	43.92
徐州市	7.31	3.15	43.10
常州市	7.80	3.56	45.70
苏州市	20.17	8.81	43.70
南通市	10.03	4.46	44.50
连云港市	3.28	1.29	39.40
淮安市	4.03	1.55	38.50
盐城市	5.95	2.38	40.00
扬州市	6.05	2.58	42.70
镇江市	4.22	1.76	41.90
泰州市	5.31	2.13	40.10
宿迁市	3.26	1.29	39.60

数据来源：淮安市统计年鉴、数字江苏建设发展报告，缺失数据通过估算。

总体上，淮安数字经济发展水平从全国范围来看进入了全国百强，处于比较领先地位，但从江苏省范围来看，淮安数字经济水平要滞后于苏南苏中大部分城市，处于比较靠后的位置。

从发展特色来看，江苏各地市特色明显，例如，南京数字基础服务发展迅猛，全面领先其他各地市，无锡以车联王、物联网作为数字经济主引领，苏州以数字技术强力推动产业升级进程为特色，常州以智能制造为突破口和亮点，镇江产业数字化进程加快，南通注重大数据布局，盐城以数字化农业发展为特色，徐州推进数字技术与政务服务的深度融合，宿迁以电子商务为其显著特征，淮安较早开启智慧城市建设，注重网络安全和数字基础应用建设，但是特色数字经济不明显。

5.4.3 淮安市数字建设现状

(1) 淮安智慧城市建设现状。

"智慧淮安"启动于2014年，淮安市政府当年委托江苏赛联研究院、首都信息发展、南大苏富特等专业咨询研究机构共同编制了规划，并通过了由国际国内专家的论证。2015年，淮安市政府成立了"智慧淮安"领导小组，小组办公室设在淮安市经信委。"智慧淮安"项目严格按照PPP规范要求，通过省政府采购中心于当年12月顺利完成社会资本方政府采购，中兴通讯股份有限公司中标。"智慧淮安"总投资8.8亿元，计划在2016~2018年完成建设，城市基础平台基本完成，部分重点领域智慧应用开始运行。再通过2019~2025年7年的深化提升和运营维护，总体通过10年建设，建成体系完整、技术先进、广覆盖、高效率的新型智慧城市，并让淮安市民享受到智慧给工作和生活带来的便捷和改进。2016~2018年的三年时间分两步完成基础平台的基本搭建，具体为：第一步，"建基础，惠民生"。"建基础"就是建设四个基础工程，即人口基础数据库、信息资源共享交换平台、电子政务网延伸、无线政务专网；"惠民生"则是建设四个民生工程，即智慧交通、智慧教育、智慧医疗、市民一卡通。第二步，"强应用，达智慧"。"强应用"是建设五个基础工程，即法人和宏观经济数据库、大数据挖掘分析平台、政府辅助决策系统、城市应急管理系统、容灾备份中心；"达智慧"是建设五个应用工程，即智慧城建、智慧社区、智慧企业、智慧旅游、智慧生态。

"智慧淮安"自2016年开始进入建设阶段，部分子项目已进入试运行阶段，成效初显。数据共享交换平台为淮安市各单位提供信息资源共享交换通道，目前已梳理完毕淮安市70多家单位的公共信息资源目录，接入16家委办局，采集148张表，约2400个字段，7.5亿条数据。智慧交通项目部分成果已经应用，E行淮安App开通发布，实现出行规划、停车诱导、公交车服务、出租车服务、公共自行车服务、有轨电车服务、长途客车服务等功能，通过App可以实时查看公交的位置信息及到站预计时间，提高市民乘坐公交的便利性和积极性；公交调度指挥平台开发完毕并成功应用，保障全市公交系统稳定、高效运行；交警指挥平台即将建成，建成后可以提高交警科学化管理水平，保障城区道路的交通安全和畅通。

智慧教育项目基本建成，“学在淮安智慧教育平台”已实现 11 所市直学校、14 个校区以及 9 个县区教育局的互联互通；平安校园即将应用，校园安全水平显著提高。平安城市项目已部署社会面监控 1000 余台，加强了重点部位视频监控补盲，有效织密技防监控网；人口库项目进入试运行，通过数据建模等方式，为市人社局提供人像照片比对服务 140 万人次、人员身份证件核查 400 万人次，为市民政局提供扶贫对象车辆登记情况核查 50 万人次、贫困人口姓名身份证核对 50 万人次，为市信用办提供数据复核 43 万条，为公积金中心提供人员姓名身份证核对 40 万人次，为市委组织部、纪委提供人员核查服务 2 万人次，直接节省经费 2000 余万元。目前，智慧社区、智慧医疗、智慧城管等项目也在建设中。《第六届（2016）中国智慧城市发展水平评估报告》显示，淮安智慧城市在全国 201 个样本城市中排名第 52 位，较上年度的第 86 位上升了 34 位，在全国处于靠前位置；从区域看，华东地区与华南地区平均成绩明显高于全国平均分数，淮安处于华东地区，在华东地区 66 个入评城市中排名第 31 位，位于中游水平；从江苏省内看，淮安在 13 个地级市中排名第 8 名，得分低于南京、苏锡常以及扬镇泰等城市，领先于南通以及周边的徐宿连盐等城市，说明了“智慧淮安”项目对淮安智慧城市建设的推动作用还是非常明显的。

2021 年 12 月，淮安城市数字大脑暨“i 淮安”App 上线启动，标志淮安智慧城市一期工程顺利完成。淮安市智慧城市一期工程以“1 + 3 + N”为基础架构，即一个城市操作系统为枢纽，“一网同用、一网统管、一网通办”三个“一网”为技术平台，N 个应用为服务支撑，建设全市统一的智慧城市运营指挥中心，并创新性地融入应急指挥中心与社会治理现代化指挥中心建设，集约化运用一个中心实现城市“大城管、大治理、大平安、大应急”。

智慧城市一期工程顺利建成，获得由中国信息协会颁发的“2021 数字政府管理创新奖”。依托先进的信息化平台，通过聚焦关键场景，还专门推出了面向市民和企业的“i 淮安”App。其中，市民版涵盖服务事项 178 项，实现了各类政务服务、便民服务、城市运营服务的汇聚整合，提供包括衣、食、住、行、游、学、医等方面的全方位服务；企业版涵盖服务事项 122 项，汇聚企业全生命周期办事事项、惠企政策、企业服务等，提供统一的服务入口，可为企业创造数字化、便捷化、精准化、高效化的营商环境。在功能设计上，

“i淮安”App还聚焦淮安市民和企业的日常需求，以“一件事”“一码通城”“千人千面”三大能力。已初步建成一个以城市操作系统为载体，以云网安一体化为技术底座，以智链数据引擎为驱动，整合现有信息化基础资源的共性平台，并向着建设更高水平智慧城市的总目标持续迈进。

(2) 淮安数字经济发展进程。

淮安市数字经济基础不断夯实。截至2020年12月，宽带网络实现全市覆盖，网络质量显著提升，FTTH宽带占比99%，几乎所有小区实现千兆网络接入能力。通信核心网、移动网IPv6完成改造，IPv6活跃用户达100万户以上。4G无线网络实现全覆盖，建设4G室外站2万多个，自然村4G网络全覆盖，5G网络快速规模覆盖，累计建成5G基站4000多个，实现高铁沿线、机场、车站、公共场所、商业中心、主要景区等重点场景5G室分深入覆盖。电子政务网络实现市、区（县）、街道、村四级高速互联互通，共接入办公电脑及智能终端10万多台，市级政务云平台、数据中心等项目建设取得新突破。人口、法人、经济、电子证照、空间五大基础库的数据汇聚基础扎实推进。

行业智慧应用不断深化。依托市电子政务网络，建成“互联网+”政务服务、综合执法、公安、社区、水利、卫健等100多个业务应用系统，政府公共服务、城市治理、管理效率、安全生产等能力全面提升，数字政府建设框架初步形成。全市“一网通办”工作取得初步成效，接入市本级42个职能部门959项权力事项（1352项业务事项），县区级1508项、镇街级90项、村居级30项政务服务事项。江苏省政务服务App（淮安）已接入民政、卫健、医保、残联等20个高频服务部门90项服务事项，实现政务服务网移动终端、实体大厅和政府网站等服务渠道事项同源发布、服务集中提供。智慧警务、雪亮工程、数据赋能公安等多个应用居全国前列，多次被《人民日报》宣传报道和公安部表扬，创新成果“数模空间”获得公安部基层技术革新奖。教育信息化取得重大突破，先后获得国家、省教育信息化专项奖励120多次，在全国“一师一优课、一课一名师”活动中，淮安市中小学100%参与，晒课教师达12万人次，共获得部级优课1300节，其中2018年和2019年获部级优课数连续位居全省第二，建成省级智慧校园200多所，淮阴中学、淮安市实验小学等4所学校被评为省级智慧校园示范校。感知公路、智慧工地等5个系统获得智慧江苏交通应用示范工程和全省唯一桥梁“智慧工地”试点。国家应急部支持的市应急管理综合应用平台，首创“两部两台”应用模式，并在全国地级市中率先上线运行。智慧城管、智慧水利、数字人社一体化、智慧审计等城市管理、民生服务、政务服务项目也取得了较好的发展。

数字产业稳步发展。全市 116 家规上工业企业 2019 年实现工业销售额 256.6 亿元，同比增长 9.8%，电子制造业实现工业总产值 265.4 亿元，软件和信息服务业主营业务收入 5.1 亿元，为全市工业稳健增长和转型升级做出了重要贡献。目前，淮安市已形成印刷电路板、信息终端配套件、电感电容电阻元器件三大特色产业集群，2019 年分别完成开票销售 99.5 亿元、47.8 亿元、8.2 亿元。企业主要集中在产业链中游，以印制电路板、电阻、电容、电感等被动元件以及信息终端配套为主，上游产业涉及磁性材料等，骨干企业有庆鼎精密电子、富誉电子、宏恒胜电子、达方电子、澳洋顺昌、文善电子、纳沛斯半导体、捷群电子等。淮安高新区正在规划建设省内唯一以半导体产业为主题的特色小镇“智芯小镇”，2019 年时代芯存首款商业化量产的 2 兆位相变存储产品下线，标志着淮安市半导体产业实现新突破。

产业数字化升级效果初显。“互联网 + 制造业”转型升级全面推进。“十三五”期间，全市稳步开展企业两化融合管理体系贯标、上云行动、工控信息安全防护、互联网创新平台建设等工作，企业信息化加快建设。先后出台《淮安市政府关于深入推进淮安市工业互联网发展的意见》《企业上云三年行动计划》等政策文件，组建淮安市企业 CIO 联盟，加强政策宣传，引导企业上云、建设和应用工业互联网。开展两化融合管理体系贯标，打造工业互联网应用下的新型能力，加强工业互联网示范试点企业培育，培育了一群竞争力较强的智能制造企业，初步构建了一个较为扎实的支撑体系，形成了一批初具特色的平台载体。截至 2020 年底，淮安区被评为国家级“2020 年消费品工业‘三品’战略示范城市”，建成省级智能工厂 2 个、智能车间 24 个，省级“两化融合”示范区 7 个、“两化融合”贯标评定企业 75 家，80 家企业获评市级工业互联网示范试点企业，4 家获评省级工业互联网标杆工厂，今世缘酒业被认定为 2020 年度省重点工业互联网平台，并荣获长三角工业互联网应用示范企业，爱特福 84 被认定为 2020 年度省级工业电子商务应用示范企业，和兴汽车等 3 家企业获评省级工业互联网标杆工厂，数量位居苏北第一，其中天士力等 3 家企业获评省五星级上云企业。

“互联网 + 农业”创新发展成效显著。“十三五”期间，全市以农业电子商务、农业物联网、农业大数据、信息进村入户等工作为抓手，着力推动农业数字化转型升级。2019 年全市农业信息化覆盖率为 64.3%，共创建盱眙、金湖、洪泽 3 个省级农业电商示范县，盱眙泗州城、江苏嘉美、淮安老侯等 10 个省级农业电商示范基地，盱眙黄花塘科技园被认定为省级现代农业科技园区，建成清江浦区和平越闸村、淮安区车桥卢滩村、金湖戴楼官塘村等 18 个省级“一村一品一店”示范村。《淮安市设施农业物联网技术集成与推广》等 3 个项目荣获全国 2019 年数字农业农村新技术新产品新模式优秀项目称号。培育同城享购、淮味千年等本地电商平台，借道外部大型电商和直播平台，开展同城配送、直供直销、直播带货，拓展农产品销售渠道。依托国家农业科技示范园等载体的示范带动作用，推动信息技术与农业领域深度融合，建设一批电子商务示范基地。截至目前，盱眙县、金湖县获批国家级电子商务进农村综合示范县，6 个涉农县区全部获批省级电子商务示范县。推进农业生产环境自动监测、生产过程智能管理，探索农业农村大数据管理应用，积极打造科技农业、精准农业、智慧农业；制造业方面，聚焦互联网创新应用，扎实开展“千企上云”，探索建设工业互联网大数据中心，推动企业“上云上平台”。

“互联网 + 现代服务业”转型发展亮点突出。全市聚焦现代物流、现代商贸、生产性服务、生态文旅四大服务业特色产业，大力支持社区电商、无接触电商等新业态、新模式、新经济发展。思跑特网络“线上购物、同城配送”线上线下相结合的多元化消费服务模式，在疫情期间服务全市近 10 万户家庭。宁淮现代服务业集聚区、淮安留创园等 6 家省级服务业集聚区、31 家市级服务业集聚区围绕主导产业积极搭建发展平台，集聚生产要素，延伸产业链条，已成为全市新的经济增长点、提升点和亮点，金湖电商园等 2 家集聚区获批省级生产性服务业集聚示范区。积极推进跨境电商发展，先后获批电子商务综合试验区城市、跨境电商零售进口试点城市两大招牌，2020 年全市开展跨境电商业务企业 300 多家，出口额实现倍增，其中，威特电子商务公司在亚马逊平台零售出口额达 1.2 亿美元。大力推动内贸电商发展，引导传统商超、商业综合体、餐饮饭店等拓展线上销售渠道，培育淮选、饿魔团等区域性电商平台 10 余家，在淘宝、天猫、京东等平台上的电商企业数超 2600 家，店铺数量达 8 万余个，带动就业人数 7 万人以上，2020 年全市网络零售额达 240 亿元，其中农产品网络零售额达 10.3 亿元，同比增长 18.9%。

网安保障体系基本形成。坚持以网络安全工作责任制为引领，突出“责任、防护、行动、宣教、研究”五大关键领域，构建网络安全立体防护网，网络空间日渐清朗，网络安全保障体系日益完善，网络安全保障能力不断增强，全市网络空间安全有序。根据网络安全工作责任制要求，各县区、部门常态化开展网络安全培训、知识技能竞赛、应急演练等工作。自2020年以来，共下发125起网络安全事件整改通知，督促涉事单位第一时间整改到位，事件接收率、处置率、结件率均保持100%。联合淮阴工学院成立网络安全研究中心，为全市提供网络安全政策研究、态势分析、课题科研、科技咨询等支撑服务。

5.5　淮安市数字经济高质量发展面临的问题

5.5.1　缺乏规模引领性企业

（1）数字设备制造产业。数字设备制造包括可支撑数字信息处理的终端设备的制造、相关电子器件和元件的制造以及高度应用数字化技术的智能设备的制造，具体包括计算机制造、通信及雷达设备制造、数字媒体设备制造、电子器件和电子元件制造、数字化仪器仪表制造、智能设备制造和其他相关数字设备制造。淮安的数字设备制造相关企业集中在印制电路板、电阻、电容、电感等被动元件以及信息终端配件为主，整体处于价值链中低端，产品技术含量和附加值偏低，缺乏市场竞争力，整体规模和水平偏低。

（2）数字技术服务产业。数字技术服务是数字信息运行的虚拟载体和支撑，指提供数字信息技术产品的服务和提供相关支持的服务，具体包括软件开发、信息技术服务、网络基础资源服务、网络安全服务和数字设备维修。淮安的软件开发、信息技术服务产业规模体量较小，而且数字政务领域的应用开发为主，缺乏商业化程度较高的软件开发和信息技术服务产业企业。

（3）数字内容与媒体产业。数字内容与媒体是指利用数字设备制作、发布、传播数字信息内容的服务，具体包括广播、电视、电影和相关服务，互联网信息服务和其他数字内容服务，互联网信息服务指在网络空间中提供信息服务的数字内容与媒体，包括网络资讯服务、网络搜索服务、网络游戏服务、网络视频服务、网络音频服务等；其他数字内容服务包括数字内容出版、网络广告服务、数字文艺创作服务、其他数字内容服务等。淮安在数字内容服务产业方面，相关企业数量极少，政务性、公益性的内容服务较强，但是商业性的内容服务较弱，缺乏商业化运作的平台企业。

总体而言，淮安市的数字产业发展水平相对苏南和其他发达地区而言，规模偏小，产业门类不全，缺乏主导性和引领性的企业。

5.5.2 缺乏数字人才和相关政策支撑

淮安传统企业特别是中小企业，存在运用信息数字技术的意识和能力不足，企业信息化基础薄弱，面临装备智能化水平较低、系统集成应用能力不足、组织流程管理缺位问题，由于企业的数字化转型需要数据设计师、数据分析师、人机交互工程师等信息技术专业技能人才，也需要能够与信息技术专业技能互补、具有数字化素养的复合型人才，淮安在支撑传统企业数字化转型方面存在人才严重短缺的问题。特别是物联网、大数据、人工智能技能型人才奇缺，急需的制造业、农业、服务业领域复合型人才资源尤其匮乏，各县（市）区的人才“瓶颈”问题更为突出。

在政策支持和激励措施方面，淮安市信息化发展的专项政策较少，数字政府、公共服务等智慧城市项目建设经费没有专项资金保障。数字经济产业培育相关政策严重不足，对中小企业信息化建设扶持力度较少，因此中小企业信息化缺乏转型动力，数量众多的中小企业，由于受认知、资金、技术等限制，面对企业数字化转型投入大、见效慢等难题，中小企业数字化转型意愿不强烈。同时部分激励政策设计或政策落实中存在信息不对称等现象，难以支撑数字产业化、产业数字化的发展。

5.6 新发展格局下淮安市数字经济发展对策

5.6.1 加强加快数字基础设施建设

前瞻布局数字设施，实施城市基础网络感知工程。率先建成满足经济社会持续健康发展需要的新型基础设施体系，5G通信网络实现对市县（区）城区、重点中心镇、重点公共服务场所全覆盖。高速、移动、安全、泛在的新一代信息基础设施建设规模、覆盖范围、标杆场景应用水平大幅度提升。考虑建设新一代数据中心和云计算中心，形成多元协同、数智融合的算力基础设施服务体系，夯实淮安数字经济发展基础。

5.6.2 打造特色数字产业集群

结合淮安市现有数字产业实际情况和发展基础，以培育、推动特色数字产业集群建设为导向，制定数字产业政策体系，瞄准新、特、强方向，加大招商引资力度，重点培育和发展一下特色产业集群。

（1）打造数字设备制造产业集群。重点打造高端印制电路板产业集群和半导体产业集群，对印制板产业集群，主要依托庆鼎精密电子、苏杭电子、宏恒胜等重点企业，聚焦环保型PCB及FPC设计制造产品的提档升级和高端化发展，重点发展多层、柔性、柔刚结合和绿色环保印制电路板；同时，面向京津冀、珠三角、长三角等地区，开展产业链上下游配套招商，引进产业链龙头项目和补链、强链关键节点项目，支持鹏鼎控股淮安第三园区、立创互联网科技产业园等重点产业载体建设，加快推动鹏鼎高端HDI和先进SLP类载板智能制造项目建成投产，做大做强高端印制电路板产业，以专业服务保障和产业基金招商引资为抓手，以延链、强链、补链为重点，打造长三角地区最大的高端印制电路板基地。对半导体产业集群，以发展特色应用集成电路为抓手，聚焦集成电路封测、第三代半导体材料领域，围绕现有集成电路制造企业发展配套产业，加快培育一批单项冠军、隐形冠军和专精特新“小巨人”企业；对接紫光集团、上海华虹、中芯国际、无锡海力士等行业龙头企业，引入实力强劲的投资主体与德淮半导体、时代芯存两大芯片项目合作重组，实现图像传感器和相变存储器细分领域的突破性发展，发挥立创互联网科技产业园项目带动和辐射作用，吸引配套合作企业入驻园区，加快省内唯一以半导体产业特色小镇“智芯小镇”建设，充分利用立创电子商务平台，推进本地元器件厂商线上交易，提升产业集群规模化发展能力。

（2）打造数字应用产业集群。重点打造软件数字服务产业集群和大数据产业集群，对软件信息服务产业，要优先发展行业应用软件，围绕智慧城市、两化融合、智能制造、机器人等重点领域，利用“机器换人”“机联网”和“智能工厂”的发展机会，主动与传统产业有效对接，提高软件企业的研发创新能力。引导和扶持本地企业积极参与智慧城市建设项目，探索应用和产业协同发展的创新模式。加快培育下一代互联网、移动互联网、物联网等环境下的新兴服务业态，鼓励移动终端应用软件的开发和服务；加强工业软件应用，支持开源软件开发和应用推广，着力提升软件及信息服务产业自主发展能力，围绕工业互联网建设，引进和培育智能设计与仿真、制造物联与服务、工业数据处理等高端工业软件核心技术，开发自主可控的高端工业软件，重点推进计算机辅助设计、辅助制造和生产过程智能化管理系统等工业软件的开发应用，形成淮安特色的工业软件开发、生产和服务体系；要引导重点行业应用市内软件企业产品，面向教育、医疗、社保、环保、安全等领域数字化需求，以及政府、金融、通信、交通、商贸、物流、能源等领域的信息技术应用，发展应用软件产品和行业解决方案，形成与先进数字设备制造业发展相适应的数字服务业体系；构建软件产业发展生态，加大科教产业园、淮安区天好大数据产业园建设力度，使其成为全市软件产业发展的孵化器和集聚高地，加强工业软件公共服务平台和研发创新能力建设，搭建“互联网+智能制造创新服务平台”，并基于智能制造、工业设计等企业的全生命周期，构建相对完整的公共服务生态体系，助力淮安工业智能化进程，引导软件企业重点研究软件技术在装备智能化、设计数字化、生产自动化、管理现代化、营销服务网络化等领域的应用，培育一批工业一体化软件服务提供商；积极推动信息技术协同创新体系发展，鼓励本土软件企业同BATH等国内外知名IT企业和科研单位联合成立研究院、实验室、工程中心、创新中心，针对新业态、新产品、新服务、新模式等方面开展联合创新研究，构建适应“互联网+”新业态的信息技术服务体系，积极推进建立以企业为主体、高等院校和科研院所为支撑的淮安市电子信息产业技术协同创新联盟，实现协同发展，加强和完善知识产权保护，加强本地企业间及与国内外IT企业的合作交流，提升创新能力，塑造核心竞争力。

对大数据产业集群建设，要加快云计算统筹布局和政务资源的有效集聚，全市一盘棋，形成以淮安市大数据中心为核心，县（区）大数据中心为节点的全市“1+N”大数据中心布局体系，鼓励各县（区）共享使用市级政务云资源，鼓励三大运营商、天好等企业在全市合理布局大数据中心或产业园，在开展“共享”应用服务的同时，集聚大数据相关企业，深入推进行业大数据应用，大力推广工业互联网在农产品、养殖业、仪器仪表、食品等传统优势产业的应用，重点支持大米云、龙虾云、螃蟹云、仪表云、汽车云等重点行业云平台的建设，鼓励有条件的企业通过云制造模式，实现生产经营各环节的企业间协同，带动行业转型升级；依托淮安市电子信息产业技术协同创新联盟、电子信息产业公共技术平台，推进企业、院校、科研院所深度合作，搭建政、产、学、研沟通桥梁，开展联合技术攻关，打造大数据产业链，重点培育一批云工程和云服务企业，做大做强细分领域大数据应用产业，建设“苏北数据之都”，打造淮安政务云平台，围绕人、事、物、企业、空间要素等多个维度，不断提高数据质量，智能采集全市政务相关属性数据，建立淮安政务大数据平台，推动政务资源开放与共享利用，推动淮安城市大数据产业发展，支持大数据解决方案服务企业面向市场需求提供服务，面向细分领域进行大数据行业分析，开辟移动服务，提升企业供需匹配能力，鼓励产学研用相结合的协同创新和基于开源社区的开放创新，加强非结构化数据处理技术和产品开发，研发海量数据存储与管理、数据清洗、数据分析发掘、数据可视化等关键技术，打造较为健全的大数据产品体系，在智慧交通、智慧医疗、智慧社区等具有大数据基础的领域，推进交互共享、一体化的数据服务模式，促进大数据技术成果惠及民生。

5.6.3　推进数字经济和实体经济的深度融合

（1）充分利用人工智能、大数据、5G、物联网等新一代信息技术，加快发展“数据+消费”、智慧文创，深化应用直播带货、社区团购、“无接触”零售等新方法、新手段，打造线上线下相结合的新型消费形态；坚持把数字经济新优势运用到产业发展“首端”和产业销售“终端”，嫁接互联网技术，支持“淮扬特色美食”等实体商业发展线上业务，推动与互联网平台企业的合作，实现新型消费线上线下双向融合；鼓励企业通过网络促销扩大影响，拓宽产业销售渠道和市场，带动实地消费，促进消费新业态、新模式、新场景的普及应用；引导企业加快核心技术和产品研发，鼓励业务模式创新，由产品型营利模式向服务型平台化模式变革，在服务、运营方式等方面逐步向互联网模式、大数据形态转型；打造新型细分领域的平台经济，体现差异化竞争，提升信息产品、服务的有效供给水平。

（2）重点发展专业电商平台，扶持行业电商、垂直电商、跨境电商和传统行业平台等细分领域电商，做大做强电商龙头企业，培育有实力的网商（微商）按企业规范化做大做强，鼓励传统企业主动实施“互联网+”战略，实现企业产品设计、生产、销售和管理的互联网化；升级移动电商平台，构建全网营销体系，丰富移动电商应用内容，鼓励本地生活服务类产品线上支付，线下体验，培育淮安本地大米、餐饮、养殖等特色产业的电子商务品牌；把握中国（淮安）跨境电子商务综合试验区发展机遇，重点建设跨境电商国家示范项目，完善电子商务行业管理、统一监测和市场监管方式，创新进口跨境贸易电子商务监管模式、出口跨境电子商务贸易模式及通关方式，建设跨境贸易电子商务服务平台，构建跨境电子商务服务产业链，带动淮安跨境电商的跨越式发展，发挥淮安在农业领域的先天优势，大力发展农村电商、社区电商，打造新型的基于线上线下（O2O）的平台经济，利用直播、私域流量推广等手段，实现农业领域的服务产品、服务方式、服务内容等方面的转型升级；大力发展淮安区电商物流产业园，按特色化、生态化、精准化打造2~3个有特色产业的电子商务产业园，引进专业运营商，构建完整的“产业生态+科技社区”服务理念，提供专业运营服务，做大做强电子商务整体规模。

（3）深化文体旅游信息化，打造淮安软实力。整合淮安吃、住、行、旅、购、人文等领域各类基础数据，通过与城市管理、社会治理、社会信用等数据的实时交互、深度应用，加快公共文化旅游领域数字化服务体系建设，运用大数据技术对文化旅游行业产生的数据进行挖掘分析，更加深入地掌握和预测游客需求，为文化产业战略制定、公共服务资源配置优化、市场主体的服务和监管、精准营销等提供数据支撑，推进社会信用在文化旅游市场的应用，加强对经营商户、从业人员、游客和顾客的管理，实现旅游行业的精细化管理，建立信息集成化、服务智慧化、营销精准化、创新多元化的“淮安全域旅游平台”，增强淮安旅游产业的核心竞争力；推进文化和旅游融合发展，围绕“西游记”动漫、“淮扬菜”美食、周恩来总理等历史名人文化，与新一代信息技术相结合，打造一批富有文化底蕴的顶级旅游IP，广泛应用于城市宣传系统、城市导视系统、城市基础设施等领域，铸造淮安新名片；举办高水平中国（淮安）国际食品博览会，加强文化和食品的融合，大力推动“线上+线下”展会新模式，支持企业线上办展参展，举办“云展览”扩大会议影响力，结合发展在线新经济，打响“淮安线上食博会”新品牌。

5.6.4 推进公共服务体系数字化进程

构建“经济调节、市场监管、公共服务、社会治理”为核心的淮安城市大脑框架体系，打通“信息孤岛”和数据壁垒，重点推进以下几个方面的工作。

(1) 全面推进政务改革，构建公共服务信息化体系。迭代升级“互联网+”政务服务体系，以法制化、标准化、信息化为核心，完善以“1+1+N+6”（即“1个政务服务数据中心、1个综合性政务服务网、N个系统组成生态链、6个统一身份认证、统一总客服、统一电子印章、统一公共支付、统一物流快递、统一安全运维保障体系”）的“互联网+政务服务”体系，实现服务内容更集约、服务流程更优化、服务模式更多元、服务渠道更畅通，市民满意度明显提升；践行“信息惠民”理念，建设全市一体化政务服务平台，推动“数智政务”建设，推进“一窗受理”“一网通办”，推行政务大数据云优先计划，支撑政务服务“全域通办”、城市运行“一网通管”，构建智慧淮安门户平台，为群众提供“一站式服务、互动式服务、主动式服务”的高品质服务，为公职人员提供便捷的“最多跑一次”的办公服务，为政府管理决策提供数据支撑。

(2) 深化医疗大数据应用，探索健康服务新模式。完善医疗健康大数据，健全全员人口、电子健康档案、电子病历、健康医疗资源四大数据库，基本覆盖全市人口信息并动态更新，建立全市健康医疗大数据分类、分级、分域开放共享政策规范，畅通区域、部门、层级、行业间的数据开放共享通道，形成“一处录入、多处共享”的平台运行机制，实现多医疗机构之间、部门之间的数据互联互通，动态更新居民电子健康档案，拓展医疗健康大数据应用，完善“互联网+卫生健康”服务体系，增强“自主健康”服务体验，实现互联网健康咨询、预约就诊、诊间结算、移动支付等基础服务，融合大数据技术与健康医疗，持续推进智慧医院、互联网医院建设，实现医疗行为全流程标准化管理，建立覆盖全生命周期的预防、治疗、康复和健康管理的一体化健康服务，开展医疗健康大数据应用试点，推动卫生健康大数据在公共卫生、临床科研、行业监督和健康服务等领域的创新应用，深化5G远程视频、影像、心电、会诊等场景应用，探索远程医疗、分级诊疗和家庭签约等就医新模式，加强重大突发疾病防控预警。

(3) 推动智慧教育持续发展，引领淮安教育现代化。加强数字教育资源库建设，优化升级优质数字教育资源建设，调动优质学校、名特优教师的积极性，逐渐建成适合区域教育实际需要的教育信息化资源库，形成“人人皆学、处处能学、时时可学”的学习型社会；加快“5G + IPv6”技术在教育体系的推广应用，完善智慧教育公共服务和管理平台，实现招生管理、学籍管理、学业水平管理、综合素质评价、教学督导、办学管理等各项工作的全程贯通与融合，着力构建精细化、协同化的教育信息化综合管理体系；建设市级智慧教育平台，深度实施教育信息化2.0行动计划，构建覆盖全市的教育城域网和电子教育资源平台，探索优质教育资源的智能排序和自适应推送，鼓励中小学教师结合各类优质教育资源组织实施教学教研活动和强化对学生的指导，建设“名师空中课堂”，无缝对接市、区（县）、校三级数据，促进信息技术与教育教学的深度融合，提升“平台 + 资源”服务能力，推动信息化对教学模式、学习方式的深度变革，构建基于“互联网 + 移动终端”的家校互通互动平台，实现学生考勤、作业、成绩、教师评价、综合表现等在校情况的及时反馈与高效沟通，打造协同共育的家校工作新局面。

(4) 推进智慧人社建设，建设一体化社保服务体系。构建市级智慧人社一体化体系，加快第三代社保卡发行应用，全面拓展实体卡和电子卡服务功能，实现线上“一网通”、线下“一卡通”，推进以大服务、大数据、大平台为主题的“智慧人社”建设，健全多层次社会保障体系，整合优化医疗、民政、就业等跨部门、跨地域业务流程，建设城乡网络覆盖、信息互通共享、业务应用融合的一体化社会保障公共服务体系，实现网上服务、自助终端服务和窗口服务流程标准化和社保业务同城通办；推动和规范全市人社数据资源的统一管理和应用标准，积极开展与公安、税务、民政、教育、卫生等部门的数据共享，探索引入社会机构、互联网数据资源，构建多领域集成融合的“智慧人社”大数据应用分析平台，升级就业创业信息服务体系，完善就业、社会保险、劳动关系形势监测体系，引导劳动力资源有序跨地区流动；建立公共就业和职业技能培训信息服务平台，实现就业和社保信息无缝对接，创造平等就业机会，促进充分就业；加快推进社保卡在国家一体化在线政务服务平台的应用，按照国家一体化在线政务服务平台建设要求，以国家政务服务平台为总枢纽，推动社保卡在政务服务平台的应用，实现社保卡持卡人身份认证和社保卡电子证照共享互认，实现人力资源社会保障信息的共享复用，提升政务服务便利化水平和政务服务效能。

（5）推动智慧社区服务升级，探索管理服务新模式。打造数字化基层治理体系，完善信息化支撑的基层治理体系，深化“一张网格托底、一支队伍巡查、一个中心调度、一套系统支撑”为架构的网格化治理体系，进一步开展信息平台、指挥体系、全科网格、便民服务等方面的标准化提升，形成基层精准智控能力，着力提升基层社会治理水平，切实增强群众的获得感、幸福感、安全感；推动养老服务智慧化发展。建设全市养老服务管理信息系统，打造覆盖家庭、社区和机构的智慧健康养老服务网络。建设社区智慧养老服务站，集成各类科技设备、专设5G网络环境，实现智慧照护示范间、家门口智能微型老人服务站等人工智能场景应用；进一步升级现有“淮安虚拟养老院”平台，开发智慧养老分析决策功能，提供养老数据汇聚、养老数据全生命周期管理、养老多维数据综合分析、趋势预测、全息感知和呈现以及数据展示等功能；推进精准扶贫智慧化建设，整合淮安低收入家庭经济状况核对平台、社会救助信息系统、残疾人事业信息网络系统、社会工作者登记管理系统等一批民政业务系统应用，通过大数据和智慧化的在线分析，对社会救助业务信息进行深度加工提炼，为社会救助工作的管理提供精准分析数据及辅助决策信息；推动家居智慧化发展，融合照明管理、电器控制、安防监控、环境监测等场景体验，开展智慧家居应用试点，探索家居环境感知与远程控制、建筑节能与智能控制、公共区域管理与社区服务、物业管理与便民服务等方面的“智慧生活”综合应用。

5.6.5　构建数字人才引育体系

（1）加大引进力度，优化人才结构。建立高层次信息化人才定向引才的有效渠道，完善高端人才使用和激励机制，鼓励重大信息化项目与人才引进联动，支持企业与高校、科研院所合作建立人才培训基地，着力培养信息化建设紧缺人才，结合淮安信息化发展特色，加大工业互联网、农业物联网、特色集成电路等相关专业人才引进，实施差异竞争与错位引才方式，确保信息化工作可持续发展。

（2）打造发展平台，营造成长环境。加强研究院、博士后科研工作站、院士工作站、创新平台等人才载体建设，加快科技创新领军人才、高级管理人才、创新创业人才的培育和引进，对企业引进的高层次人才给予相关人才津贴和住房补贴，加强信息化工作相关工作人员对信息化发展相关领域的培训学习交流，不断壮大信息化中坚人才队伍。加大力度支持淮阴师范学院、淮阴工学院等院校培养软件工程、大数据技术、网络安全等相关专业人才，充实淮安IT人才队伍，鼓励企业与高校、科研院所合作建立人才培训基地，建立层次分明、灵活多样的信息化人才培养体系，打破人才流动体制界限，推动人才在政府、企业、智库间有序顺畅流动。加强落户优惠政策宣传，加大生产要素供给保障，吸引更多数字经济产业项目落户，打造区域数字经济发展高地。

第 6 章

淮安大运河文化带特色城市建设研究

6.1 研究背景与研究方法

6.1.1 研究背景

2014 年，中国大运河被列入世界遗产名录，大运河是贯通南北的文化长廊，也是联系不同区域的重要经济动脉和生态廊道。2018 年，省委书记娄勤俭先后到淮安、镇江和扬州等地进行专题调研，强调要深刻领会贯彻落实习近平总书记关于大运河文化带建设的重要指示精神，以高度责任感和强烈使命感，加强整体谋划、做好科学规划，系统推进江苏大运河文化带建设，让这一历史文化符号在新时代焕发新风采。

国家《大运河文化保护传承利用规划纲要》提出“以文化保护传承利用为引领，统筹大运河沿线区域经济社会发展”的全新理念，赋予了新时代大运河文化带建设新的使命。大运河不仅是文化带，也是生态带、经济带、城镇带。放眼江苏版图，大运河江苏段不仅串联吴文化、淮扬文化、楚汉文化和江海文化，还沟通扬子江城市群、江淮生态经济区、淮海经济区三大重点功能区，多个国家战略叠加，区位特殊、责任重大。

江苏运河文化加强了南北交流，促进了国家的统一与稳定，也促进了工商业和文化教育的发展，甚至对江苏人勇敢、勤劳、宽容、细腻的风格也有影响。当下我们应当继承大运河文化的优秀传统，开发其合理内核，为新时代中国特色社会主义事业服务。淮扬运河是国内外具有代表性的河段，集遗产廊道、黄金水道、输水廊道、生态廊道于一身，其历史悠久、功能多样、效益显著，在中国大运河乃至世界大运河谱系中占据重要地位，运用系统性思维高质量推进淮扬运河文化带建设，具有重要的示范意义。

作为大运河文化带的重要支点，依运河而建、因运河而兴的淮安迎来了千载难逢的发展机遇。大运河江苏段沿线城市各有不同的运河文化特点，保护、传承和利用运河文化资源，既能推进淮安城市生态文化建设，又能促进淮安的可持续发展，提高淮安的综合实力和城市竞争力。本章以淮安建设大运河文化带特色城市作为研究对象，针对运河文化对区域经济发展的作用机制，基于淮安拥有的运河文化特色，分析大运河的丰富文化、生态、航运等资源对淮安的经济价值和社会价值，提出系统推进大运河文化带特色城市建设的对策建议，推进淮安城市生态文化建设，具有重要的理论和实践意义。

6.1.2 研究思路

本章首先对国内外运河文化相关研究成果进行文献梳理，总结运河文化对城市发展产生的影响和经济效应、社会效应。其次，基于调查和统计数据，分析大运河的丰富文化、生态、航运等资源对淮安的经济价值和社会价值，总结出大运河淮安段的承载功能和孕育的文化资源。进一步地，通过大运河江苏段沿线城市运河文化特点的对比，分析淮安运河文化资源的独特性以及特色城市建设的不足之处，从文化特性、资源禀赋和城市区位等方面提出淮安建设大运河文化带特色城市的对策建议。

6.1.3 研究方法

本章涉及城市规划学、区域经济学和交通地理学等多个学科领域的知识，通过综合运用实地调研、文献研究、实证分析、对比分析等方法，借鉴相关研究成果来完成课题任务。

（1）文献研究。通过对国内外运河文化相关研究成果进行梳理，总结运河文化对城市发展产生的影响和经济社会效应。

（2）实证分析。基于调查和统计数据，分析大运河的丰富文化、生态、航运等资源对淮安的经济价值和社会价值，总结大运河淮安段的承载功能和孕育的文化资源。

（3）对比分析。通过大运河江苏段沿线 8 个城市运河文化特点的对比，分析淮安运河文化资源的独特性以及特色城市建设的不足之处，根据文化特性、资源禀赋和城市区位等提出淮安建设大运河文化带特色城市的对策建议。

本章采用的技术路线如图 6－1 所示。

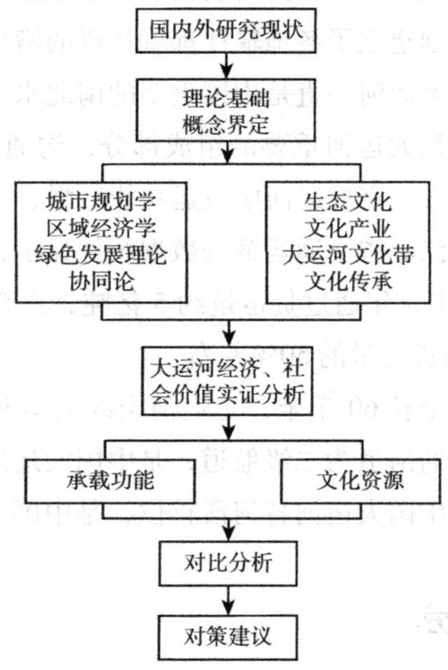

图 6－1　本章的技术路线

6.2　大运河资源的经济社会价值分析

本节从历史、文化、经济、生态等方面重新审视大运河物质和非物质文化遗产的价值，分析大运河文化、生态、航运等各种资源对城市发展产生的经济社会效应。尤其是淮扬运河承载功能多（水上运输、灌溉排涝、南水北调、运河旅游、生态涵养等）、综合效益大，对地方乃至国家政治、经济、社会、文化发展做出了重要贡献，代表了中国大运河的最高水平。大运河在经济社会发展中仍发挥着重要作用，主要体现为以下几个方面。

6.2.1 水上运输

京杭大运河是世界上最长的古代运河，它北起北京，南至杭州，流经天津、河北、山东、江苏和浙江四省一市，沟通海河、黄河、淮河、长江和钱塘江五大水系，全长1794千米。它将不同江河流域的生产区域联系在一起，封建王朝当权者以它为基础建立了各地输往都城物资的漕运体系，维持着各代王朝的生命。因此，京杭大运河一直是中国重要的南北水上运输通道。

京杭大运河江苏段是大运河重要的组成部分，沟通长江和淮河两大水系，纵穿江苏南北687千米，是京杭运河中航运功能最强、通航条件最好、船舶通过量最大的区段。根据江苏省交通运输局数据统计显示，近十年来货运量年均递增8%以上，近两年来，年通过货运量约5亿吨，占京杭大运河全线运输量的80%，占江苏省水路货运量的50%左右。

京杭大运河淮安段全长60千米，是运河全线航运利用率最高的区段。淮扬运河段执行货运职能的河道为二级航道，是中国大运河全线标准最高的航道之一，货运年通过量居中国大运河各河段首位，是中国大运河最繁忙的河道。

6.2.2 灌溉排涝

京杭大运河是古代农业文明时期最杰出的水利工程。中国古代人民根据水文环境和自然地理风貌，利用当地多种多样的水资源优势，经过长时间的修建和完善，最终实现了水资源的合理配置，促进了农业技术的发展和农业经济的高度繁荣，是古代农业文明时期最杰出的水利工程。中国自古以来就是农业大国，农耕经济占主导地位。京杭大运河的流经区域造就了发达的农业经济，利用大运河建设发展水利工程，不仅对农业地区起到了灌溉作用，同时也对运河两岸的城市起到了防洪排涝的作用。

大运河沿线是我国重要的粮食生产地，我国共有九大粮食产地，分别是：太湖平原、鄱阳湖平原、洞庭湖平原、江汉平原、江淮地区、成都平原、松嫩平原、三江平原、珠江三角洲，而大运河沿线就包含其中两个：太湖平原和江淮地区。因此，大运河对我国的粮食生产起着非常重要的作用。

从江苏境内来说，里运河沿线大中型灌区灌溉水源为京杭大运河，通过运河上闸洞引水灌溉。沿线自南向北有 3 个大型灌区，分别为江都区沿运灌区、高邮市高邮灌区、淮安区渠南灌区；6 个中型灌区，分别为宝应县永丰灌区、庆丰灌区、临城灌区、泾河灌区、宝应灌区和淮安区运西灌区。上述 9 个灌区总设计灌溉面积 20 公顷，为江苏的粮食生产立下汗马功劳。

大运河纵贯大江大河中下游平原地区，防洪排涝也是其重要功能。多个河段承担城市防洪排涝功能，黄河以南段沿途与平原河网诸水系交汇，承载淮河、太湖流域腹地的防洪排涝功能，不仅保障着运河自身安全，还保障着沿线主要城市、重点区域及文化遗产的保护任务。

6.2.3　南水北调

京杭大运河，是世界上现存最古老、最长且仍在发挥作用的人工运河；南水北调工程，是当今世界上最大的跨流域战略性调水工程。进入新时代，南水北调东线工程与京杭大运河牵手前行，实现了水资源配置的伟业，也推动了大运河沿线生态环境的保护与提升，使大运河焕发了勃勃生机。

我国的水资源时空分布不均，南丰北枯，南水北调选择了大运河。近年来，北方地区生活用水、工业用水、农业用水多依靠地下水，黄淮海地区已出现大面积地下漏斗，并造成生态环境的破坏，形成了恶性循环。面对北方地区的缺水形势，除了继续推进节约用水之外，只有通过调水工程才能缓解用水压力，解决北方的缺水问题。大运河为南水北调工程提供了规划思路，南水北调东线工程是围绕京杭大运河展开的。国家在南水北调工程总体规划中，明确提出南水北调东线工程是在江苏江水北调工程基础上的扩大规模和向北延伸。有了大运河的基础，有了江水北调工程的实践积累，南水北调东线工程已是事半功倍。

同样，实施南水北调也倒逼大运河改善生态环境。大运河沿线的生态环境保护与改善，得益于南水北调东线工程的建设与运行，也是南水北调东线工程建设成功、运行顺畅的客观需要。南水北调东线工程利用京杭大运河为主输水线路，沿线水污染能否治理到位、水质能否达标是东线工程成败的关键。江苏迎难而上，重点聚焦生态环境治理，大刀阔斧地沿着大运河打响治理污染、保障水质的攻坚战。通过全面实施南水北调治污工程，强化水质保障协调配合，同时积极推进水环境长效管控。南水北调通水运行后，大运河逐步形成清水廊道，显著改善了沿线城乡水环境，水生态文明建设成效显著，水文化内涵进一步丰富。

6.2.4 文化旅游

大运河文化，是以黄河流域文化为核心，与海河、淮河、长江、钱塘江共同融合出的独特的江河文化。大运河文化，是中国古代农业创造出来的城市群文化，是民族融合的产物。大运河文化可以划分为三个层次：高级文化，包括建筑、文学等；大众文化，包括民俗、仪式、衣食住行、生活方式等；深层文化，即黄河文化延伸出来的民族精神。运河文化是我国历史文化遗产中的一朵绚丽奇葩，它集中体现了中华民族开拓进取、自强不息、坚忍不拔的奋斗精神。大运河文化具有包容性、统一性、扩散性、开放性、凝聚性、向心性。大运河文化是中国漕运实践中创造的物质和精神财富的总和，也是中国古代文化向外传播的窗口。

大运河是我国独特的大型线型文化遗产，是保存中国古代灿烂文化最丰富的文化长廊。京杭大运河经济带旅游资源主要分为古城文化遗址类景区系统、以“水”为主导的风景湖类景区系统和名山胜迹、园林类景区系统三大类。大运河文化带以宗教建筑、文化遗址、古城类景区和名人故居、名人陵墓、文化遗址景区最多，此类分布遍及运河全带；其次是湖泊、水库类景区、革命纪念地、古塔，主要集中在运河沿线偏南地区；园林类景区主要分布在苏州、扬州、北京境内，泉景、河口潮汐主要位于扬州、杭州境内。

因此，大运河的文化旅游开发建设可以围绕自然生态和历史文化两条主线，结合现代休闲、体验、度假等旅游理念，打造一批旅游景区。在生态方面，依托运河沿线已有的植被、田园等，建设天然氧吧；在文化方面，以园林、古宅、遗址、宗教场所等文化资源，建设文化旅游景区。

6.2.5 生态文明

大运河是活着的、流动的文化遗产，与运河一起流淌的还有运河极为深厚的文化精神。开拓精神是运河文化最显著、最本质的特征。作为一个规模巨大、历史悠久的系统工程，无论是时间的持续，抑或是空间的延展，大运河在人类历史上都是独一无二的。全线建设有水流制导、调节、分水、平水、水文观测、防洪排涝等大型工程，成为水利枢纽工程组群，集成了勘察、设计、施工、材料、工艺和方法等诸多技术要素，在工程技术方面取得的卓越成就充分体现了我国古代劳动人民的聪明才智，代表了人类农业文明时期东方水利水运工程技术的最高水平。古老的运河文化是我国历史文化遗产中的一朵绚丽奇葩，她集中体现了中华民族与大自然抗争开拓进取、自强不息、坚韧不拔的奋斗精神。

大运河文化具有包容性特征，主要体现在善于兼收并蓄国内其他文化，融会贯通，逐步丰富自己的文化内容。千百年来，大运河流淌不息，作为我国历史上南北交通大动脉，大运河不仅是沟通内河各水系的纽带，而且是南北文化交流的重要纽带。“水运连着国运，水脉连着文脉”。大运河串联起中华多元文化，将北京的古都文化、天津的津门文化、河北的燕赵文化、山东的齐鲁文化、江苏的楚吴文化、浙东的越文化等传统文化形态紧密联系在一起，相互融合，构成中华文化多元一体的文脉系统。

大运河文化具有开放性特征，主要体现在具有较强的开拓性，善于兼收并蓄国内其他文化，融会贯通，逐步丰富自己的文化内容。例如，在唐代时，胡乐、胡舞、胡服，在运河流域就风靡一时。运河流域不仅在音乐、服装上吸取各地各民族的文化内涵，此外，运河沿岸的人民还开始从封闭、半封闭状态走向开放交流，从传统的农业经济不断走向市镇经济，使运河沿线商贸业空前繁荣，手工业蓬勃发展，饮食服务业日益兴盛，个体私营经济得到了极大发展。在明朝中后期，运河沿线的苏州、杭州地区出现了资本主义生产关系的萌芽。如今，迈进新时期，开启新征程，建设好大运河文化带需要开放的格局和广泛的交流。

运河水面平缓，容易控制，航运安全可靠。开拓运河，规避风险，追求安全，形成一种趋利避险、稳重平和、讲究中庸的品格，这也是汉民族的性格特征，在运河文化中显得尤为突出。开拓进取中保持稳重平和，这既是大运河的特征，也是我们民族的性格特征。当然，过于求稳，也会带来墨守成规、不思进取的惰性。只有勇于开拓、奋发进取，才能实现中华民族的伟大复兴。

6.2.6　生态涵养

京杭大运河作为我国古代交通的重要载体，沿袭 2500 年历史和文化，在运河沿岸留下了诸多的历史遗迹与文化，而因为运河而衍生出的湖泊也成为运河文化的载体，同时也因为水韵悠然而成为风景优美的运河湿地或公园。

由北往南依次有团泊洼水库、东昌湖、微山湖、骆马湖、洪泽湖、高邮湖、瘦西湖和太湖，依大运河而兴盛。其中团泊洼水库被誉为“华北明珠”，是著名的鸟类自然保护区，水产资源丰富，是联合国野生珍禽保护区之一。微山湖是中国北方最大的淡水湖，其旅游资源丰富，是国家湿地公园，有着丰富的自然资源。骆马湖常年水体清澈透明，湖滩浅水中生长密密匝匝的芦苇和众多浮游生物。洪泽湖生态系统非常的原生态，区内拥有鸟类 194 种，其中包含多种国家一级保护鸟类。太湖作为第三大淡水湖，横跨江、浙两省，拥有着诸多景点，也滋养着众多生物种类，对当地的生态和可持续发展起着非常重要的作用。

因此，我们在开发利用大运河的同时，也要保护大运河的生态环境。这样，不仅可以更好地发展大运河，还可以吸引更多的游客参观大运河从而使他们了解大运河。淮安段里运河、宿迁段中运河、徐州段大运河和古黄河都被打造为风景秀美的景观河道；洪泽湖、骆马湖、白马湖加大退圩还湖、退渔还湖和非法采砂清理整顿力度，再现旖旎风光；徐州境内潘安湖、安国湖、大沙河西等生态湿地成为新的城市名片；南水北调新建工程也逐渐成为运河沿线新的旅游热点。

大运河的生态涵养价值非常突出，对人与自然之间和谐发展、沿岸的绿色生态发展都有着非常重要的作用。“绿水青山就是金山银山”，大运河的生态涵养价值是一座巨大的宝藏，值得我们所有人去保护她、挖掘她，让更多的人从这宝藏里理解绿色发展、可持续发展的真正含义。

6.3 淮安运河文化的特色和禀赋分析

淮安有“南船北马、九省通衢”之誉，明清时期全国漕运总督、河道总督都驻节在此。本节以历史文化为主线，充分挖掘淮安的漕运文化、水利河工文化等运河文化资源，以把淮安打造成为“游京杭运河、览漕运文化、看河工奇观、赏江淮风情”的最佳目的地为目标，分析淮安运河文化具有的特色和禀赋。

6.3.1 大运河蕴育的文化精神

京杭大运河绵延1700余千米，贯穿南北四省三十四市，迥然各异的地域风情在这条长流上得以激情碰撞并形成了独具特色的运河文化。运河文化是指以运河为特定生活圈的人们，在漕运为中心目的所逐步形成的跨区域的文化总和。它既涵盖了精神层面也代表了物质层面，时间长、内容丰富。这种跨地域、跨时间的文化推动了其所覆盖区域的思想观念、价值意识、社会方式、生产特点、文化艺术、民俗风情的发展，形成了其独特的特点，为中华文化增添了色彩。她不仅是中华民族多元一体文化的有机部分，而且对其形成和发展起着重要的推动作用。在不同历史时期，其内在性又有其时代特点。运河文化包容、统一、广阔、开放，其强大的凝聚力和向心力，使各地域文化的融合成为中华民族统一的文化。

淮安运河文化的特性主要在于其具有包容性和开放性。其包容性主要体现在善于兼收并蓄国内其他文化，融会贯通，逐步丰富自己的文化内容。千百年来，大运河流淌不息，作为我国历史上南北交通大动脉，大运河是南北文化交流的重要纽带，促进了吴越、两淮、齐鲁、燕赵等地区的文化融合，丁晏《淮阴说》云："淮土跨徐、扬之境，居南北之冲。江南诸郡，文物华丽，而或失之浮；河北诸郡，气质颛固，而或失之野。惟淮阴交错其间，兼擅其美，有南人之文采，而去其浮；有北人之气节，而去其野。"《隋书》志云：重礼教，崇信义。《元史》志云："喜学问，从教化。……卖鱼之逸民，虽在妇人、奄竖、贸易、负贩之夫，犹知敦行厉节，况于士大夫之垂绅委佩、秉礼横经者哉。"南北文化的冲击，使淮安这片土地上的人们思想不断解放，观念不断更新。人们开始从封闭、半封闭状态不断走向开放交流，从传统的农业经济不断走向市镇经济，商贸业空前繁荣，手工业蓬勃发展，饮食服务业日益兴盛，个体私营经济极大发展。

开放性特征不仅体现在吸收外域文化精华上，还体现在将中国文化传播到国外。大运河作为对外文化交流的主要线路，淮安是南船北马转换、商品流通、文化交流的中枢，从唐代到清代前期，朝鲜、日本以及东南亚、南亚诸国甚至欧洲的客商、文化使者，大多沿运河经由淮安到达内地，淮安成为重要的对外开放的窗口。在唐朝，淮安是对外开放的重要商埠和通海孔道，这一时期民间文化、经贸交往更加频繁，房仲甫先生在《中国水运史》中写道："波斯商人从东非、东南亚运来宝石、珊瑚、玛瑙、香料、药品及动植物，用来交换中国的丝、纸、大黄等物品。长安、扬州、广州、淮安等地开有'波斯店'。对于中国产品的名字，都冠以'中国'二字，如白铜叫'中国铜'等。山东半岛的登州、牟平、文登，直至江淮的扬州、楚州（今淮安），都有新罗商人侨居的场所。"今涟水县和淮安区还有唐代的新罗坊遗址。元朝以后，马可·波罗、利马窦等杰出文化使者也在淮安留下了足迹。外国使团和商队来到中国，不仅丰富了淮安运河文化的内涵，也促进了淮安文化的发展。如唐初西域高僧僧伽则先后在运河沿线的泗州普照王寺、楚州龙兴寺弘扬佛法，成为国师。

优秀的区域文化精神，是淮安经济社会发展的有力支撑，也必将成为推动淮安新一轮发展的内源动力。大运河是活着的、流动的文化遗产，与运河一起流淌的还有运河极为深厚的文化精神。开拓精神是运河文化最显著、最本质的特征。作为一个规模巨大、历史悠久的系统工程，无论是时间的持续抑或是空间的延展，大运河在人类历史上都是独一无二的。古老的运河文化是我国历史文化遗产中的一朵绚丽奇葩，她集中体现了中华民族与大自然抗争开拓进取、自强不息、坚韧不拔的奋斗精神。

6.3.2 漕运文化

大运河长期以来是中国封建政权赖以生存的南粮北运的大动脉，以漕粮为主兼及其官商品的水路运输，使运河地区发展成一条巨大的经济带。明清两朝，淮安兼河、酒、盐、榷、仓、厂、驿之利，成为天下交通的枢纽、京师以外的关键，成为运河线上重要的战略物资和各类商品的集散中心，淮安的经济发展因此达到了顶峰，从末口到清口五十余里间，有淮城、河下、西北、板闸、钵池、清江浦、王家营、西坝、韩城、杨庄、码头和清口等十多个城镇，沿大运河主航道一字排开，夹岸数十里，街市栉比。这些城镇枕河而建，因运而生，客商云集，商业繁茂，兴旺发达，在漕运畅通时盛极一时，成为封建时期繁华的商业城镇群。

漕运是中国封建社会的政务大事，对封建国家的政治、经济等产生了深远的影响。从隋朝起，朝廷在淮安设立漕运管理机构，《隋书·炀帝纪上》云：

“炀帝大业元年，发河南诸郡男女百余万，开通济渠，自西苑引谷、洛水达于河，又引河通于淮海，自是天下利于转输。”隋炀帝建立以洛阳为中心的运河体系，给扼守江淮的淮安带来了空前的发展，其战略位置的重要性引起隋王朝的高度重视，并在此专门设立了管理漕运的行政机构，淮安城市的漕运功能不断加强。宋代设立江淮转运使，东南六路之粟皆由淮入作而至京师。明代先后设漕运府总兵官与总督，设立漕运衙门于淮安，淮安府盛极一时。清康熙后漕运总督、河道总督并驻淮安，治理河务和整顿漕运贯穿清王朝兴亡的始终。漕运总督不仅管理酒运，还兼巡抚；公署机构庞大，文官武校各种官兵达 2 万多人；而且，江南各省漕船载米石经过均需在此盘验，也由此带来大批的过境人员。这些机构的设立不仅强化了封建国家对漕运的管理，同时也提高了淮安在全国的政治、经济和文化地位。

经过历代封建王朝的建设，明清时期淮安成为与北京、杭州和扬州齐名的商品集散地，造船业、晒盐业、酿酒业与建筑业等名扬全国，经济地位之显赫在运河城市中首屈一指。平江伯陈瑄在淮安创办了全国规模最大的清江漕船厂，由工部分司管理，下设京卫、卫河、中都、直隶 4 个大厂，船厂总长 23 里。清江浦建有规模宏大的漕粮转搬仓——淮安常盈仓，该仓有 800 间仓房，可容纳 150 万石漕粮，由户部分司专管。淮安是淮北盐的集散中心和淮北盐运分司驻地。淮安钞关是明代七大钞关之一，清时年税收额排全国前三位的税关。清《光绪淮安府志》曰：“自府城至北关厢，由明季迨国朝为淮北纲盐顿集之地，任鹾者商皆徽扬高资巨户，役使千夫商贩辐凑；秋夏之交，西南数省粮艘衔尾入境，皆停泊于城西运河以待盘验；牵輓往来，百货山列；河督开府清江楠，文武厅营星罗棋布，俨然一省会；帮工修埔埽，无事之岁，费辄数百万金；有事则动至千万。与郡治相望于三十里间，榷关居其中，搜刮留即所在舟车，阛咽利之所在百族聚焉，第宅服食，嬉游歌舞，视徐海特为侈靡。”这些城镇与运河水系紧密结合一并发展，具有高度依赖漕运的消费性经济结构，在漕运畅通时盛极一时。

依托大运河持续运行的漕运这一独特的制度和体系，跨越多个朝代，运行了两千多年。它维系了封建帝国的经济命脉，体现了以农业立国的集权国家独有的漕运文化传统，显示了水路运输对于国家和区域发展的强大影响力，见证了古代中国在政治、经济、社会等诸多方面的发展历程，在历史时空上刻下了深深的文明印记。运河是活着的文化遗产，漕运文化的发展也是运河文化发展的表现之一，漕运文化是我国古代社会、经济、文化和科技发展水平的集中体现。淮安漕运文化蓬勃的发展历史，正是显示出了古代淮安集繁荣的经济、灿烂的文化、先进的科技等于一身的昌盛景象。

6.3.3 水利河工文化

大运河是我国独特的大型线型文化遗产，是保存中国古代灿烂文化最丰富的文化长廊。淮安是运河全线古代水利工程遗存最密集、保存状况最好、价值最高的地区，被水利史和文物专家誉为“水利工程博物馆”，前后 14 条人工运河见证了大运河各个历史时期的变迁过程。运河不仅显示了我国古代水利航运工程技术领先于世界的卓越成就，也留下了丰富的历史文化遗存，淮安大地上现存的蜿蜒遥远的运河、绵延起伏的堤坝以及大量水利设施、古城街区、特色民居、道观庙宇、园林建筑、名人遗迹等，特别是清口枢纽选存状况极为丰富，包含有人工河道，自然河道，各类水工设施如闸、坝、堪、堤、涵洞、转水墩以及各类相关遗产，涵盖了大运河遗产的大部分类型。大运河淮安段遗存有京杭大运河、黄河故道、洪泽湖及大堤等各时期水利工程及相关文化遗产 35 项，聚落遗产 8 项，其他运河物质文化遗产 21 项，生态和景观保护区 2 项。

纵观大运河在水利河工方面的发展历史，大运河经过多次改道、修浚，从未绕开过淮安，特别是黄河夺淮以后，清口成为黄、淮运交汇之地，淮安清口河道、闸坝、堤防、疏浚、维护、水文观测等工程共同组成运口大型水利枢纽，体现了人类农业文明时期东方水利水运工程技术的最高水平，其整体性尤为突出，堪称人类水运水利技术整体规划的杰出范例。北宋时期，淮安境内以楚、泗二州之间的淮河航道作为漕运通道，由于淮河山阳湾水流湍急，每年损失的舟船达到 170 艘左右，因此沿淮河右岸规划开凿了复线运河。复线运河的开凿，大大减少了航运中的风险。明朝明成祖朱棣迁都北京，京杭大运河作为东南漕粮入京的交通命脉，运河自然成为治理重点，备受朝廷关注。明朝前期，陈瑄率军民循宋代乔维岳所开故道，使漕船至淮安免除了过坝渡河之苦。后来又开辟了淮安段运河新航道，运输也大为畅通。后来的潘季驯根据淮清河浊、淮弱河强的特点，开凿、修复水利，不仅防止了黄水南侵洪泽湖；还防止淮水东溃，保证淮扬地区的安全；而且又可蓄积淮河清水，加大淮水东出清口和冲刷黄河河道的力度。到了清代，对清口的治理仍然沿用明潘季驯的策略。

清朝康熙帝和乾隆帝时期的淮河治理又解决了黄河泥沙、通航水深、复杂水流等问题。

中国水利河工绵长的发展历史，使中国在过去很长一段时间内的水利发展都处在世界发展的前列。例如，始于宋代的船闸技术、堰埭技术，明清时期的堤防、石工、防浪、消能等技术的运用均达到了当时世界科技发展的最高水平。同时，过去的发展也为未来在水利方面的发展带来的极大的促进作用，甚至当今人们还在沿用古代人民的智慧成果，如船闸技术、堤防技术、石工技术、护岸技术等，这些都是中国古代劳动人民的智慧结晶，是经过几千年的发展凝结而成的宝贵财富。

6.3.4 运河文化旅游资源

淮安因运河而生，作为沟通南北的交通枢纽地区，自然也成为南北文化交流文化碰撞之地，受到各方文化的冲击，形成了独具特色的淮安运河文化。例如，建筑艺术方面，淮安的古镇街区既有典型的苏北民居特点，又有江南水乡建筑的特色；美食方面，淮安人在当地饮食文化的基础上，融合各方饮食文化，形成四方皆宜的淮扬菜系；文学艺术方面，南北文化在此交流、融合、碰撞，因此在淮安大地上产生许多历史名人，可以说是人才荟萃。而这些都使淮安在运河沿线城市中脱颖而出。

淮安里运河作为淮安市古代的交通要道，对淮安古代经济的发展有着重大的作用，如淮安区中心设立漕运总督署，使盐商兴盛。里运河在发挥重要作用的过程中，吸取了沿线城市的地方特色和民族特色的文明成果，向人们集中展示了运河文化的源远流长与深厚内涵，如漕运博物馆的设立。里运河是淮安成为运河之都的重要见证，更是运河发展史中物质文明与精神文明的双重体现。

里运河“文化长廊”对于淮安的发展有着极其重要的战略意义。首先，运河作为城市交通运输主体业的作用已淡化，但里运河仍然承担部分排灌、航运功能，对于减少水旱灾害的损失及缓解交通运输的压力等有积极意义。其次，里运河作为淮安城市的历史遗存，结合沿线丰富的人文资源以及城市景观，进行合理的整合开发，能极大地促进淮安城市旅游的发展。最后，基于里运河城市功能的复兴，城市旅游价值的开发，里运河将会成为城市经济新的增长带，加速淮安的现代化进程。淮安，这座有着千年历史的文化名城，必将随着里运河的复兴而走向繁荣。

基于此，淮安发展运河文化旅游资源有以下优点：

（1）里运河文化底蕴深厚。淮安市里运河有丰富的文化内涵和历史底蕴，自然环境优美宜人。不仅是淮安数千年的文化的展现窗口，同时也是六百年漕运文化的诞生地。淮安处于我国南北地理分界线上，南北文化的融合使淮安更具历史风情。淮安里运河旅游资源反映了淮安发展各时代的历史文化传统，如漕运总督署，反映了当时繁荣的水上运输业；河下御码头接驾亭也是当时乾隆皇帝亲临时的场所；周恩来纪念馆、周恩来故居反映了抗战时期的历史状况；吴承恩故居、刘鹗故居则显示了淮安深厚的文化底蕴。这些历史遗迹不同程度地反映了不同时期的历史背景以及历史文化，具有极高的历史文化价值。里运河的河道、坝、桥等建筑都被列入物质文化遗产名录，包括岸边的会馆、寺庙等都是悠久历史的见证。

（2）运河遗产资源丰富。淮安具有的丰富历史文化资源，不但表现在它的数量上，还表现在它的种类上。淮安古城遗留至今的有名人故居 10 处、公署遗存 7 处、纪念堂馆 11 处、陵墓塔寺 11 处、碑刻勒石 11 处、名街古镇 8 处、文化遗址 7 处，园林景区 22 处等。影响较大的有周恩来故居、吴承恩故居、周信芳故居，总督漕运公署遗址（包括淮安府衙、镇淮楼）、河道总督府衙（包括官府园林清晏园）、淮安钞关遗址，吴公祠、吴鞠通纪念馆，明祖陵、漂母墓、韩母（韩信母亲）墓、文通塔，丰济仓遗址、双金闸遗址、清江大闸、镇水铁牛、洪泽湖大堤、清口水利枢纽、上坂街、水下泗州城、河下古镇、码头古镇，等等。除了物质文化遗产外，淮安与运河相关的非物质文化遗产也非常丰富，如渔具制作工艺、金湖秧歌、十番锣鼓、南闸民歌、淮海戏、淮剧、洪泽湖渔歌、运河号子等。淮安是中国古典文学瑰宝《西游记》作者的故里，《西游记》文化是取之不尽的宝贵资源；淮安的土地孕育了摄影大师郎静山，雕塑大师滑田友，戏剧大师王瑶卿、周信芳、陈白尘。其中最具代表性的非遗资源当属中国四大菜系之一的淮扬菜。淮安是淮扬菜的主要发祥地，淮安地处中国的南北交界处，四季划分明显，这就保证了淮扬菜食材的丰富性以及时令菜新鲜的特点。淮安多水，有淮、黄、运、盐等河流流经或曾经流经此地，所以河鲜货源充足，使淮扬菜得以形成软兜长鱼、钦工肉圆、平桥豆腐、朱桥甲鱼、大烧马鞍桥、开洋蒲菜等著名菜种，以及淮安茶馓、文楼汤包等面点。淮扬菜以其食材讲究、制作精美、口味南北皆宜等特点闻名于世，因而获得“中国淮扬菜之乡”称号。

（3）区位条件优势明显。淮安地处南方文化和北方文化的交汇处，地理位置较为优越，有着“南船北马、九省通衢”的美名。绵延奔流的淮河和千年运河在这里融合，是南北交通运输的重要枢纽。在古代，春秋战国时期修筑的邗沟北段就在今天淮安区的末口，隋炀帝时期修筑的沟通黄河和淮河的通济渠东段也在淮安境内，而在元朝直接沟通北京与江南地区的京杭大运河中，淮安亦处于关键地位。明清时期，以漕运总督、河道总督驻节为标志，形成了漕运指挥中心，全国除了山东和河南的粮船不经过淮安外，其余都要经过淮安；河道治理中心，明清两朝历时 453 年，共有 200 多位治河官员驻节淮安；漕船制造中心，在清江浦创办了全国最大的漕船厂清江督造船厂，所造漕船占全国漕船近六成；漕粮转输中心，淮安的转运仓名为常盈仓，建在清江浦南岸，常年积聚江西、湖广、浙江等地的漕粮一百五十万石；淮盐集散中心，淮安是唯一同时拥有盐产地、盐商、盐官、盐运四种功能。应该说，淮安是名副其实的“运河之都”。当前淮安区位优势更加明显。航空、公路、铁路等交通运输方式兼备。北京到上海的京沪高速公路、淮安到连云港的淮连高速公路、南京到徐州的宁宿徐高速公路贯穿淮安境内，淮安飞上海、北京、厦门、宁波、广州、深圳、沈阳等航班使旅游交通环境得到大幅度提升，给淮安带来了千载难逢的发展机遇，淮安的旅游业也面临巨大的发展空间。除此之外，淮安与周边的扬州都属里运河的流经城市，在旅游资源上存在互补性，可以开展竞合式联合开发，提升江苏整体旅游竞争力。

里运河文化长廊的发展给淮安发展旅游文化带来了千载难逢的机会，里运河深厚的文化底蕴、丰富的文化遗产和得天独厚的区位优势，能够极大地促进淮安各方面的发展。这座拥有千年文化的文明古城，必将迎来蓬勃而繁荣的发展。

6.3.5　饮食文化

长江下游地域内，气候温润，四季分明，多湖泊水网，自古以来主要口粮是稻米和麦类并重。其中考古已经不止一次发现了长江中下游一带种植水稻的史前遗址，能够确定稻米种植的历史至少在六千年以上，甚至可能达到一万年；最近重大发现在浙江的良渚，良渚遗址中在人群居住区发现了大量鱼骨和以螺蛳为主的淡水贝壳，这和该地域水网地带的特征吻合，“鱼米之乡”的称谓原本不虚。在此自然物产条件下产生晋代张翰“鲈鱼堪烩”的典故也不奇怪了，“拼死吃河豚”的俗语也出自此地，河豚至今仍是长江下游沿江一带的招牌菜肴。与四季分明相适应，这一区域重时蔬，多河鲜，烹饪方式上烧、烩、炖、煮、拌、汤并重，口味平和均衡。这是淮扬菜系形成的基础。

淮扬菜系在形成过程中也可以看到时代和社会多方面的影响。首先，毫无疑问地受到运河经济和官府文化的影响。明初形成了京杭大运河这条南北经济大动脉，从那时到清代中后期这长达四百年的期间，漕运总督、河署总督、巡盐御史和征收税款的榷关衙署，还有大量围绕运河经营的行商坐贾特别是盐商，先后落地淮扬区域，这些或者是权力广泛的管理部门，或是国家的主要经济来源，或者其经营垄断民生，或者是富甲一方，皆有庞大经费或收入可以自由支配，这成为淮扬菜技艺得到突飞猛进发展和形成地域特色的客观环境和主要动力。众多官衙和巨贾的汇聚，造成了畸形的消费繁荣，形成了竞为豪奢、务求新奇的官场、饮食文化，又进一步导引了盐商巨富私邸烹饪和市井笙歌酒楼无止境的争奇斗胜，加上处在四方物产汇集和南北文化交流的重要枢纽地位，对美食肴馔有兼收并蓄之便，因此淮扬菜的烹饪技艺在此达到了前所未有、匪夷所思的高度。著名淮扬菜研究者高岱明先生形象地称其为“四百年的病蚌育珠”，是以“数亿两白银投入烘炉大冶中，方炼烧出淮扬菜这一精金美玉”确为至论。这还只是一个侧面，形成淮扬菜还得经历一次磨砺。清后期，海运和铁路相继开通，运河经济不可逆转地走向衰落，1855 年的黄河北徙、1860 年捻军之乱、1861 年清廷撤并南河总督和漕运总督，导致淮扬区域的经济状况每况愈下，官衙不得不大规模削减开支预算，而此时社会上对衙门和富商奢靡之风的抨击也日渐激烈，以至于新任河漕总督吴棠，断然规定不准远购奇珍异味，唯以地产常品飨客。以往专为官府或者巨贾服务的大量从业人员，只能转入民间。这一段历史时期，虽然对国家是多事之秋，但对淮扬菜发展却是一个重要的整理、定型、扩散、传播的时期，食材可以换，但绝技不可废，地产时蔬、河鲜也能成为展示平台，这就最终成就了淮扬菜重河鲜时蔬、重本味本鲜、重烹饪技艺的基本风格。

淮扬菜系风味，体现在“和、精、清、新”四个鲜明特点。“和”：一是说淮扬菜基于长江下游区域四季分明、温润平和的气候、沿江两岸、江淮之间多平原水网的地理条件和农业栽培发达、物产品类丰富、灾害相对较少的自然特点；又以运河为主线，贯通南北，官商云集，市场繁荣，有足够的消费需求，且多文人参与。因此食材多取本地物产，少用山珍海味，以烹饪技法和创意见长；调味兼顾南北，不走偏锋，以味至极端为忌。二是说淮扬菜多以鲜活畜禽水产和四季应时蔬菜为原料，因而特别注重突出原料的本味，用调料则以保持和增加主辅料的原有香味为宗旨，不以辅料炫耀，这也是属于和的概念。淮扬菜之所以被开国大宴选为主打，并一直被后来的国家宴会作为主体风味，确实是因为淮扬菜能够为全国各方各类人士所接受，也就是说得益于一个“和”字。

“精”：指选料精，技法精。淮扬菜食材品类中河鲜多于海鲜，家禽多过山珍，所谓高档的原料不多；畜禽以猪牛羊、鸡鸭鹅为主，不从野生动物身上追求美味，狗、猫、鼠、蛇及甲虫之类社会属性不忍、不堪者不入食品；取材讲究时令，春有刀鲚，夏有鲴鲥，秋有蟹鸭，冬有野蔬，四时八季，各有所备，所谓“小暑长鱼赛人参”“醉蟹不看灯，风鸡不过灯”“刀不过清明，鲥不过端午”都是考究“时鲜”的俗谚；具体到菜品，又有一套选料要求，讲究让原料的特点在制作菜肴时得到充分发挥，如食用青菜讲究取心，苋菜讲究取嫩，冬笋讲究取尖，鸡鸭讲究取脯，虾蟹讲究取活等。技法上的精，则主要在刀工，淮扬厨师以精细刀工处理菜肴，就像制作精美的艺术品，一刀多用，刀刀有用，花样繁多，精彩百出。如大料有荔枝刀法、蓑衣花刀、鸡冠寿字、竹节形等；配菜中有花刀块，如秋叶、梅花、城垛、蝙蝠、玉兔等；总以丝细、片薄、段短、块小、整齐、象形为特色，经典荤菜地脱骨出禽、三鲜脱骨，经典素菜的“大煮干丝”“闻思豆腐”都是刀工上最具代表性的菜肴。通说淮扬菜的精工细作讲求韵味，每道菜肴都像诗像画，讲究意境品位，留给顾客的是解读和领悟。

“清”：指口味清淡。前面说过淮扬菜曾经有过一段烹龙炮凤、穷奢极欲的阶段，但在官府富商滋养的条件消失之后，转而将高妙的烹调技艺转向家野小鲜，形成和地域气候、物产契合的选料与口味的“清”。清，体现在技法上，就是多烩、焐、煨、蒸，少用大酱、辣椒、咖喱、花椒这类重口的辅料，如菜品有“清炖狮子头”“清蒸鳜鱼”“烩鸭羹”等；讲究一菜独味，品性不移，或说淮河名产白鱼，只以“清蒸淮白”著名，殆因强调淮白鱼的肉细味鲜，绝不让其他配料佐料喧宾夺主。但清淡并不单薄，如“清炖狮子头”这款名菜，一年四季随时令变化需要选用不同配料，春夏有河鲜芽笋狮子头，秋季有蟹粉狮子头，冬季有芽菜风鸡狮子头；且厨师又擅长用高汤吊鲜，荤菜增鲜，一般使用清鸡汤或虾米；素菜增鲜，常使用豆芽、蘑菇、笋子、笋汁、笋粉，以保证菜肴的味正汁醇，总体的追求是原汁原味，风味清新，浓而不腻，淡而不薄。

“新”：指技法、菜品的创新。淮扬菜的取材及配料虽然受到一定的限制，但在各大菜系中比较，其技法的细腻、菜品的变化，都有优势。这得益于淮扬菜精研、创新的传统。如淮安的“软兜长鱼”这道著名菜品，制作上似乎没有什么特殊的地方，但其传承的色彩非常突出，即对长鱼初步加工这才是长鱼席最奇妙的地方，不得秘法者，难以效仿，这应该算是一种集体的创新。例如，在“清”的特点上，利用荷叶清香烹制的荷叶肉、利用西瓜清香烹制的西瓜盅和翡翠鱼圆、香炸荸荠糕、茶香猪肉等都是极普通、极清淡，基于本味的创新菜品。又如近年风靡全国的小龙虾，其大红大紫始于淮扬菜。还如醉蟹、醉虾本是水网河湖地区的风味菜，因为有卫生的问题而推广受限，但现在淮扬菜厨师已经摸索创新出熟醉湖蟹的菜品。

近年来，淮安着力在运河核心文化遗产开发利用方面下功夫，策划了一批重点文化产业项目，淮扬菜是运河非物质文化遗产的组成部分，建立了中国淮扬菜博物馆，在清江大闸风景区西至醉笑天大酒店东至土于北路的范围内打造大闸口淮扬名菜美食街，不断传播淮扬美食文化，使人们在品尝美食的同时领略深厚的文化底蕴，为运河遗产产业化作出了有益探索。

6.3.6 安澜文化

淮安又称淮阴。淮阴，取淮水之阴之意；淮安，取淮水安澜之意。了解淮安历史的人都说：淮安得水而兴，因水而贫，现治水而安。先秦时期的淮安，地处“沿于江海，达于淮泗”的南北水运干线枢纽，曾有“交通、灌溉之利甲于全国”的美誉，亦曾是漕运枢纽、盐运要冲，鼎盛时与扬州、苏州、杭州并称运河沿线的“四大都市”。公元 12 世纪的南宋年间，黄河夺泗夺淮，特别是明朝中叶黄河全面夺淮后，淮安成为著名的“洪水走廊”，成为有名的“大雨大灾、小雨小灾、无雨旱灾”的穷地方。淮安经济因连年水患而严重衰颓，人民生活不得安宁。新中国成立后，在毛泽东主席“一定要把淮河修好”的豪迈号令下，在党中央、国务院和省委、省政府的坚强领导下，淮安迅即开展了大规模的、持续不断的、艰苦卓绝的以治淮为重点的水利建设，取得了令人瞩目的巨大成就。一是初步形成了较为完善的防洪工程体系。完成土石方 70 多亿立方米，投资近 100 亿元，兴建大中小型水利建筑物 10 万余座，先后加固了洪泽湖大堤，开辟了苏北灌溉总渠、分淮入沂及入海水道，整治了入江水道，兴建了三河闸、二河闸、高良涧进水闸等大型水利工程。流域防洪标准由 40 ~ 50 年一遇提高到 100 年一遇。二是初步形成了较为完善的灌溉工程体系。建成万亩以上灌区 24 个，其中 30 万亩以上大型灌区 9 个，中小型水库 126 座，大中型抽水站 8 座，各类提水泵站 3000 余座。三是初步形成了较为完善的排涝工程体系。新开和疏浚了 60 条骨干排涝河道、4 万余条大中小沟。区域排涝标准由 3 年一遇提高到 5 ~ 10 年一遇。随着水利条件的改善，逐步实行水旱轮作，扩大一年两熟和两年三熟农作物面积，实现了耕地养用的良性循环。

淮安市通过实施洪泽湖大堤除险加固、里运河防洪控制、中小河流整治等项目，形成 4 道防洪包围圈，构筑起“流域、区域、城市相协调”的防洪除涝工程体系；进一步完善了以淮水、洪泽湖蓄水供给为主，抽江水、引沂水和当地河湖补给为辅的水资源供给体系和以地表水水厂供水为主，地下水备用水源为辅的供水系统，保证全市工农业生产和生态用水；建成防汛防旱信息平台和指挥决策系统，淮安市古黄河水利枢纽工程喜获 2015 ~ 2016 年度中国水利工程优质（大禹）奖；贯彻落实《淮安市古淮河保护条例》《淮安市饮用水水源保护办法》《淮安市水利工程管理办法》《淮安市河道管理实施细则》，全面开展饮用水水源地达标建设和备用水源地建设，大力推进区域供水工程，实施水源应急调度工程，全市的供水安全格局进一步巩固。一道道安全屏障、一项项供水工程，共同组成了淮安市供排无虞的水安全雄景。

城内运河是淮安的一个骄傲。现在，城内水塘清澈见底，岸堤垂柳飘飘，草坪绿色如茵，空气清新自然。“城在水中、水在绿中”的城市面貌逐步显现，水景观、水文化让淮安“运河之都”的文化底蕴更显丰富。而城外的洪泽湖是淮安的另一个骄傲，它像一只展翅欲飞的天鹅，高高地悬挂在淮安城的上方。洪泽湖是修筑和使用年代最长、规模最大、对人类影响最深、效益最长远的人工湖。近些年淮安在曾经种植水田的湖荡浅滩上遍植荷花，让万亩荷花荡风生水起连成一片，形成一处风景绝妙的自然休闲旅游胜地。每到夏日，荷花荡里翠盖红衣、绿波滚滚，荷花荡外碧波粼粼、渔帆点点，水乡的万种风情尽在绿风水影中。观景台上，人们可以欣赏“水天一色”“东湖观日”“南湖渔帆”“西湖晚霞”“渔歌唱晚”“绿洲仙岛”“临湖赏月”；可以体会“接天莲叶无穷碧，映日荷花别样红”的诗情；可以在无垠的夜晚对酒赏月、登舟寻幽。洪泽湖已经成为人们回归自然的最好去处。

如今的淮安与水同行，城内水道相连，河湖相通，城外三湖环绕，烟波浩渺。淮安既有南方沟渠玲珑清透的秀美，又有北方汪洋一望无尽的浩荡。城内水景与古迹相连，城外天然与野趣共存，这就是充满水的韵律和动感的淮安。

6.4 淮安建设大运河文化带特色城市的对策建议

大运河文化带是依托京杭大运河的运河文化提出的新带状经济区，北接京津冀，南连长江经济带，包含我国东中部地区87市。大运河文化带既是中国一条沿海经济轴带，也是一条具有丰富历史文化资源的文化带。在“保护好、传承好、利用好”的发展理念的指导下，大运河文化带的发展要更加关注发展的可持续性，更加注重高质量发展。只有在经济、社会、生态、文化等协同发展的情况下，大运河承载的深厚文化价值和精神内涵才能够更好地继承和创新。本章以“文化保护传承利用为引领，统筹大运河沿线区域经济社会发展”的全新理念，基于淮安运河文化特色和资源禀赋，提出建设大运河文化带特色城市的对策建议。

6.4.1 加快大运河文化带建设与乡村振兴融合发展

大运河文化带建设与乡村振兴战略建设目标一致，可以推进两大战略在文化传承、生态保护、产业发展等方面的融合发展。

(1) 加强大运河非物质文化遗产的研究，提升大运河淮安段沿线历史文化名镇名村的保护传承利用水平，弘扬大运河优秀传统文化，推动乡村振兴。

大运河淮安段的文化遗存有百余处，有大量省级历史文化名镇和名村，人文内涵丰富，具有极高的建筑艺术价值和建筑史学价值，还有许多民俗、节庆、礼仪、戏剧等类型多样、特色鲜明的非物质文化遗产，具有很高的历史与人文价值，反映了劳动人民的创造智慧。因此，要加强与文化产业直接相关的非物质文化遗产的研究，探索文化产业视角下运河文化资源的保护与发展路径。如加强古村镇文化保护传承利用，深入挖掘大运河沿线乡村文化古迹中蕴含的建筑思想、人文精神，是大运河文化带建设的重要方面。

（2）加强大运河沿线生态文明建设和沿线农业农村产业发展，建设美丽田园乡村。

首先，政府牵头统筹制订大运河沿线产业发展规划，加快发展特色农业、生态农业和智慧农业，培育新型经营主体，建设现代农业产业园区；以生态保护修复倒逼产业转型升级，大力发展农业社会化服务、乡村创意服务、休闲农业与乡村旅游等乡村服务产业，推动沿线区域农村企业加快产业现代化步伐。其次，加强大运河沿线自然生态系统保护，统筹运河沿线特色小镇和美丽田园乡村建设，开展田容田貌整治、河道水系景观改造等工程，建设大运河乡村振兴风光带。将生态宜居建设从典型示范向整体覆盖拓展，完善基础设施、提升公共服务、推进乡风文明，加快建设乡土气息浓郁、自然环境优美、农民宜居宜业的美丽乡村。

（3）以乡村振兴战略实施和大运河文化带建设为契机，加快发展大运河沿线文旅产业。

以建设农村产业融合发展示范点为抓手，以特色旅游村镇和乡村旅游示范村建设为依托，深入发掘大运河沿线区域农业农村的生态涵养、农事体验、休闲观光、文化创意、健康养老等多种功能，发展“农业 +”“创意 +”等多种业态，提增特色农产品的附加值，促进沿线区域农民增收。整合窑湾镇、皂河镇、邵伯镇、平望镇等运河名镇文化资源，打响“千年运河”品牌，因地制宜，打造特色鲜明、充满魅力的精品化乡村文旅产业。

6.4.2　高质量推进大运河文化示范带建设

淮扬运河又称里运河，起源于春秋时期吴国开凿的邗沟，迄今 2500 年历史，南起扬州市六圩，北至淮安市淮阴船闸，全长 168 千米。淮安古城与里运河的演化历史生动地演绎着城市“因水而生，得水而兴，弃水而废”的规律。里运河传承着数千年的文明，书写了两千多年的辉煌，孕育了古城淮安。

里运河遗产众多、类型丰富，基本覆盖了大运河遗产要素，遗产点段连贯而密集。淮安里运河文化长廊是典型的运河文化带，从历史沿革、资源禀赋和发展空间来看，里运河最有基础、最有条件和最有希望成为大运河文化示范带。近年来，淮安城市日新月异，淮安的“黄金水道”正绽放新的风采，城市发展出独具特色的绿水环境。因此，可以集生态、文化、社会和休闲观赏等不同目标，大力打造里运河文化长廊，重点建设以里运河生态景观带为主轴，以淮安古城为中心，以河下、码头为主要节点的开放性文化带。进一步优化里运河沿岸空间形态结构，构建以运河水系为脉络的遗产保护传承空间布局。将里运河绿色廊道与大运河绿色廊道、盐河绿色廊道，古黄河绿色廊道及苏北灌溉总渠绿色廊道，钵池山公园等共同构成淮安的绿色网络。以政府主导，引入社会力量将淮安里运河打造成为具有浓厚水文化色彩的地理标识，重点打造清江浦景区、漕运城景区、山阳湖景区和河下古镇景区，集中展示古运河的繁华盛景、古代治水名人以及水工技术，呈现由运河文化衍生的淮扬菜文化、西游记文化、戏曲文化等非物质文化遗产，将里运河文化长廊倾力打造成为大运河文化示范带的标志性文旅品牌，将里运河两岸区域建设成为淮安经济、文化发展的中心，重现淮安“运河之都”的繁华盛景，高质量建成特色鲜明、令人向往的大运河文化带标志城市。

6.4.3 衔接产城融合与乡村振兴战略

首先，推动大运河文化带建设与国家区域发展战略的有效衔接，是《大运河文化保护传承利用规划纲要》提出的建设要求，也是延续和增强大运河文化的生命力、拓展大运河文化带建设空间的发展路径。产城融合与乡村振兴是当前我国城市发展与农村发展的两大战略。在大运河文化带建设中，淮安需要有效衔接产城融合和乡村振兴战略，坚持以人为本，建立健全人与自然的共生机制、城市与产业的协同发展机制、城镇与乡村的共利机制，消除不合理的城乡建设、产业发展以及过度人类活动等对大运河保护传承利用的不利影响，实现共建共利共享，让城乡居民有更多的获得感、幸福感。

其次，作为贯通南北的文化长廊和跨区域的线性文化遗产，大运河自古以来就是联系不同区域的重要经济动脉和生态廊道。特别是大运河文化带江苏段，纵贯江苏南北，沿线涵盖了全省85%的人口、90%以上的经济总量，因此，大运河文化带江苏段建设是推进运河全线及周边地区协调联动、实现区域均衡发展的重要抓手。大运河沿线城市多达12个，做好运河大文章，需要与大运河沿线城市开展深入合作，共同书写大运河文化发展组歌。一是加强环境保护的沟通和协调。运河沿线的上下游城市应建立相关的环境保护、污染治理等方面的协议，推进其履行大运河保护的责任和义务，促进运河沿线城市共同推动大运河可持续发展。二是要加强文旅产业的交流和协作。通过打造一批具有地方特色的大运河文旅项目，强化运河沿线城市在文旅领域的合作，加快做大做强各市文旅产业。三是积极参与交流。淮安要以运河之都的城市身份，大力参与各类大运河文化节的研讨活动、合作联盟、工作平台，在推广淮安方案、经验的同时，吸收借鉴先进做法和成功经验。

最后，推进大运河文化带建设，深入挖掘不同文化高地的文化基因，进一步凸显淮安地域的特色化发展，启动建设非遗展厅和传承基地，在打造大运河江苏段统一“文化名片”的基础上构建大运河沿线城市多样化的“文化符号”，有效对接国家区域发展战略中不同地域差异化的功能定位。围绕江苏省委、省政府部署要求和“运河之都，水城淮安”的战略定位，着力打造中国漕运文化核心展示区、中国水利河工文化经典集成区、运河生态文旅江淮经典体验区、运河保护利用综合示范区，让大运河文化带的建设过程成为助力淮安高质量发展的过程。

第 7 章

淮安进入全国地级市 50 强研究

7.1 研究背景与研究方法

7.1.1 研究背景

城市作为经济全球化载体和区域性生产贸易基本单位，对于一个地区、国家乃至全球经济的兴旺发达起着重要作用，衡量一个城市实力的指标是综合竞争力。研究城市综合竞争力不仅有助于正确认识和评价城市的发展现状和潜力，制订恰当的合作与竞争战略，实现城市之间的优势互补和良性竞争，形成合理的区域经济格局，还有助于城市参与国际竞争和国际分工。

淮安位于江苏省中北部，是苏北重要中心城市，南京都市圈紧密圈层城市，淮河生态经济带首提首推城市。随着“双循环”新格局的加快构建，国家支持自主创新、“新基建”等推动新旧动能转换政策的大力实施，国家和省级一系列重大战略在淮安交汇叠加，自身区域交通条件的显著改善，生态、文化等资源优势的日益彰显，淮安将迎来一个大有可为的黄金发展期。

“十三五”末，淮安市 GDP 总量为 4025.37 亿元，全国地级市排名第 58 位。淮安要在“十四五”期间进入全国地级市 50 强，面临激烈竞争和挑战。本章以“十四五”期间淮安进入全国地级市 50 强的目标作为研究对象，针对淮安经济社会发展状况，以“十三五”末地级市排名 50 位左右的城市为目标，对标分析各城市经济要素的差异，找出淮安与这些城市在经济社会发展各方面的主要差距，根据《中共淮安市委关于制定淮安市国民经济和社会发展第十四个五年规划和二〇三五年远景目标的建议》，提出淮安“十四五”期间进入全国地级市50强的对策建议，具有重要的实践价值。

7.1.2　研究方法

本章研究涉及区域经济学、产业经济学、城市规划学等多个学科领域的知识，通过综合运用实地调研、文献研究、实证分析、对标分析等方法，借鉴相关研究成果来完成课题任务。

（1）文献研究。通过对城市综合竞争力相关研究成果进行梳理，总结城市综合竞争力对城市发展产生的影响，归纳城市竞争力的主要影响因素。

（2）实证分析。基于调查和统计数据，总结淮安主导产业、科技创新、生态环境、资源禀赋、乡村振兴、公共服务等方面的经济社会发展现状。

（3）对标分析。通过“十三五”期间50强地级市的对比分析，从经济、科技、基础设施和环境等方面找出淮安经济社会发展存在的差距和不足。

本章采用的技术路线如图7-1所示。

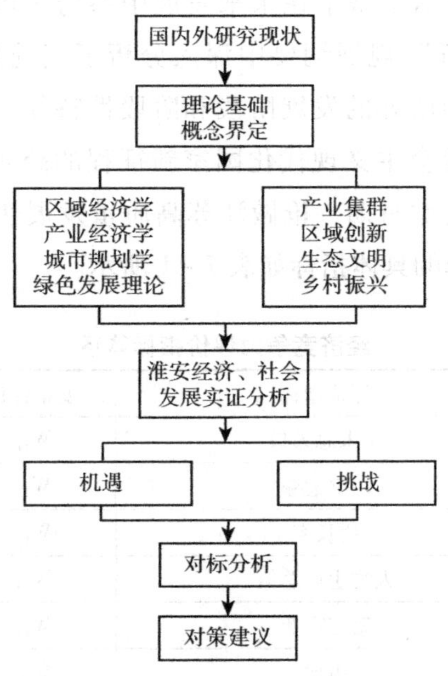

图7-1　本章的技术路线

7.2 城市综合竞争力指标体系构建与对标分析

根据淮安目前发展状况和城市地位，以全国50强地级市为目标进行对标分析，精准找出淮安经济社会发展存在的差距和不足，从而提高淮安的综合实力和城市竞争力。根据2021年全国城市经济百强榜，本章选择了排名第37位的盐城市、第49位的金华市、第50位的襄阳市，分别从经济、科技、基础实施、环境四个方面进行对标分析。

7.2.1 经济竞争力

（1）经济竞争力评价指标。

经济竞争力反映出城市在不断发展过程中的总体规模、发展潜能、产业结构以及开放程度，可以体现城市对其生产要素的实际利用情况和对其资源的合理分配能力，同时也预示了城市在未来发展中参与区域竞争本身所具备的能力。淮安市在“十四五”规划纲要中深入分析了当前外部环境和内部条件，明确提出淮安经济社会所处的发展阶段和阶段性特征，即“十四五”时期是淮安“开启全面建设社会主义现代化国家新征程的跨越期、确立长三角北部重要中心城市地位的关键时期、抢做江苏高质量发展快班特长生的提升期”。因此，在经济方面所选的具体指标如表7-1所示。

表7-1 经济竞争力评价指标体系

名称	评价指标	变量标识	单位
经济竞争力	年末总人口	W_{11}	万人
	GDP总量	W_{12}	亿元
	增长率	W_{13}	%
	人均生产总值	W_{14}	元
	第三产业	W_{15}	亿元
	占比	W_{16}	%
	全部工业增加值	W_{17}	亿元
	固定资产投资增速	W_{18}	%

续表

名称	评价指标	变量标识	单位
经济竞争力	社会消费品零售总额	W_{19}	亿元
	一般公共预算收入	W_{110}	亿元
	城镇常住居民人均可支配收入	W_{111}	元
	农村常住居民人均可支配收入	W_{112}	元
	货物进出口总额	W_{113}	亿美元
	实际利用外资	W_{114}	亿美元

其中，W_{11}代表一个城市的常住居民人口；

W_{12}、W_{13}、W_{14}代表城市的经济在总体运行中的实际水平，从侧面反映居民生活的真实情况；

W_{15}、W_{16}是以服务业为代表的第三产业占生产总值的比例；

W_{17}代表城市在工业生产方面的具体产出水平；

W_{18}代表企业在一定时期内建造和购置固定资产的工作量以及与此有关的费用变化情况；

W_{19}反映了城乡居民和社会集团对实物商品消费需求的总量和变化趋势；

W_{110}代表地方政府用于保障和改善民生、推动社会和经济发展所做的努力程度；

W_{111}代表城镇常住居民在收入方面上的平均水平；

W_{112}代表农村常住居民在收入方面上的平均水平；

W_{113}是实际进出我国国境的货物总金额，该指标可以观察一个国家或地区在对外贸易方面的总规模；

W_{114}是指外商投资企业的外方投资者以出资形式向外商投资企业实际缴付的注册资本内的资本金，该指标能真正体现外资利用水平。

（2）经济竞争力指标对比分析。

城市的经济发展是城市功能赖以发挥作用的重要物质基础，受整个社会生产力水平和生产关系性质的制约，代表了整个城市的物质生产与分配，从侧面反映了居民对于物质的需求程度。表 7 – 2 列出了对比城市 2020 年的主要经济指标。

表 7－2 2020 年各城市经济指标对比

变量标识	指标＼城市	淮安	盐城	金华	襄阳
W_{11}	年末总人口（万人）	557.97	814.49	493.90	526.10
W_{12}	GDP 总量（亿元）	4025.27	5953.38	4703.95	4601.97
W_{13}	增长率（%）	4.8	5.2	3.2	-4.5
W_{14}	人均 GDP（元）	87507	88731	95431	87500
W_{15}	第三产业（亿元）	1984.69	2912.79	2732.79	1984.83
W_{16}	占比（%）	49.3	48.9	58.1	43.1
W_{17}	全部工业增加值（亿元）	1286.78	1924.52	1555.07	1883
W_{18}	固定资产投资增速（%）	-29.6	-7.4	4.2	-20.6
W_{19}	社会消费品零售总额（亿元）	1675.9	2216.1	2611.9	1567.3
W_{110}	一般公共预算收入（亿元）	264.2	400.1	680.9	160.0
W_{111}	城镇常住居民人均可支配收入（元）	40318	40403	61545	37707
W_{112}	农村常住居民人均可支配收入（元）	19730	23670	36828	18422
W_{113}	货物进出口总额（亿美元）	49.9	119.4	701.2	31.5
W_{114}	实际利用外资（亿美元）	10.6	10.1	3.3	8.3

通过表 7－2 数据对比可知：

①淮安作为有常住居民 557.97 万人的城市，2020 年地区生产总值为 4025.27 亿元。从各市 GDP 总量看，淮安市 2020 年 GDP 总量在四个城市中最低，与其他城市的 GDP 相差较大，比金华市和襄阳市低 600 亿～700 亿元，比盐城市低近 2000 亿元。从 GDP 增长率来看，淮安市的增长率为 4.8%，在四个城市中位居第二，如果要在“十四五”末进入全国地级市 50 强，还需要提高增长率，以金华市为比较对象，则年均增长率应不低于 6.5%（$\sqrt[5]{4704\ (1+3.2\%)^5/4025}-1=6.5\%$）。从人均 GDP 来看，淮安与盐城、襄阳基本处于同一水平。同时可以看出，对比的四个城市中，与淮安 GDP 总量相差最大的盐城，人均 GDP 差值仅为 1224 元，盐城在 2021 年中国百强城市中居第 37 位，说明淮安市在大力发展经济的同时也应增加人口规模，进一步开放落户政策，鼓励生育，积极吸引人口来淮安家，为淮安的经济建设和发展助力。

②从第三产业总值和占比来看，淮安的第三产业总值虽然与最高的盐城相差 1000 亿元，但第三产业的占比接近 50% 并略高于盐城。因此，在后续的发

展中淮安需要进一步提高第三产业的比重，大力发展生产性服务业，以提高就业人口的吸纳力；同时，坚持工业化引领、数字化赋能、推动基础再造、产业升级，加快构建现代产业体系。例如，做优做特现代服务业、加快发展数字经济和深化科技创新赋能。

③工业增加值是指工业行业在报告期内以货币表现的工业生产活动的最终成果，它反映了工业企业的投入、产出和经济效益情况。从全部工业增加值指标来看，淮安市的全部工业增加值为 1286.78 亿元，在四个城市最低，与最高的盐城市相差 637.74 亿元。

淮安市四大千亿元级主导产业中有三大主导产业与工业领域直接相关，因此，要加大对淮安工业企业的投入，尤其要壮大先进制造业。一方面，淮安市政府要出台更加有利的招商引资政策吸纳优秀企业来淮发展；另一方面，要突出抓招商、扩总量，全力筑牢经济发展基础。坚持项目为王、项目就是未来，凝心聚力，攻坚突破，切实以项目聚集加速发展裂变。目前，淮安市政府实施项目招引“3530”工程、推动项目建设“1320”工程、打造“四最”营商环境，这些都为淮安在“十四五”末进入经济 50 强城市筑牢基础。

④从固定资产投资增速指标来看，2020 年除了金华是正增长外，其余三市都是负增长，特别是淮安市，负增长 29.6%；一般公共预算收入，淮安 264.2 亿元，与盐城、金华分别相差 135.9 亿元、416.7 亿元。固定资产投资增速呈现负增长，主要与当前的宏观经济形式相关，受新冠肺炎疫情影响，全球经济需求减弱，经济面临下行压力，各方面的发展受到阻碍。为克服投资增速减缓带来的不利影响，淮安要继续组织特大项目共建，用好中央预算内投资、政府专项债券和政策性金融等措施。严格落实项目长制，促进在手项目早开工、早投产、早达效；完善要素保障机制，清理盘活空间、用地、环境容量、厂房、楼宇等存量资源资产；分县区、分类别建立台账，统筹用于重大项目落地。

⑤社会消费品零售总额淮安为 1675.9 亿元，与排名最高的金华相差 936 亿元；从社会消费品零售总额来看，淮安与金华还是存在不小差距，它反映了在这一段时期内人民物质文化水平的提高情况，同时也反映出社会商品购买力的实现程度和零售市场的规模状况。

从人均可支配收入指标来看，城镇常住居民人均可支配收入淮安为 40318 元，与盐城相当，比金华少 21227 元；农村常住居民人均可支配收入淮安为

19730元，比盐城和金华分别少3940元、17098元。从城镇和农村常住居民人均可支配收入可知，淮安和盐城、金华在农村常住居民可支配收入方面存在较大差距，反映出淮安在农村居民收入和刺激居民消费这一方面需要下功夫。因此，淮安需要大力实施乡村振兴战略，发展就业创业富民工程，实现居民收入与经济发展同步提升。同时，紧跟时代发展的步伐，推进传统商贸流通企业、连锁商超、零售网点数字化转型，积极发展直播电商、社交电商等新业态，推动农产品网络化发展，构建农产品采购供销链，多渠道提高农村居民收入，有序开展各类消费促销活动。

⑥对外经济贸易方面，淮安的货物进出口总额与盐城、金华分别相差69.5亿美元、651.3亿美元。金华处于电子商务发展繁荣的浙江，金华市辖区下著名的义乌小商品市场进出口贸易额近3500亿元，占金华全市的七成。淮安在对外贸易方面不如金华，但在实际利用外资方面，淮安以10.6亿美元居于四座城市之首。因此，淮安要更加利用好外资，稳定外贸增长，发挥稳外贸工作专班作用，落实贸易便利化举措，拓展机场口岸国际货运业务，积极申报进境冰鲜水产品指定监管场地，发挥水路二类口岸优势，更大力度促进外贸优进优出，实现外贸进出口总额继续增长。疫情期间，支持企业参加线上线下展会，引导企业开展国际化经营，帮助出口转内销。推动跨境电商综合试验区“六体系两平台”建设，助力传统外贸企业发展跨境出口业务。鼓励轻纺等劳动密集型企业提高出口产品档次，扩大先进技术、装备和医疗设备进口，大力发展文旅服务贸易，积极申创省和国家外贸转型升级基地。

7.2.2 科技竞争力

（1）科技竞争力评价指标。

随着科学技术在社会生产方面地位的日益提升，科技竞争力逐渐成为城市综合能力评选的重要指标。科技竞争力虽然还没有统一的定义，但其本质就是考察城市在科技领域上，对内部及外部资源的利用，能使其获得比其他竞争对象更高更强的竞争优势。党的十九届五中全会指出，经济社会发展的第一要义就是高质量发展，创新战略的实施就是推动经济高质量发展的第一动力，这明确指出了科学技术创新在发展高质量经济中占据了核心位置。因此，全面、科学地评估淮安市的科技竞争力对于其进入地级市经济50强具有重要意义。

本章主要选取了人才培养、创新能力及研发经费投入方面进行对比，具体指标如表7-3所示。

表7-3 科技竞争力评价指标体系

名称	评价指标	变量标识	单位
人才培养	高等学校	W_{31}	所
	专任教师	W_{32}	人
	普通高等教育在校生	W_{33}	人
	普通高等教育招生数	W_{34}	人
	普通高等教育毕业生数	W_{35}	人
创新能力	新增专利申请量	W_{36}	件
	新增专利授权量	W_{37}	件
	有效发明专利量	W_{38}	件
	每万人有效发明专利拥有量	W_{39}	件
研发经费投入	一般公共预算支出	W_{310}	万元
	科技投入	W_{311}	万元
	科技投入在一般公共预算支出中的占比	W_{312}	%

注：普通高等教育包括研究生和本专科生。

其中，W_{31}从教育设施的角度来体现城市在科研方面的投入、人才培养的水平；

W_{32}代表城市的师资力量，间接反映了人才培养的水平；

W_{33}、W_{34}、W_{35}代表城市的预备人才人数，以及城市所培养的人才数量；

W_{36}、W_{37}、W_{38}、W_{39}代表城市人才的创新能力，以及科技产出，同时也可以间接反映出城市鼓励科技创新的程度；

W_{310}、W_{311}、W_{312}代表城市政府在科技上的投入水平，同时，W_{36}、W_{37}、W_{38}、W_{39}、W_{310}、W_{311}、W_{312}共同反映了城市科技投入的成果转化水平。

(2) 科技竞争力指标对比分析。

本章对于科技竞争力的评价主要通过人才培养、科技创新能力、科技投入三个方面进行对比。首先，人才是科技竞争力中的主要竞争指标，城市拥有大量人才，才能有高水平的科技成果产出，如果一个城市可以培养和吸引更多高水平人才，那么城市的科技竞争力水平的提升指日可待。其次，科技创新能力指标能够直接表明城市科技创新水平，这里主要通过新增专利申请量、新增专利授权量来判断城市当年的科技创新产出水平，而有效发明专利量则是历年来城市累计的科技创新成果，每万人有效发明专利拥有量可以表明城市居民的创新能力。最后，通过研发经费来考察城市对于科技投入的强度，再根据研发经费在一般公共服务预算支出中的占比来判断城市对于科学技术的重视程度。具体各城市科技竞争力指标如表 7 -4 所示。

表 7 -4　　2020 年各城市科技竞争力指标对比

变量标识	城市 / 指标	淮安	盐城	金华	襄阳
W_{31}	高等学校（所）	8	6	11	5
W_{32}	专任教师（人）	54578	66383	50343	51615
W_{33}	普通高等教育在校生（人）	90331	72400	112256	72395
W_{34}	普通高等教育招生数（人）	35074	24075	41407	28061
W_{35}	普通高等教育毕业生数（人）	29671	18811	29072	17763
W_{36}	新增专利申请量（件）	15989	34489	52054	11406
W_{37}	新增专利授权量（件）	11768	21533	42446	7092
W_{38}	有效发明专利量（件）	3420	10362	3993	2410
W_{39}	每万人有效发明专利拥有量（件）	6. 93	14. 37	8. 08	4. 48
W_{310}	一般公共预算支出（万元）	5682476	973. 6	7034142	6702833
W_{311}	科学投入（万元）	83700	267503	204448	204991
W_{312}	科学投入在一般公共服务预算支出中的占比（%）	1. 47	2. 75	2. 91	3. 06

从表 7 -4 可以直观地看到，淮安市与盐城市、金华市、襄阳市的对比结果，相关建议如下：

①根据人才培养指标中的高等学校数量可知，淮安市的高等学校数量并不少，甚至在四个城市中属于较多的水平；在专任教师的数量对比中，也可以观察到淮安市的专任教师是与高等学校数量水平相匹配；而根据普通高等教育在校生数量、普通高等教育招生数、普通高等教育毕业生数可以看出，淮安市相较于其他三个城市，位于中上水平。

淮安现如今正在努力创建淮安大学，而建设淮安大学不仅需要资金的投入，还应该提升高校的基础科研设施、提升师资力量、提高教师水平，这样才能培养出更多高素质人才。在自身培养人才的基础上，应该注重吸引高校毕业生留在淮安发展，人才总量才能逐渐增多，城市发展才更有动力，才能够吸引更多的人才来淮安市安家落户，形成一个良性循环。

②根据 2020 年新增专利申请量以及新增专利授权量可知，淮安市的科技创新成果产出水平还有较大上升空间。在新增专利申请量上，淮安远远落后于盐城市和金华市，在新增专利授权量上也是如此。有效发明专利的数量，淮安市位居第三，虽然与第二名的金华市差距不算特别大，但是却落后盐城市的有效发明专利数量一倍多；每万人有效发明专利拥有量，淮安市依旧在四个城市中排名第三，并且盐城市的每万人有效发明专利拥有量是淮安市的一倍多。这说明在科技成果转化方面，淮安要加大引导和投入，要激励科技成果尽快转为为实际生产力。同时加大普及知识产权方面的力度，加强社会的知识产权意识，让企业对知识产权更加重视。

③在科技投入方面，根据科学技术投入的绝对数额和在一般公共预算支出中的占比可以看出，淮安市在科学技术的投入上相对偏低。目前，科技创新已经成为我国经济高质量发展的核心战略，淮安市应紧跟国家发展的步伐，加大研发投入，培养创新型人才、激励创新型企业。

要加大淮安市在科学技术项目上的投入总量，需要发挥政府投入的引导作用，同时还可以引导各类创业投资企业，联合各大券商、银行等共同创建科技投融资平台，这样既可以鼓励创新性创业企业的发展，又可以部分解决政府资金的问题。此外，为了尽可能使用较少资金的情况下留住人才，可以推进高校与创新型企业的合作共赢，为高校人才留在淮安提供机会与合作平台，企业可以提早培养人才与公司的契合程度，两者互帮互助提升企业的创新能力。另外，加大人才培养和引进的政策力度，加大淮安高校的人才培养力度，培养重点学科带头人，协助引进的高端人才解决医疗、养老、住房、配偶工作及子女上学的问题，让高端人才安心留在淮安。

7.2.3　基础设施竞争力

（1）基础设施竞争力评价指标。

基础设施建设是城市经济快速平稳向前发展的载体，通过给居民提供一系列的公共服务设施，以此来确保城市可以进行正常的经济社会活动。基础设施活动主要包括交通、邮电、文化保护、卫生事业等方面，因此在基础设施方面选取的评价指标如表 7－5 所示。

表 7－5 基础设施竞争力评价指标

名称	评价指标	变量标识	单位
文化	公共图书馆	W_{31}	个
	总藏量	W_{32}	万册
	人均拥有公共图书馆藏量	W_{33}	册
卫生医疗	医疗卫生机构	W_{34}	个
	卫生机构床位数	W_{35}	万张
	职业医师	W_{36}	万人
交通运输	公路通车里程	W_{37}	千米
	客运量	W_{38}	万人
	货运量	W_{39}	万吨
	港口货物吞吐量	W_{310}	万吨
	高速铁路里程	W_{311}	千米
	铁路运营里程	W_{312}	千米
邮电	邮电业务总量	W_{313}	亿元

①客运量包括公路、水运和民用航空；

②货运量包括公路、水路和民用航空；

③邮政业务总量包括邮政行业业务总量和电信业务总量。

W_{31}、W_{32}、W_{33}代表城市对于文化建设的投入水平；

W_{34}、W_{35}、W_{36}分别代表一座城市对医疗方面的重视程度和总体投入的力度；

W_{37}、W_{38}、W_{39}、W_{310}、W_{11}、W_{12}分别代表一座城市在交通设施方面的建设以及投入的力度；

W_{313}代表城市在通信方面的实际水平。

（2）基础设施竞争力指标对比分析。

城市的基础设施涵盖着生活、教育和交通等方面，是保障城市正常运转的首要条件，所以基础设施建设是否完善，对城市发展和居民生活水平息息相关，基础设施竞争力指标数据如表 7－6 所示。

表 7－6　　2020 年各城市基础设施竞争力指标对比

变量标识	指标＼城市	淮安	盐城	金华	襄阳
W_{31}	公共图书馆（个）	9	11	11	10
W_{32}	总藏量（万册）	453.14	598.03	576.1	288.3
W_{33}	人均拥有公共图书馆藏量（册）	0.99	0.89	1.17	0.49
W_{34}	医疗卫生机构（个）	2290	3303	4332	3694
W_{35}	卫生机构床位数（万张）	304000	433000	35566	39100
W_{36}	职业医师（万人）	1.46	2.12	1.99	1.43
W_{37}	公路通车里程（千米）	13610	21920	13215	32347
W_{38}	客运量（万人）	4288	4620	5099.24	2218.6
W_{39}	货运量（万吨）	12487	24370	15813.9	23220.6
W_{310}	港口货物吞吐量（万吨）	7152	11622	0	644.6
W_{311}	高速铁路里程	163.4	267	159	219
W_{312}	铁路运营里程	263.9	424	435.4	663
W_{313}	邮电业务总量（亿元）	435.04	605.04	114.41	23.3

①从文化建设方面来看，淮安的图书总藏量和人均拥有公共图书馆藏量处于中上游，有较强的上升空间。淮安应大力发展文化建设事业，完善公共的文化设施，加强群众的文化素养，鼓励大众参与到文化活动中去，感受文化活动的良好氛围，陶冶文化方面的情操，使全民参与到淮安市的文化建设中去。

②从卫生医疗方面来看，淮安的医疗卫生机构和卫生机构床位数都明显落后于其他对比城市，两者的数据都与其他三个城市相差较大。因此，作为苏北城市的“领头羊”，淮安市在卫生医疗方面需要加大投入，扩大医疗卫生规模，提高医疗卫生质量，建设更多更好的医疗机构，满足城市居民就医的同时，打造苏北区域医疗高地；同时，培养更多医疗方面的人才，不仅要通过人才引进的手段吸纳更多的优秀医疗人才，也可以通过协作机制，做好在职培训，推动上级机构人员下沉、下级机构人员上带，为基层培养一批高水平的人才队伍。

③从交通运输和邮政业务方面来看，淮安的公路通车里程绝对数与襄阳相差 18737 千米，与同省的盐城相差 8310 千米，考虑到城市面积，综合来看，这项指标属于正常水平；客运量与盐城仅相差 332 万人，但高出襄阳较多，说明当前淮安通过公路交通运输旅客在运输方式中居于主导地位。在高铁经济时代，淮安应大力发展高速铁路运输，打造苏北高铁枢纽，发挥高铁经济的潜

力。从绝对数上看，货运量与盐城市和襄阳市相差较大，表明在工业发展方面淮安还处于劣势。因此，需要培大扶强先进制造业，推动工业稳定发展。港口货物吞吐量比盐城少4470万吨，考虑到地理位置，盐城市临海，港口条件更为优越，能够解释其货物吞吐量更高。淮安邮电业务总量相比较而言，处于靠前位置，但与同省的盐城相比还是有些差距。从高速铁路里程和铁路运营里程来看，淮安市的高铁建设在四座城市中处于落后地位，作为现代经济的动脉，高铁是推动区域发展的引擎，也是淮安崛起的天梯，高铁开通后会带来大量的客流、商流、资金流、信息流、技术流等，将促进淮安融入高铁经济圈。目前，淮安市打造“米”字形高铁，6向高铁正线都是从淮安东站引出，辐射8个方向，未来淮安市将由区域性高铁枢纽提升为国家高铁通道主枢纽，到2025年，全市干线铁路达到340千米，其中高速铁路里程239千米。因此，在“十四五”时期淮安市应着力打造综合交通枢纽，培育壮大货运物流产业，保障各种运输通道及运输方式高效衔接，促进运输产业转型升级，满足对内、对外快速联系需求，让广大人民群众共享交通运输现代化发展成果。

7.2.4 环境竞争力

（1）环境竞争力评价指标。

环境竞争力可以体现出城市在环境发展方面的优势与不足，反映城市对自然环境的治理情况以及对能源的利用状况。好的自然环境可以提升城市居民的生活水平，合理的能源利用方法可以避免浪费、减少能源消耗，促进环保，真正从根源上提高环境质量。环境竞争力评价指标体系如表7-7所示。

表7-7 环境竞争力评价指标

名称	评价指标	变量标识	单位
绿化水平	园林绿地面积	W_{41}	公顷
	建成区绿化覆盖面积	W_{42}	公顷
	建成区绿化覆盖率	W_{43}	%
	公园面积	W_{44}	公顷
固体废弃物	一般工业固体废物综合利用率	W_{45}	%
空气	空气质量优良天数比例	W_{46}	%
	可吸入细颗粒物年平均浓度	W_{47}	微克/立方米

其中，W_{41}、W_{42}、W_{43}、W_{44}代表城市对环境及绿化方面的重视程度；

W_{45}代表城市对工业固体废物的综合利用率；

W_{46}、W_{47}代表城市的空气质量情况。

(2) 环境竞争力指标对比分析。

环境影响人类的生存和发展，环境的好坏与居民生活幸福指数密切相关。2022 年淮安市政府工作报告中提出要扎实推进美丽淮安建设，坚决守住底线，确保环境质量只能更好、不能变坏，加快将生态优势转化成发展优势，着力推动绿色低碳发展。环境竞争力指标对比情况如表 7 - 8 所示。

表 7 - 8　　2020 年各城市环境竞争力指标对比

变量标识	城市 指标	淮安	盐城	金华	襄阳
W_{41}	园林绿地面积	9348	8304	4402	3760
W_{42}	建成区绿化覆盖面积	8861	7382	150. 29	15795
W_{43}	建成区绿化覆盖率	42. 6	43. 6	38. 4	41. 64
W_{44}	公园面积	1176	1385	2312	2572
W_{45}	一般工业固体废物综合利用率	99. 7	99. 3	99. 6	80. 08
W_{46}	空气质量优良天数比例	80. 3	84. 4	94. 9	74. 9
W_{47}	可吸入细颗粒物年平均浓度	42	33	26	52

①从绿化水平指标可以看出，淮安市的园林绿地面积在四个城市中位列第一，且建成区的绿化覆盖率也相对偏高，可见淮安市在绿化方面具有较大的优势，但淮安市所拥有的公园面积总量较小，在公园建设方面还可以加大投入。

②从工业排放固体废物利用率来看，淮安市、盐城市和金华市的综合利用率相差不大，都比襄阳市高了近 19%。因此，在工业废物处理方面淮安市需要继续保持当前的综合利用率，将部分工业废物变废为宝、从中提取各种金属和稀有金属，将部分工业固废用来吸附废水中的污染物，将部分工业固废用来焚烧发电，为生活生产提供稳定充足的电源，在充分利用工业固废后将剩下大量的无用工业固废进行体积压缩放到地下填埋，充分利用工业生产出的固体废物。

③从空气质量指标来看，淮安市的空气质量优良比例在四座城市中处于第三位，与金华市相差14.6%，并且可吸入细颗粒物浓度淮安市居第二位。具体说来，工业废气的排放、机动车尾气的排放、大面积拆迁施工等二次扬尘、土壤沙尘日益严重等原因导致可吸入颗粒物为主的大气污染还需要加强治理，区域环境空气质量形势不容乐观。为了进一步改善空气质量，淮安市应该科学治理和控制二次扬尘，大力开发和应用天然、气液化气等无污染能源；控制大气的交通污染和生活污染，推广新型能源汽车，从根本上解决车辆尾气的问题；合理监管工业企业污染物的排放，同时给予必要的技术支持帮助部分企业实现清洁生产。

7.3 城市重要指标时间序列对标分析

本章从GDP总量、人均GDP、GDP增长率、城镇常住居民人均可支配收入、农村常住居民人均可支配收入、新增专利申请量、授权量以及科技投入占比八个方面，对对标城市的经济发展状况进行分析。由于部分城市2013年以前的专利申请量与授权量数据在统计年鉴中未公布，因此该指标仅研究2013～2020年的变化情况；科技投入占比指标仅研究2014～2020年的发展状况。原始数据见附录一。

7.3.1 经济指标分析

(1) 地区生产总值。

从图7－2可以看出，2011～2020年，除襄阳市2020年受疫情影响，国民生产总值有小幅回落，四座城市的生产总值均呈现稳步增长的趋势。从图7－2来看，盐城市GDP总量一直领先其他三座城市，且这10年里与淮安市的差距不断增大。2011年，淮安市GDP与盐城市相差1049亿元；2020年，两市差距则达到了1928亿元。淮安市与金华市相比，GDP总量差值在这10年间呈缩小趋势，从2011年的落后731亿元减小至2020年的679亿元；淮安市与襄阳市的差距在这10年里GDP差值不大，2011年两座城市相差430亿元，到2020年相差577亿元。

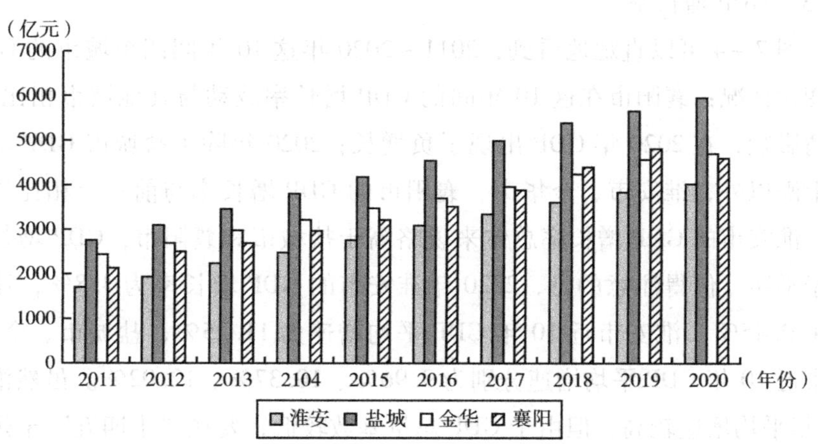

图7-2 2011~2020年各城市GDP状况

（2）人均生产总值。

从四座城市2011~2020年的人均生产总值来看，金华市最高，盐城市比淮安市略高，两者基本持平；襄阳市略低于淮安市，2020年与淮安市的差距进一步增大。纵向来看，淮安市与金华市的人均生产总值差距10年间呈缩小趋势：2011年，淮安市与金华市相差16455元；到2020年，两市相差仅7924元。同时，2020年，淮安市与盐城市的人均生产总值进一步缩小至1224元（见图7-3）。

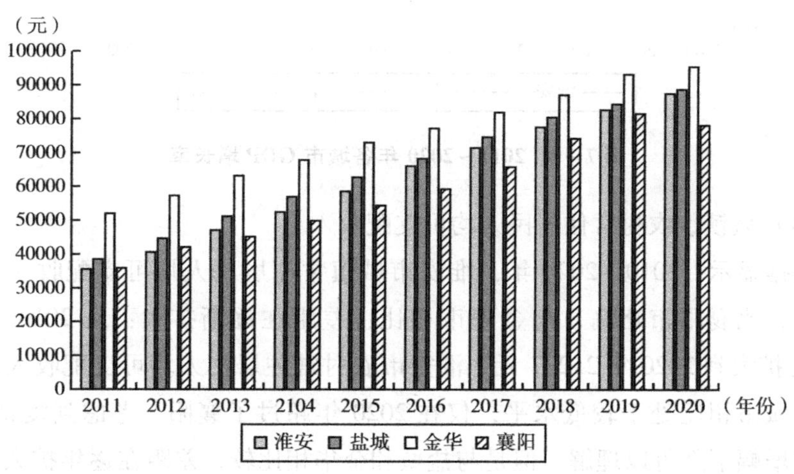

图7-3 2011~2020年各城市人均GDP

（3）GDP 增长率。

由图 7－4 可以直观地看到，2011～2020 年这 10 年间四个城市的 GDP 增长率变化情况：襄阳市在这 10 年间的 GDP 增长率波动与其他城市相比较大，受疫情影响，在 2020 年 GDP 出现了负增长；2020 年除了盐城市 GDP 增长率小幅上涨以外，淮安市、金华市、襄阳市的 GDP 增长率与前一年相比均小幅下降；淮安市的 GDP 增长率总体来说略高于盐城市和襄阳市，GDP 增长率曲线趋于平缓，值得注意的是，2020 年淮安市的 GDP 增长率为 4.8%，比盐城市低了 0.45%。淮安市近 10 年 GDP 平均增速为 11.25%，盐城市、金华市、襄阳市近 10 年 GDP 平均增速分别为 9.96%、10.37%、12.02%。虽然淮安市近 10 年平均增速较高，但由于 GDP 总量基数较低，要在“十四五”末进入全国给地级市 50 强，必须进一步提高经济增长速度。

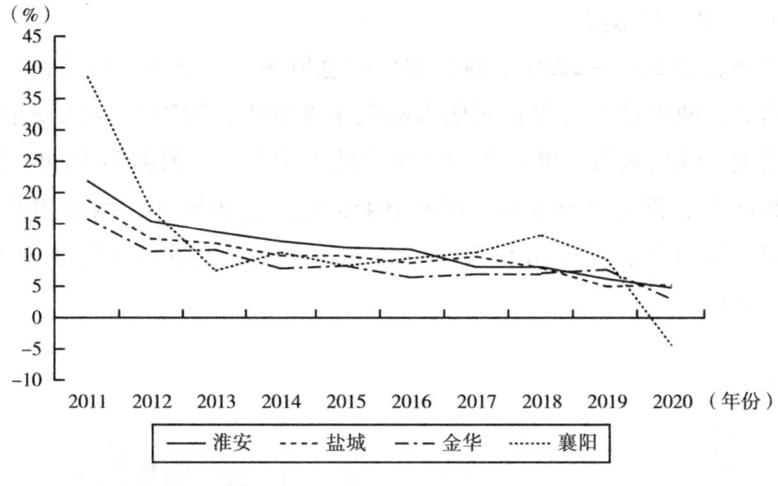

图 7－4 2011～2020 年各城市 GDP 增长率

（4）城镇、农村常住居民人均可支配收入。

数据显示，2010～2020 年，淮安市城镇常住居民人均可支配收入与盐城市相当，比襄阳市略高，与金华市相比，差距在逐渐扩大：从 2010 年相差 8343 元扩大到 2020 年 21227 元。淮安市农村常住居民人均可支配收入，与其他三个城市相比处于较低水平，仅在 2020 年超过了襄阳。考虑到疫情原因，襄阳的增幅下降可以理解。但是与盐城和金华相比较，差距在逐年扩大。2010 年淮安与盐城和金华农村常住居民人均可支配收入的差距分别是 1518 元和

2968元。2020年，与这两市的差距分别达到了3940元和10635元。这反映出淮安农村居民收入相对较低，农村居民生活水平有待提高。因此，淮安需要大力实施乡村振兴战略，发展就业创业富民工程，实现居民收入与经济发展同步提升（见图7-5和图7-6）。

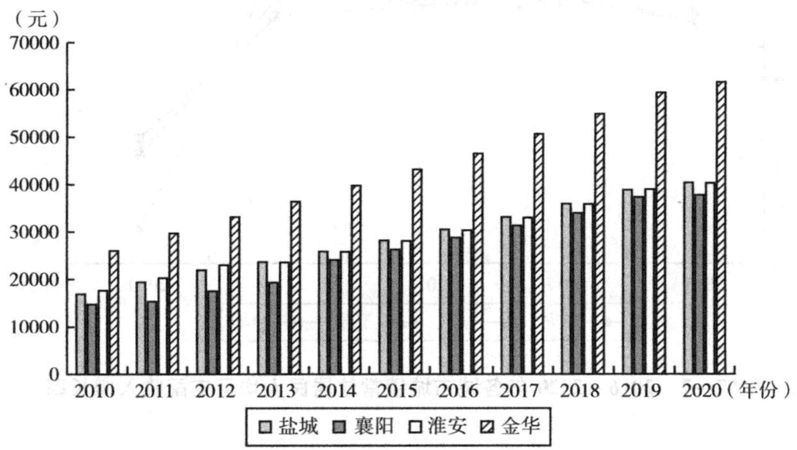

图7-5　2010~2020年各城市城镇常住居民人均可支配收入

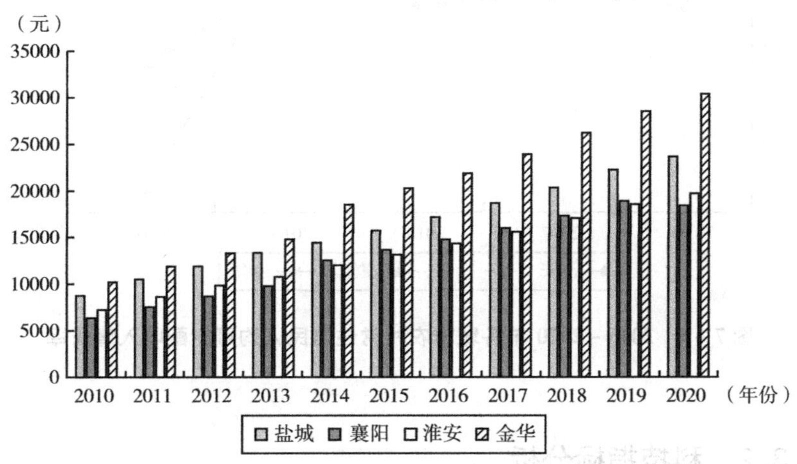

图7-6　2010~2020年各城市农村常住居民人均可支配收入

从2016~2020年城镇居民和农村居民人均可支配收入增长率来看，淮安市的城镇常住居民人均可支配收入呈现稳步上升趋势，发展势头较好；而农村常住居民人均可支配收入增长率有起伏。因此，淮安市要更多地注重农村居民收入的发展，要善于挖掘乡村资源禀赋，打造特色生态、特色产业、特色文化等不同业态，通过特色田园乡村创建，引领众多村庄走上乡村振兴之路（见图 7-7 和图 7-8）。

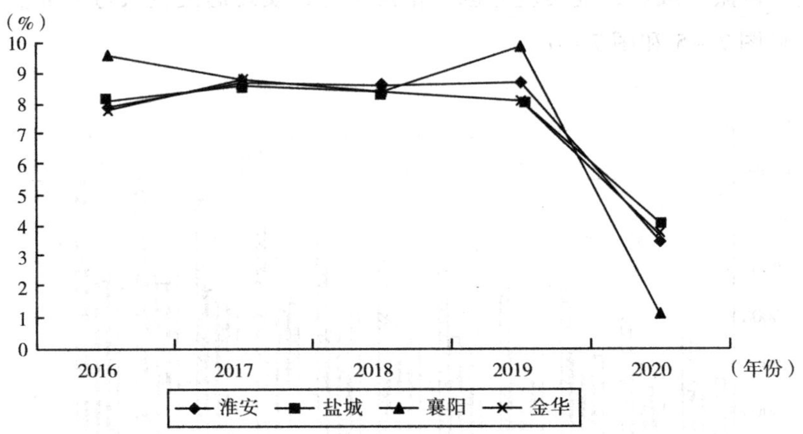

图 7-7　2016~2020 年各城市城镇常住居民人均可支配收入增长率

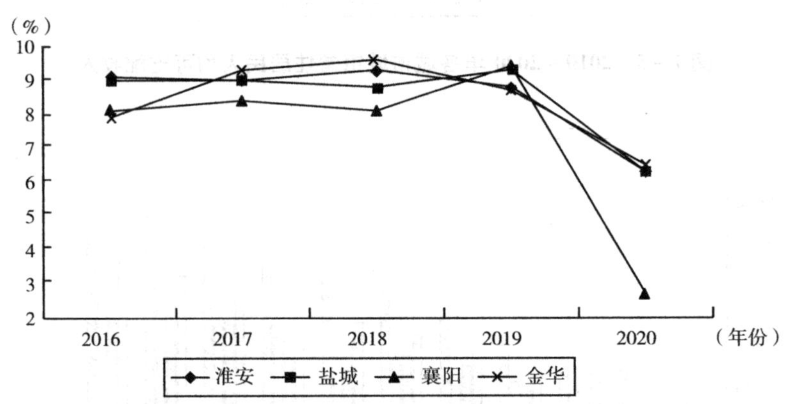

图 7-8　2016~2020 年各城市农村常住居民人均可支配收入增长率

7.3.2　科技指标分析

（1）新增专利申请量与授权量。

根据图 7-9 和图 7-10，四座城市每年的新增专利申请量以及新增专利授权量都呈上升趋势。其中，盐城市的新增专利申请量 2013~2020 年翻了一番，而新增专利授权量涨了四倍；襄阳市的新增专利申请量 2013~2015 年下降幅度较大，在2016年回归到2013年时的水平，后面几年呈平稳上升的状态，但是总量不高。金华市2016～2020年的新增专利申请量与新增专利授权量呈高速增长趋势，2020年新增专利申请量突破50000件，新增专利授权量突破40000件，专利申请量及授权量在四座城市中均最高。淮安市新增专利申请量2013～2014年有小幅度上升，2014～2020年的申请量基本保持不变，新增专利授权量从2013年起基本呈增长趋势，并且在2020年突破了10000件。

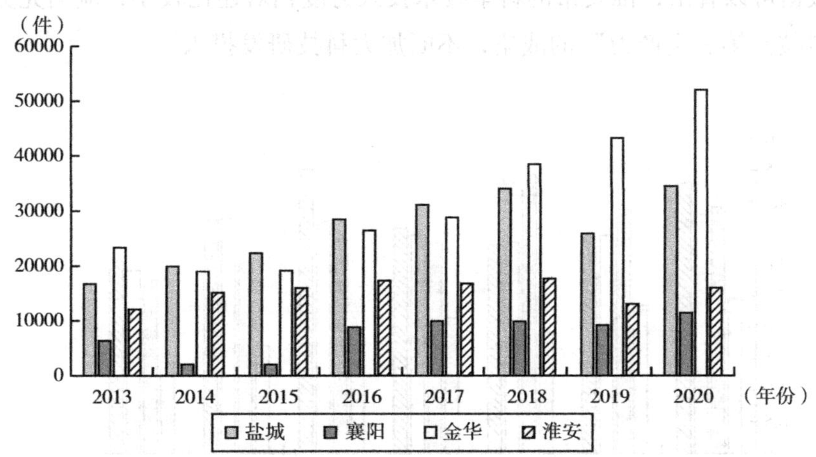

图7－9　2013～2020年各城市新增专利申请量

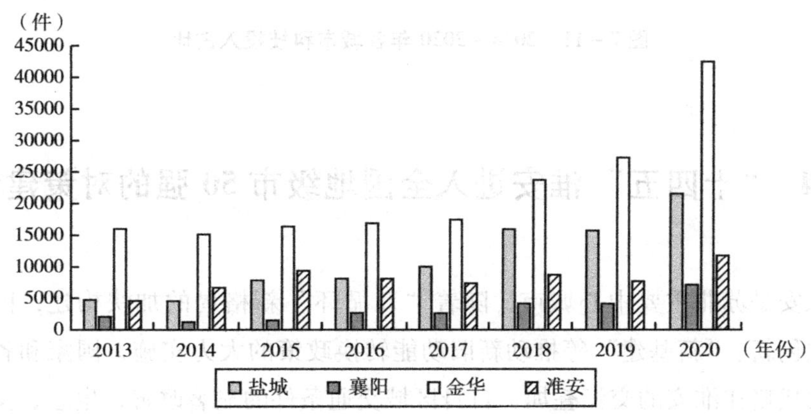

图7－10　2013～2020年各城市新增专利授权量

从各城市新增专利申请量获得授权的比例可以看出，盐城市虽然新增专利申请量高，但是获得授权的比例却比较低；金华市新增专利申请量高，同时其新增专利授权量与新增专利申请量的比例也较高。

(2) 科学技术投入占比。

从图7-11可以看出，淮安市科学技术投入占一般公共预算支出的比例比其他三座城市都要低，与之相对应的是，其专利申请量与授权量比盐城市和金华市要少。盐城市、金华市、襄阳市三座城市的科技投入占比相差不大，2018年襄阳市的科技投入占比为4.5%，2020年淮安市的科技投入占比为1.47%；以上数据可以看出，淮安市的科学技术投入力度相对还比较小，应当充分认识到"科技是第一生产力"的战略，不断加大科技研发投入。

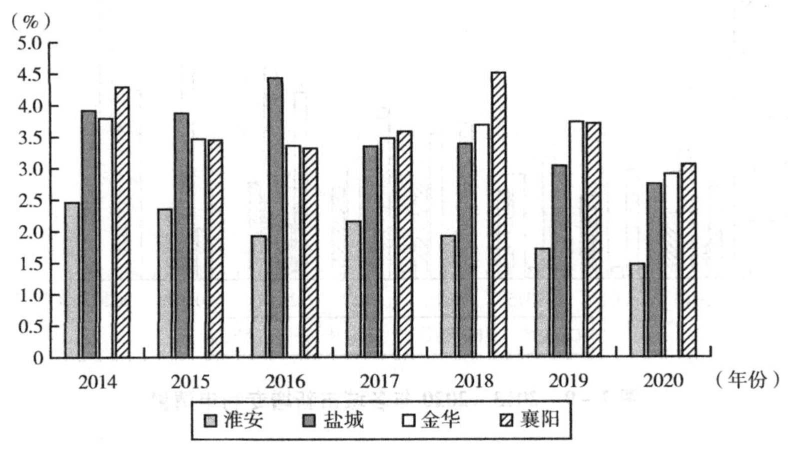

图7-11 2014~2020年各城市科技投入占比

7.4 "十四五"淮安进入全国地级市50强的对策建议

淮安是苏北重要中心城市，随着"双循环"新格局的加快构建，国家支持自主创新、"新基建"等推动新旧动能转换政策的大力实施，国家和省一系列重大战略在淮安的交汇叠加，自身区域交通条件的显著改善，生态、文化等资源优势的日益彰显，淮安将迎来一个大有可为的黄金发展期。同时，淮安正处在爬坡过坎的转型期，发展不充分不平衡的问题仍然突出。根据前述章节的分析，找出了淮安与对比城市在经济社会发展各方面的主要差距，在此基础上提出"十四五"期间淮安进入全国地级市50强的对策建议。

（1）做大做强主导产业，以发展千亿元的全产业链为重点，大力推进全产业链建设，培育年产值超百亿元的“链主企业”，加快构建具有淮安特色的现代产业体系，凸显区域集聚发展效应。

淮安要在“十四五”进入全国地级市50强，按照分析，GDP年均增长率应该不低于6.5%，要连续五年相对上一年度至少保持该增长速度，必须加快培育壮大主导产业，以新型装备制造、绿色食品、新一代信息技术和新材料四大千亿元级主导产业为引领，打造优势产业集群，加快成为长三角先进制造业融合发展集聚区。

（2）大力发展现代服务业，尤其是生产性服务业，进一步增强淮安服务业对经济增长的贡献；持续提高第三产业的比重，提高就业人口的吸纳力。

从“十三五”开局到“十四五”开局，淮安市服务业增加值增长了63.4%，近两年增幅列全省第二、苏北第一。服务业对淮安经济增长的贡献进一步增强，成为推动淮安经济增长的主动力。但是通过对标分析，淮安市2020年第三产业占比低于金华市近10个百分点，与盐城市持平。因此，淮安还需要进一步壮大服务业，尤其要做优做特淮安现代服务业，围绕“枢纽新城、绿色高地”主线，突出规划引领、项目拉动，加快成为长三角北部消费中心、长三角重要旅游目的地。

（3）进一步开放落户政策，积极吸引人口来淮安家，鼓励生育，大幅增加城市人口规模，力争“十四五”期间常住人口增加到600万人，为淮安的经济建设和发展助力。

从人均GDP来看，淮安与盐城、襄阳处于同一水平，但是GDP总量淮安却比盐城少近2000亿元。因此，在大力发展产业集群和现代服务业的基础上，大量吸纳就业人口，增大淮安常住人口规模，发挥城市规模效应，在GDP总量上取得增长和突破。

（4）加快实施乡村振兴战略，提高淮安农业创新力和竞争力，大力促进淮安城乡融合发展，推动农村电商产业集群发展，促进农民增收、民生改善。

从人均可支配收入和城镇和农村常住居民人均可支配收入指标来看，淮安与金华市、盐城市在农村常住居民可支配收入方面存在较大差距，需要大力实施乡村振兴战略，发展就业创业富民工程，多渠道提高农村居民收入，实现居民收入与经济发展同步提升。例如，加快淮安地理标志产品品牌创建，加强特色农产品营销推广，促进地方特色农副产品附加值提升，推动城乡一体高质量发展。探索建立“特色小镇”“地标驿站”等可视性地标载体，推动地理标志产业与休闲农业、乡村旅游等新兴业态有机结合，提升特色农产品的知名度和影响力，促进农业农村特色产业发展壮大，助力乡村全面振兴和农业农村现代化水平提升。

（5）加大生态保护与修复力度，推动绿色低碳发展，扎实推进美丽淮安建设。

根据指标对比，淮安市的园林绿地面积在四个城市中位列第一，工业排放固体废物利用率也相差不大，但是空气质量指标排名靠后，区域环境空气质量形势不容乐观。“十四五”期间，淮安应以市民群众对美好生活的向往为奋斗目标，围绕“绿色高地、枢纽新城”战略定位，突出绿、水、文“三脉”联动，湿地、绿地、林地“三地”共建，整体上形成生态环境更优美、城乡面貌更养眼、民生改善更明显，人与自然和谐共生的美丽宜居城市。

第 8 章

淮安全国百强县突破研究

8.1 研究背景与研究意义

8.1.1 研究背景

（1）国内背景。

自党的十六大首次提出要壮大县域经济以来，后期我国也多次在全国性会议中提到了这方面的内容，其内涵日益丰富，党中央提倡要将县域经济的发展与提高农民生活水平、全面建设小康社会结合起来；党的十九大召开时，党中央再次阐明了区域协调发展的重要性，明确表示要创建更加完善的区域协调发展新机制；中共中央、国务院印发的《乡村振兴战略规划（2018~2022 年）》，对发展壮大县域经济，加快培育区域特色产业，拓宽农民就业空间进行了详细规划。围绕县域创新驱动发展中面临的困难，国务院办公厅于 2017 年下发《意见》，其目的就是对县域经济发展予以指导，明确表示要把县域当成创新驱动发展战略实施的基点，但县域同时也是创新发展的难点。2020 年 11 月，习近平总书记视察江苏时强调，要全面把握新发展阶段的新任务新要求，坚定不移贯彻新发展理念、构建新发展格局，坚持稳中求进工作总基调，统筹发展和安全，把保护生态环境摆在更加突出的位置，推动经济社会高质量发展、可持续发展，着力在改革创新、推动高质量发展上争当表率，在服务全国构建新发展格局上争做示范，在率先实现社会主义现代化上走在前列。

（2）省内背景。

江苏省委省政府充分贯彻落实中央有关县域经济发展的文件精神。《江苏省国民经济和社会发展第十四个五年规划和二〇三五年远景目标纲要》《2022年江苏省人民政府工作报告》等明确提出构建形成推进省域一体化发展和新型城镇化建设的区域协调发展新格局。要提高以县城为重要载体的城镇化建设水平，提高县域经济发展质量。同时，全面增强县城服务能力，推动县城公共服务设施提标扩面、环境卫生设施提级扩能、市政公用设施提档升级。

2014年，淮安市出台《推进县域经济加速跨越崛起实施方案》，明确了县域经济发展的“三大主要目标”，即综合实力明显增强、经济结构明显优化、生态特色更加鲜明，提出县域经济发展的“八项重点工作”，即规划引领、特色产业、园区载体、城乡统筹、改革开放、全面创业、民营经济、科技人才和环境保护。2020年底，淮安市第七次党代会第五次会议明确提出“支持涟水县冲刺全国百强县”。2021年初，淮安市八届人大五次会议上，提出淮安“十四五”的主要经济社会发展目标中就包括：经济总量超过5000亿元，实现全国百强县零的突破。2021年9月，淮安市第八次代表大会提出以县域崛起强支撑、以乡村振兴促融合，着力构建融合共进格局。淮安突破百强县的号角已经吹响。

8.1.2 研究意义

当前我国县域经济的发展水平普遍不高，但是制约县域经济发展和综合竞争力提高的因素由于地域和发展环境的差异，在全国几千个县呈现出不同的特点，如何有针对性地解决不同县域在发展过程中的难点问题，仍需要进一步探究。作为东部经济发达省份，江苏下辖13个设区市中，目前仅有淮安、连云港两个市管辖的县市没有入围“全国百强县”名单。

当前，淮安正处于开启“十四五”发展和全面建设现代化新征程的关键时间节点。随着淮安工业化、城镇化进程不断加快，经济增速发展带来的空间布局调整、污染物排放总量增加等对良好的生态基础造成冲击，发展质量与群众要求仍有差距。粗放式、低效率增长模式已难以为继。实现百强县的突破，对淮安开辟新路径、培育新动能，以创新驱动发展，为淮安建设“绿色高地、枢纽新城”和长三角北部重要中心城市作出贡献。

8.2　县域经济理论分析

8.2.1　县域经济的概念和特征

县域经济的概念。县域经济的概念尚未统一，许多专家学者有着不同的观点和看法，对其进行归纳总结后主要有以下五种：第一，县域经济与传统意义上的区域经济有着明显的差别，但是又有交叉和重合，县域经济是在县级区划内的经济活动；第二，县域经济是具有地方特色的地域经济，大多数依托于当地的资源和地理优势来发展；第三，县域经济的领导是县级政府，在政府领导的前提下进行发展，区域界定十分明显；第四，县域经济强调的是地理区域内的经济活动，是一个包括生产、分配、流通和消费在内的区域社会再生产过程，是国民经济不同部门的综合体；第五，县域经济是一个具有明显地域特色的概念，与我国的行政区划有关，就是在特定的地域范围内对各种资源进行优化配置。

县域经济有着明显的特征：在县域经济发展中，地方政府是重要的推动力量，能够推动县域经济快速发展；县域经济因为受到地理环境、人文因素和自然资源的影响，呈现出一定的地域特色；县域经济不是封闭的经济，而是一种开放性经济，受国家经济政策的调控，县域经济并不局限于县级行政区划，可以以市场为导向向县域外流动，从而获取更大范围内的资源配置优势；县域经济活动在三次产业中均有体现，涉及市场经济运行的各个方面，县域经济体系的功能十分完备，是一种综合性的经济体系；加快县域经济的发展是解决“三农”问题的重要方式，能够进一步推进全面小康建设的进程。

8.2.2　县域经济的相关理论

一个区域内的生产资源是有一定限度的，区域经济学理论就是研究如何对有限的资源进行合理分配，其目的就是提高产出量。在对资源进行优化配置时，每一种区域经济学理论采用的方法是不相同的，本章主要借鉴以下几种区域经济学有关理论来对县域经济综合竞争力进行分析。

（1）平衡发展理论。

这一理论的诞生，是因为得到了新古典经济增长理论的支撑。平衡发展理论在长期发展中逐渐形成了两种代表性较强的理论，具体如下：一是大推动理论。该理论是由 P. N. Rosenstein – rodan 提出的，他于 1943 年在自己发表的论文中介绍了这一理论，其目的就是让经济发展中遇到的问题得到解决，保障市场的需求和供给。在他看来，工业及其他产业部门在发展中能互相补充，伴随着投资规模的增加，能形成较强的外部经济效应，进而克服市场需求和供给的不足。二是平衡增长理论。该理论的提出者为纳克斯，这一理论对“贫困恶性循环论”予以了有力回应，把平衡增长战略运用于经济欠发达地区，其目的就是缩短此类地区与其他地区之间的差距。该理论指出，在经济欠发达地区，恶性循环包括两种：第一种，由于人均收入水平低使市场需求不足，投资水平降低，资本积累不足，从而又导致人均收入的减少。第二种，由于人均收入的较低导致储蓄也较低，引发资本供给不足的问题，又进一步使人均收入减少。产生这两种恶性循环的原因都是资本不足，平衡增长战略通过对地区各产业同时进行投资，使市场经济规模扩大，各产业之间协调发展，市场的供给和需求弹性增加，从而使地区发展摆脱恶性循环的制约。由上述理论可以看出，平衡发展理论的核心是推动地区和产业协调发展以及缩小地区之间的经济差异，对本章研究随县县域经济综合竞争力的提升对策具有很强的指导意义。但是由于资金不足的影响，县域经济往往难以实现平衡发展的条件，尤其是欠发达的县域更是如此，获得的资金难以满足县域内各产业共同发展的需求，若将资金在各产业之间进行均衡分配，不仅会使县域内的优势产业发展受到限制，也会使其他产业难以发展起来，从而制约县域经济的发展。随县地区的发展也是如此，由于自然资源、国家政策、产业基础等发展条件不同，对各产业进行投资取得效益也不尽相同，因此，优先发展随县地区的优势产业是十分必要的。

（2）增长极理论。

增长极理论的提出者为佩鲁（Francoisperroux），提出的时间为 1950 年，到现在也有了较长一段研究历史，在该理论的辅助下，区域经济学实现了快速发展。法布代维尔（J. B. Boudeville）在对区域经济进行研究时运用了这一理论。增长极理论将整个区域看作一个力场，对区域经济具有推动作用的产业和部门就是一个个增长极，区域经济在这些增长极处的发展速度和效率能够达到最大化，就如同物理学中，磁力在整个磁场的磁极处能够实现最大值。该理论认为增长极具有极化效应和扩散效应，极化效应是指增长极在区域发展早期对区域空间的资金、人力等各种要素具有较大吸引力，使区域范围内的资源向增长极聚集的效应；扩散效应是增长极发展到一定程度后，就会对周边地区产生带动作用，进而取得更大的发展成绩。从中了解到，在区域经济发展的起步期往往能形成良好的极化效应，当发展到一定程度之后，这种效应慢慢减弱，继而形成较强的扩散效应。增长极理论认为，区域经济在发展之中要培育增长极，发挥出增长极的扩散效应，在更大的范围内实现发展，这一理论的提出，有助于对县域经济增长情况做出更加合理的解释。本章利用增长极理论的基本原理，深入研究随县产业特色，试图挖掘更多的优势产业，并通过政策引导等方式大力培育随县特色产业，以便将随县特色产业作为新的增长极，带动随县其他产业发展，提高随县县域经济综合竞争力。除了这两种理论以外，还有因果累积理论、区域协调发展理论等众多理论也对本章的研究有着一定的指导意义，在此不一一列举。区域经济学理论在长期发展中，把区域经济建设过程中如何优化配置要素当成重点，期望把握住区域经济按怎样的规律发展。对县域经济综合竞争力进行研究，就是要把握住区域经济发展规律，对县域范围的各种资源进行合理优化，创造更多的有利条件，从而在于其他县市的竞争中取得一定的优势，获取更多的发展资源，进而实现可持续发展。因此，本章在对县域经济综合竞争力进行研究时，各种与区域经济学有关的理论都能起到支撑作用，为构建县域经济综合竞争力评价体系提供了理论依据。

（3）比较优势理论。

大卫·李嘉图是英国有名的经济学家，他对绝对优势理论进行了深入分析，在此基础上提出了比较优势理论，这一理论的发展，为新古典经济理论的发展提供了保障，被运用于对国际贸易的成因进行分析。该理论认为，两个国家的产品在劳动生产率差距上并不完全相等，产品之间进行比较必然会出现一定的优劣，各个国家在发展出口经济时都要重点关注存在比较优势的产品，也要关注一些具有比较劣势的产品，两相对比之后做出正确决策。这种做法能使两个国家的劳动生产率同时得到提高。比较优势理论与绝对优势理论相比更为完善，一个国家不一定要有绝对低成本的产品才能获得竞争优势，只要比较优势存在，国际贸易就能让双方共同获益。用这一理论对经济现象进行分析时可以发现，绝对优势理论研究的现象只是该理论分析研究的经济现象中的一个特例，但是大卫·李嘉图的相对竞争理论并没有对劳动生产率差异的原因进行分析，直至20世纪80年代，赫克歇尔等表示，在生产之中能发挥出重要作用的不只是劳动力这一种要素，还包括土地、资金等，这些都会对生产成本与劳动效率产生重要影响。各个国家在这些要素方面存在差异，是国际贸易产生的重要原因。比较优势理论是对国家之间的贸易进行分析得出的，对县域经济获取竞争优势有着重要的借鉴作用，县域经济在竞争中要发挥出自身优势资源的价值，能生产出其他区域无法生产出的产品或是质量较低的产品，由此具备竞争优势。对县域经济综合竞争力进行研究，要充分发挥出这一理论的优势，准确识别县域在经济发展之中所具备的比较优势与劣势，继而对其竞争力的提升提出建议，促进县域经济的发展。

（4）竞争优势理论。

这一理论的提出者是迈克尔·波特，在所有竞争理论中，这是最具有代表性的观点之一，其出版的《国家竞争优势》《竞争优势》《集群与竞争》等书对于研究区域竞争理论具有重要引导作用。波特构建了一个完整的框架对竞争行为进行分析，并提出了一系列的研究方法和研究模型。波特提出的五种竞争力量、三种通用战略是对竞争理论的重要贡献。波特在《竞争策略》一书提到，产业竞争水平受到五种因素的影响，其中包括“购买者即客户的谈判议价水平”“卖家即供应商的谈判议价水平”。他认为这五种竞争力量中包含一定的竞争战略思想，这些思想是成功的重要前提，具体如下：总成本战略就是在确保生产规模的基础上，通过成本和管理费用的优化节约，尽可能地降低产业成本，使企业在竞争中获得总成本上的优势，相对于其他企业能获得更多利润。差异化战略是指深入挖掘企业产品生产及服务中的独特点，如产品性能、技术、服务、销售等方面，使产品和服务与其他企业之间形成差异化发展，从而使企业在竞争中获得优势。专一化战略要求企业在与对手竞争时要有针对性，例如，针对某一目标市场、地区、类型的产品等竞争，进而为战略对象提供良好服务，在同类企业中成为佼佼者。竞争理论为县域经济综合竞争力的研究提供了重要的理论基础。竞争优势理论中对影响竞争因素的分析以及提出的一系列研究方法与模型，对县域经济综合竞争力的评价体系构建有着重要指导意义。但是波特的竞争优势理论多集中于分析产业和市场之间的竞争，并没有系统地对县域经济做出细致研究。本章对县域经济综合竞争力进行研究，把研究层次确定为较低的县域经济，以竞争力评价的方式找到县域经济综合竞争力在提升过程中应该注意的问题，使随县经济和产业获得更大的竞争优势。

8.3　中国百强县分布现状

在我国行政区划中，县级行政区是一个非常重要的组成部分，县一级处在承上启下的关键环节，随着县域经济的蓬勃发展，县域经济在我国经济建设中也占据着越来越重要的地位，不少经济发达的县其 GDP 已超过千亿元大关。对县域经济的评价和排名也各不相同，例如，由中国中小城市发展指数研究课题组和国信中小城市指数研究院联合发布的《中国中小城市高质量发展指数研究报告》，全国县域经济专业智库社会组织——中郡研究所完成并发布了《县域经济与县域发展监测评价报告》，工信部所属的赛迪顾问县域经济研究中心发布的《中国县域经济百强研究》，壹城智库研究制作的《中国县域高质量发展报告》，中国社会科学院财经战略研究院主办、《华夏时报》协办的"中国社会科学院财经战略研究院成果发布会：《中国县域经济发展报告》暨全国百强县（区）报告"等。本章研究的百强县主要评价体系和评价指标主要来自赛迪顾问县域经济研究中心发布的《中国县域经济百强研究》。赛迪顾问县域经济研究中心围绕高质量发展主题，坚持"创新、协调、绿色、开放、共享"新发展理念，遵循科学性、系统性、权威性及可操作、可对比的原则，从经济实力、增长潜力、富裕程度、绿色发展四大维度构建了包含24 个三级指标的县域经济高质量发展评价体系，对县域经济综合竞争力进行全面解析。

8.3.1　百强县省域分布

截至2020 年底，我国共有2800 多个县级行政单位，900 多个市辖区、380多个县级市、1300 多个县、160 个自治县及旗、林区。通过对赛迪顾问县域经济研究中心发布的《中国县域经济百强研究》的统计，如图 8 -1 所示，以

2020年为例，中国百强县主要集中在东部沿海省份，江苏以25个百强县持续领跑全国，江苏的昆山、江阴、张家港、常熟、太仓、宜兴更是直接包揽前十名中的6名。浙江以18个百强县也位居了前列，此外，山东13个、河南7个、湖北7个、福建6个、湖南4个、安徽3个、辽宁3个，河北、内蒙古、陕西、新疆、四川均入围2个，广东、贵州、江西、云南各为1个。

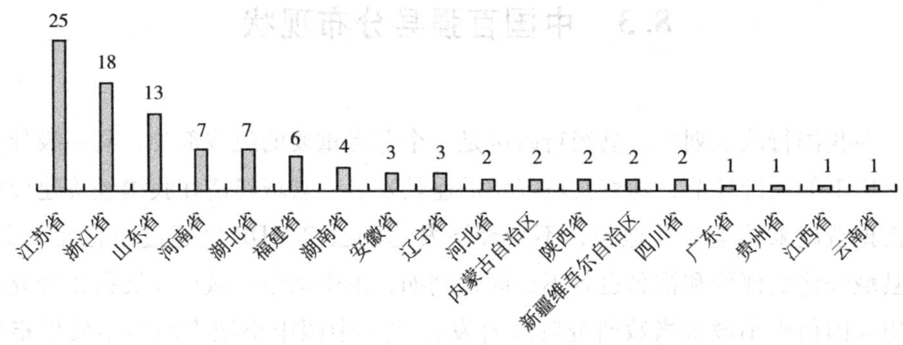

图8-1 百强县省份分布（单位：个）

8.3.2 百强县GDP等级分布

从“千亿县”省份分布看，共分布于全国9个省份，分别是江苏省16个、浙江省9个、福建省4个、湖南省3个、山东省2个、陕西省1个、河北省1个、贵州省1个、江西省1个。单就GDP而言，2019年，百强县晋级“千亿GDP俱乐部”的县域突破33个，2020年更是高达38个。目前，GDP大于2000亿元的县市有2个、1000亿~2000亿元的县市有32个、小于1000亿元的县市有62个。从“千亿县”内部看，形成3级梯队：江苏的昆山和江阴GDP突破4000亿元大关，分别为4276.8亿元、4113.8亿元，为第一梯队；张家港、晋江、常熟、慈溪等4个城市GDP突破2000亿元，为第二梯队；宜兴市、长沙县等其他32县市，GDP在1000亿~2000亿元，为第三梯队（见图8-2和图8-3）。

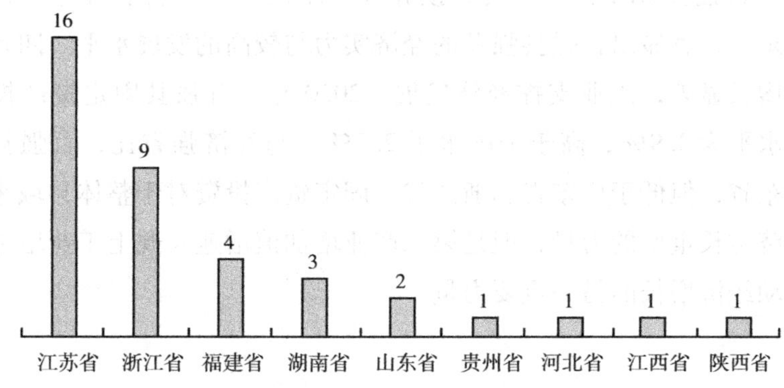

图 8-2　2020 年中国各省“千亿县”数量（单位：个）

数据来源：赛迪顾问，2021.08.

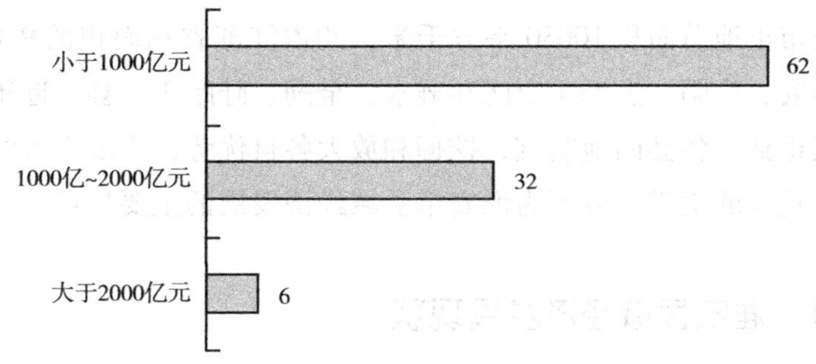

图 8-3　2020 年百强县 GDP 等级分布（单位：个）

数据来源：相关地区 2020 年统计公告，赛迪顾问整理，2021.08.

8.3.3　百强县发展显著特征

一是百强县区域分布不均，东部优势明显。中国县域经济的区域发展极不平衡。百强县东部地区占 65 席，中部地区占 22 席，西部地区占 10 席，东北部地区占 3 席。与 2020 年相比，东部地区席位减少 2 席，西部地区增加 2 席，中部及东北地区保持不变。二是百强县近三年来区域分布格局变化较小。东部地区入榜县域数量达到 65 个，仍以绝对优势抢占鳌头，但呈现出逐步下降的趋势；中部地区县域上榜数量维持在 22 个，但总体看年均有所增长，上涨势头较强；东部地区趋于平稳，上榜百强县的县域数量保持在 3 个；西部地区波动中保持增长，2021 年新增 2 个。三是百强县发展水平较高，可与“粤苏浙鲁”并肩。百强县 GDP、一般公共预算收入略低于广东省和江苏省，高于浙江省和山东省，彰显出百强县强劲的经济实力与较高的发展水平。四是百强县投资拉动增长显著，工业支撑经济发展。2020 年，百强县固定资产投资总额增速平均水平为 3.9%，高于全国水平 2.7%。与经济强省比，百强县高于江苏省、山东省，但低于广东省和浙江省。固定资产投资对于整体县域来说仍然是拉动经济增长重要的力量，但是第二产业增加值增速及规上工业增加值增速已成为拉动经济增长的另一重要力量。

8.4 淮安县域经济发展现状与存在问题

淮安全市土地总面积 10030 平方千米，约占江苏省总面积的 9.8%。下辖清江浦、淮安、淮阴、洪泽 4 个区和涟水、金湖、盱眙 3 个县。近年来淮安县域经济发展迅猛，各县因地制宜，挖掘和放大各自优势，为淮安市的整体经济发展作出了重大的贡献。以下为淮安市县域经济发展的主要特点。

8.4.1 淮安县域经济发展现状

(1) 县域经济保持平稳增长。

目前，淮安主要有涟水县、盱眙县和金湖县 3 县。经过几年的发展，淮安市县域经济保持平稳增长。由表 8-1 可以看出，2019~2021 年，在国内外经济面临下行压力以及 2020 年突如其来的新冠肺炎疫情的影响下，2020 年，盱眙、金湖的 GDP 增速较 2019 年有大幅度下降，2021 年则继续保持两位数的增长态势，涟水县的 GDP 值始终呈现两位数的高速增长态势。各县 GDP 增长的同时，城镇居民可支配收入逐年稳定增长，人民生活水平继续得到提高和改善。2019~2021 年，涟水、盱眙和金湖 3 县的 GDP 分别占淮安市 GDP 的 13%、11%、8.5%，3 县 GDP 占淮安市 GDP 的比重分别为 31.5%、32.4%、32.53%，3 县 GDP 总和接近淮安市 GDP 比重的 33%，呈稳步上升态势。3 县县域经济的稳定高速发展是淮安市经济高质量的重要支撑，对淮安建设长三角北部现代化中心城市作出了重要贡献。

表8-1 2019~2021年淮安各县地区生产总值及所占比重

年份	涟水			盱眙			金湖			总和占全市比重（%）
	GDP（亿元）	增长率（%）	占全市比重（%）	GDP（亿元）	增长率（%）	占全市比重（%）	GDP（亿元）	增长率（%）	占全市比重（%）	
2019	476.27	6.6	12.3	418.56	6.6	10.8	325.12	6.7	8.4	31.5
2020	532.27	6.8	13.2	435.32	3.1	10.8	337.03	3.2	8.4	32.4
2021	650.48	13.2	13	501.94	11.2	11.03	386.51	10.1	8.5	32.53

（2）县域经济品牌逐渐形成。

涟水县域经济特色："十三五"期间，涟水县域经济不断发展，综合实力不断提升，县域品牌打造日益彰显，全力打造绿色食品、新一代电子信息、高端装备制造、纺织服装四大主导产业，其中，纺织服装、食品饮料相继成为百亿元级产业，今世缘酒业营收突破50亿元，进入白酒上市企业前十位，荣获"省自主工业品牌五十强""全国质量奖"。农业基础更加坚实，形成优质稻米、青芦笋、中药材、食用菌四大优势特色产业。全县在运营台企34家，总投资近10亿美元，台资数量稳居全市县域前列，台商台企已成为涟水产业集聚和转型升级的重要力量。

盱眙县域经济特色：近几年来盱眙很好地利用了其地理位置和自然资源等，快速发展了旅游经济，创建了铁山寺、明祖陵、第一山、黄花塘新四军纪念馆等一批4A旅游景点，国际龙虾节的社会影响日益增大；盱眙县近年来坚持把培育特色、集聚产业、提质增效作为加快工业经济发展的重点，狠抓落实，强势推进，效果显著，逐步形成以机械制造、线缆仪表、新型材料为代表的三大主导的产业布局，其中，盱眙持续聚焦龙虾品牌，增强发展"新动能"。盱眙龙虾产业已经形成了百亿元级产业规模，经济总产值达150亿元，其中年直接收入70亿元，带动相关产业收入80亿元。依托"虾稻共生"综合种养优势，精心打造"盱眙龙虾香米"品牌。"盱眙龙虾香米"直营店走进上海、南京等地，深受消费者青睐。"盱眙龙虾香米"先后荣获全国稻渔优质渔米大赛金奖和江苏好大米十大品牌，并获批国家地理标志证明商标。目前，"北有五常稻花香，南有盱眙龙虾米"市场新格局逐步形成，成为"虾稻共生"产业新的增长极。

金湖县域经济特色：近年来，金湖县以推动高质量发展为主题，以深化供给侧结构性改革为主线，不断攻坚克难，加快构建以高端装备制造、新材料、大健康三大产业为主导，其他产业协同发展的“3 + X”金湖特色产业体系，筑牢千亿元工业硬核支撑力。其中，机械制造、仪表线缆等主导产业不断壮大，石油机械产业成功获批列入国家火炬计划。全县共有海洋石油机械企业45家，2021年实现工业产值超过60.31亿元，利润8.16亿元，同比分别增长20%和16.9%。

8.4.2 淮安县域经济发展存在的问题

涟水、盱眙、金湖3县的经济发展在全市的经济中有着举足轻重的地位，县域经济的快速发展为整个淮安市经济高质量发展作出了重大贡献，带来了动力和活力，极大地加快淮安城市化进程，增强了淮安城市竞争力和美誉度，极大地提升了人民群众的生活水平和幸福感。但是，淮安县域经济发展也仍然存在一些需要深刻认识和注意的问题。

（1）县域间发展不平衡。

由表8-2可以看出，以2021年为例，因为受地理位置、自然资源、经济基础和人口等一系列因素的影响，淮安的县域经济在快速发展的同时，县域间经济发展存在不平衡的矛盾一向比较突出。3县之间的GDP发展不均衡，涟水县的GDP大约是金湖县的1.6倍。从表8-2可以看出，金湖县人均GDP（13.35万元）是涟水县人均GDP（7.84万元）的两倍，盱眙人均GDP高于涟水，但与金湖人均GDP相比，仍然有较大的差距。就3县人均收入而言，盱眙和金湖两县的人均收入相对较高，突破3万元，两县差距相对不大。而由于生产力低、人口数量等方面的因素，涟水县的人均收入最低，比洪泽县的人均GDP少了近8000元。可见淮安县域经济发展不平衡。

表8-2　淮安市2021年各县人均收入

指标＼县	涟水	盱眙	金湖
GDP（亿元）	554.05	501.94	386.51
年末常住人口（万人）	82.97	60.78	28.95
人均GDP（万元）	6.67	8.27	13.35
人均收入（万元）	2.847	3.3235	3.4539

数据来源：淮安市统计局。

（2）县域经济整体水平偏低。

近年来，淮安县域经济发展迅速，但是总体水平偏低。根据赛迪顾问县域经济研究中心发布的《2021 年中国县域经济百强研究》排名，江苏省入围 25 个县市，在百强县前 10 排名中，江苏省占据了半壁江山，并包揽前 4 名，而淮安市则没有县进入排行名单，至今未实现百强县零的突破。表 8 – 3 为 2021 年排名第 46 位的江苏省邳州市，排名第 70 位的江苏省沭阳县的 GDP、年末常住人口和人均 GDP 情况，从中可以看出，淮安市涟水县与这些县市相比仍远远落后。特别是在 GDP 方面，沭阳县是涟水县的两倍多，邳州市也接近涟水县的 1.81 倍；在年末常住人口方面，沭阳县也是涟水县的两倍，邳州市则是涟水县的 1.76 倍。在人均 GDP 方面，涟水县比沭阳县少 0.27 万元、比邳州市少 0.18 万元。由此可见，淮安县域经济的发展与其他经济发达地区之间仍然有着巨大的差距，必须深刻认识到自身的不足，铆足干劲，奋力直追，快速发展。

表 8 – 3　淮安市 2021 年各县、市人均收入

县市 / 指标	涟水县	宿迁市沭阳县	徐州市邳州市
GDP（亿元）	554.05	1162.1	1001.3
年末常住人口（万人）	82.97	167.49	146.26
人均 GDP（万元）	6.67	6.94	6.8479

数据来源：江苏省统计局。

8.5　县域综合竞争力指标体系构建与对标分析

根据目前淮安市涟水县、盱眙县、金湖县经济社会发展状况和县域地位，以及淮安市第七次党代会第五次会议和淮安市第八次党代会赋予涟水县冲刺全国百强县的新使命新任务，结合中共淮安市委、淮安市人民政府《关于支持涟水县加快建设全国百强县的意见》（淮发〔2021〕26 号）的精神，以涟水县为突破县，以百强县为目标进行对标分析，精准找出涟水县经济社会发展存在的差距和不足，从而提高淮安的综合实力和城市竞争力。根据赛迪顾问县域经济研究中心发布的《2021 年中国县域经济百强研究》百强县排行榜，本章选择了排名第 38 位的东台市、第 46 位的邳州市、第 57 位的肥西县、第 70 位的沭阳县以及第 100 位的简阳市，分别从经济实力、经济活力、富裕程度、绿色水平四个方面进行对标分析。

8.5.1 经济实力

(1) 经济实力评价指标。

经济实力包括很多的内容，它是衡量一个城市或者是一个国家的重要指标。赛迪顾问县域经济研究中心对经济实力划分为两大类：经济规模和经济发展水平。其中，经济规模包括地区生产总值（GDP）、规模以上工业增加值、社会消费品零售额、一般公共预算收入、进出口总额；发展水平包括人均 GDP、第二产业占 GDP 比重、一般公共预算收入占 GDP 比重。《涟水县国民经济和社会发展第十四个五年规划和二〇三五年远景目标纲要》指出，“十四五”时期是涟水打造“产业集聚新高地、综合枢纽物流港、城乡融合示范区、美丽宜居幸福城”的重要时期，是“苦干新五年，冲刺百强县”、奋力开启社会主义现代化建设新征程的关键阶段。因此，这一目标的实现，经济实力极大提升是首要的任务。因此，在经济实力所选的具体指标如表 8 - 4 所示。

表 8 - 4　经济竞争力评价指标体系

名称	评价指标	变量标识	单位
经济实力	地区生产总值	W_{11}	亿元
	增长率	W_{12}	%
	规模以上工业增加值	W_{13}	亿元
	一般公共预算收入	W_{14}	亿元
	进出口总额	W_{15}	亿美元
	人均 GDP	W_{16}	元
	地均 GDP	W_{17}	万元/平方千米
	第二产业占 GDP 比重	W_{18}	%
	一般公共预算收入占 GDP 比重	W_{19}	%

其中，W_{11}、W_{12}、W_{16}代表城市的经济在总体运行中的实际水平，从侧面反映居民生活的真实情况；

W_{13}是指年主营收入大于 2000 万元的工业企业在报告期内以货币形式表现

的工业生产活动的最终成果，反映的是规模以上工业企业的收入增长情况；

W_{14}、W_{19}代表的是衡量一个地方财力的重要尺度，地方政府用于保障和改善民生、推动社会和经济发展的所做的努力程度；

W_{15}是实际进出我国国境的货物总金额，该指标可以观察一个国家或地区在对外贸易方面的总规模；

W_{17}代表每平方千米土地创造的 GDP，反映土地的使用效率（可以部分反映此地的工业与商业密集程度），它比人均 GDP 更能反映一个区域的发展程度和经济集中程度；

W_{18}代表以工业为代表的第二产业占生产总值的比例。

（2）经济实力指标对比分析。

城市经济实力包含城市的综合经济增量和综合经济效率。作为城市发展的基石，综合经济实力衡量着城市经济发展的现实情况，是当前和短期的经济绩效的决定力量，也是城市未来和长期发展的关键基础。表 8 -5 列出了对比涟水县与 2020 年部分百强县的主要经济指标数据。

表 8 -5　　2020 年各城市经济指标对比

类别	具体指标	东台	邳州	肥西	沭阳	简阳	涟水
经济实力	地区生产总值（亿元）	893.4	1001.26	870.16	1111.2	551.93	554.05
	增长率（%）	5.8	3.9	5.7	4.3	5.3	3.3
	规模以上工业增加值（元）	121.4	109.03	69.65	199.76	87.81	20.5
	一般公共预算收入（亿元）	54.6	43.9	54.53	51	33.79	23.98
	进出口总额（亿美元）	12.5	129.53	19.52	12.28	1.93	2.66
	人均 GDP（元）	100494.97	68479	110200	66312.58	74777.1	66369
	地均 GDP（万元/平方千米）	2831	4795	51327.43	4837.6	2494.06	3302.89
	第二产业占 GDP 比重	35.40	39.60	41.40	40.60	23.50	41.20
	一般公共预算收入占 GDP 比重	6.11	4.38	6.26	6.90	6.12	4.30

通过表 8 -5 数据对比可知：

①从地区生产总值来看，涟水县 2020 年地区生产总值为 554.05 亿元。从各县 GDP 总量来看，涟水县 2020 年 GDP 总量在六个城市中排名第五位，与排名第 100 位的简阳相当，与排名 90 位前的其他城市的 GDP 相差较大，比东台市和肥西县低 300 亿 ~400 亿元，比邳州市和沭阳市低 500 亿 ~600 亿元。从 GDP

增长率看，涟水县的增长率为3.3%，在六个城市中居最后一位，如果要在“十四五”末进入全国百强县，还需要提高增长率，以排名第70位的沭阳县为比较对象，则年均增长率应不低于6.5%（$\sqrt[5]{4704\,(1+3.2\%)^{5}/4025}-1=6.5\%$）。

②从规模以上工业增加值来看，涟水县2020年规模以上工业增加值为20.5亿元，在六个城市总排名最后，占比不足排名第五的肥西县的1/3，与其他五个城市的差距更大，说明涟水县在此项发展水平方面与百强县其他城市还存在较大的差距。2020年涟水县规模以上工业企业数为175家，产值为276.6655亿元；邳州市规模以上工业企业数为336家，产值为431.39亿元；沭阳县规模以上工业企业数为592家，产值为754.64亿元；简阳市规模以上工业企业数为91家，产值为134.0亿元。可以看出，涟水县2020年规模以上工业企业数量和产值大体上是简阳市的2倍左右，但是与邳州市和沭阳县还存在较大的差距。

2020年沭阳县在规模以上工业企业中，五大主导产业（即机电装备、纺织服装、食品饮料、绿色家居、新材料）共实现产值663.36亿元，增长8.4%，占规模以上工业总产值的87.9%。2020年东台市规模以上工业企业中，电子信息、高端装备、新材料、大健康四大主导产业，完成开票销售715亿元，占规上工业比重达67.9%。涟水县2020年全年规模以上工业企业中，绿色食品、新一代电子信息、高端装备制造、纺织服装四大主导产业产值分别达82.03亿元、21.14亿元、8.73亿元、35.48亿元，四大主导产业产值占规模以上工业总产值的53.27%。与沭阳县、东台县相比，涟水县四大工业主导产业仍存在规模偏小、层次偏低、集群度不高、支撑力不强、缺乏拳头产品引领等短板和弱项。

③从一般公共预算收入来看，它是衡量经济发展质量的重要数据。涟水县2020年一般公共预算收入为23.98亿元，在六个城市中排名最后一位，比邳州市和简阳市少10亿~20亿元，比东台市、肥西市、沭阳县少20亿~30亿元。可以看出，涟水县征收缴入地方国库的各项税收收入、行政性收费收入、罚没收入、专项收入、国有资源有偿使用收入、其他收入六个城市还存在较大差距。

④对外经济贸易方面，2020年涟水县进出口总额为2.66亿美元，在六个城市中排第五位，仅比地处西部地区的简阳市多0.73亿美元，约占东台市和沭阳市进出口总额的1/5、肥西县进出口总额的1/7、邳州市进出口总额的1/50。

2020 年涟水县外贸进出口业务受到疫情和中美贸易摩擦的双重影响。对外贸易规模有所下降。全年协议注册外资 2.36 亿元，其中注册外资实际到账 1.34 亿美元，比上年下降 4.2%。全年完成进出口总额 2.66 亿美元，比上年下降 18.8%；其中进口 0.36 亿美元，比上年下降 7.5%；出口 2.30 亿美元，比上年下降 20.3%。“十四五”期间，涟水应进一步提升外资招商水平，确保利用外资比重占全县 70% 以上、制造业利用外资占全县 40% 以上；进一步提升利用外资质态，突出招引先进制造业、战略性新兴产业，擦亮“省台商服务工作示范点”金字招牌，确保每年完成注册外资到账 1.6 亿美元，新引进总投资 3000 万美元以上制造业项目 3 个以上；进一步拓展对外贸易空间，加大对源通制帽、新芳杰服装、金典纺织、汉门电子等重点外贸企业支持力度，利用好进博会、食博会等平台，精心组织参展活动，让更多的本土品牌走出国门、走向世界。到 2025 年，涟水县力争实现外贸进出口总额是 2020 年的 3 倍以上。

⑤从人均 GDP 来看，涟水县人均 2020 年人均 GDP 排名第五位，与邳州市、沭阳县基本处于同一水平，比东台市和肥西县低 40000 ~ 50000 元。“十三五”期间，涟水人口再生产长期呈现“低出生、低死亡、低自然增长”特征；“十四五”期间涟水应积极落实人口政策，应对人口老龄化严峻形势，促进人口均衡发展，为整理 GDP 的发展和人均 GDP 的提升提供坚实的人力资源支撑。

⑥从地均 GDP 来看，2020 年涟水县地均 GDP 为 3302.89 万元/平方千米，在六个城市中排第四位，表明涟水县地区生产总值地均集约度略高于东台市和简阳市，但与其他三个城市相比仍有较大的差距。“十四五”期间，涟水县应积极盘活存量建设用地，降低新增建设用地规模，使闲置土地、低效用地等存量土地资源得到充分利用，优化土地利用结构，大力提升先进制造业、高新技术产业和现代服务业用地占比，进一步提高集约用地水平，提高每平方千米土地创造的 GDP 的效率，为涟水县经济社会高质量跨越发展提供强有力的土地要素保障。

⑦从第二产业占 GDP 比重来看，2020 年涟水县第二产业占 GDP 比重为 41.2%，在六个城市中排第二位，仅比肥西县低 0.2 个百分点。比东台市、邳州市、沭阳县、简阳市分别高出 5.8 个、1.6 个、0.6 个、17.7 个百分点。可以看出，涟水县第一、第二、第三产业增加值在地区生产总值中的构成比例 13 : 41.2 : 45.8，从自身发展来说，三次产业结构更加趋于优化。但是与百强县其他城市相比，涟水县第二产业占比还比较大，第三产业占比相对偏小。例

如，2020年沭阳县三次产业结构调整为10.6：40.6：48.8，肥西县三次产业结构调整为7.1：41.4：51.5，沭阳县与肥西县三次产业结构更加趋于优化。“十四五”期间，涟水县应提升大力发展特色生态休闲农业、现代物流、现代商贸、生态文旅、科技服务业、临空现代服务业等服务业，进一步促进消费升级，加快产业结构优化升级。

⑧从一般公共预算收入占GDP比重来看，一般而言，比重越高代表地方经济发展水平越高、营商环境越好。2020年涟水县一般公共预算收入占GDP比重为4.3%，在六个城市中排名最后一位，大体与第五位的邳州相当，与其他四个城市相比普遍少两个百分点。涟水县应提高经济运行质量高，继续提高第一产业生产效率，大力提高新兴产业、资源型产业和高附加值产业比重，完善营商环境，提高财政收入占国内生产总值的比重。

8.5.2 增长潜力

（1）增长潜力评价指标。

经济潜力是指在一定经济水平上的物质、技术和劳动资源的潜在能力，是社会可能支配的能力，是某一个国家或地区具有的国民财富及国民劳动积累的总和。衡量一个城市经济增长潜力的重要内容是产业投资强度和创新活力，核心指标主要包括固定资产投资额、固定资产增速、工业投资额、新增专利授权量、研发投入、新增企业的数量等，如表8-6所示。

表8-6 增长潜力评价指标体系

名称	评价指标	变量标识	单位
增长潜力	固定资产投资额	W_{11}	亿元
	固定资产投资增速	W_{12}	%
	工业投资额	W_{13}	亿元
	新增专利授权量	W_{14}	件

其中，W_{11}反映固定资产投资规模、速度和投资比例关系，是监测投资变化的综合性指标；

W_{12}代表企业在一定时期内建造和购置固定资产的工作量以及与此有关的费用变化情况；

W_{13}代表工业企业在兴建时期的总投资，反映工业企业的投资规模、速度等情况；

W_{14}代表企业的创新能力、科技水平，反映企业知识产权实力。

（2）增长潜力指标对比分析。

城市发展潜力研判的核心，关键因素包括人口增长趋势、产业活力、消费结构等方面，其中产业是核心。一个城市或者区域，本身人口并不多，但是有产业基础，产业会带来就业，就业带来人口，人口就带来消费。人口持续流入的城市显然更具发展潜力，而产业不振、人口持续流出的城市缺乏发展潜力。因此，人随产业走，产业布局决定区位。产业决定城市兴衰，规模经济和交通成本等区位因素决定产业布局。而固定资产投资额、固定资产增速、工业投资额、新增专利授权量等因素则反映了企业投资的规模、投资的趋势、投资的强度、投资的支撑力等，如表 8 – 7 所示。

表 8 – 7　增长潜力指标对比

类别	具体指标	东台	邳州	肥西	沭阳	简阳	涟水
增长潜力	固定资产投资额（亿元）	483.1	497.4	408.28	358.94	389.79	179.47
	固定资产投资增速（%）	4.3	5.3	5.8	0.9	9.8	–35.8
	工业投资额（亿元）	272.03	259.03	223.8	202.21	112.43	96.97
	新增专利授权量（件）	2596	3648.38	1858	4407	592	400

①从固定资产投资额来看，2020 年涟水县固定资产投资额为 179.47 亿元，在六个城市中排最后一位，占沭阳县固定资产投资额的 1/2，约占简阳市、肥西县、邳州市、东台市的 1/2 ~ 1/3。从增速来看，2020 年涟水县固定资产投资增速呈现较大幅度的负增长，涟水县固定资产投资额与其他五个城市的差距有着拉大的可能。2020 年，受新冠肺炎疫情（以下简称“疫情”）冲击，全球经济出现严重衰退，国际贸易显著萎缩，全球金融市场动荡加剧，政府债务水平快速攀升，全球动荡源和风险点显著增多。根据《2020 年涟水县国民经济和社会发展统计公报》显示，2020 年涟水县完成规模以上固定资产投资 179.47 亿元，同比下跌 35.8%。其中工业投资 96.97 亿元，同比下跌 43.2%，房地产投资不降反升，同比上涨 64.3%。涟水县固定资产投资中心有所转移。“十四五”期间，涟水县应拓宽融资渠道，积极扩大社会投资，对以下五大类社会投资项目给予鼓励：第一，绿色食品、新一代电子信息、高端

装备制造、纺织服装四大工业主导产业，三大现代高效农业，三大现代服务业等重点领域的项目；第二，自主创新和产业转型升级的重大项目；第三，促进民生福利、生态环保及节能减排的重大项目；第四，列入国家十大产业调整和振兴规划的项目；第五，扩大内需中央预算内投资计划的项目。

②从工业投资额来看，2020 年涟水县工业投资额为 96.97 亿元，同比下跌 43.2%，在六个城市中排最后一位，简阳工业投资额为 112.43 亿元，其他四个城市工业投资额都超过了 200 亿元。“十四五”期间，涟水县应坚持“项目为王”理念不动摇，围绕绿色食品、新一代电子信息、高端装备制造、纺织服装四大工业主导产业做好重特大项目引招攻坚热潮。进一步细化每一链条的发展规划，广泛延伸产业链、提升价值链、融通供应链，大力推动产业链式布局、专业化配套、集群化发展。要依托中信华电子、苏杭科技、洲旭电路等企业，加快打造全产业链 PCB 特色产业；以今世缘为龙头，吸引更多食品企业入驻涟水，加快打造食品饮料产业集群，实现更多产业突破百亿元集群。

③从新增专利授权量来看，专利数量代表创新指数，代表着产业布局，万众创新，特别是企业创造的巨大力量，创新主体知识产权保护意识在不断提高，大量的技术创新以专利形式被公开和保护，对于一个城市经济发展具有积极的意义，是经济发展“含新量”的直接体现。2020 年涟水县新增专利授权量为 400 件，在六个城市中排最后一位，比肥西县新增专利授权量少 192 件，与其他四个城市差距更大，仅为沭阳县新增专利授权量的 1/10。“十四五”期间，涟水县应加快高价值专利培育，引导和支持企业开发具有自主知识产权的核心技术，不断提升企业知识产权创造数量和质量，形成一批以知识产权为支撑的新兴产业集群和优势企业，推动知识产权从数量驱动型向质量效益型转变，每年新增专利授权量要翻两番以上。

8.5.3 富裕程度

(1) 富裕程度评价指标。

衡量富裕程度的指标有很多，形成一个指标体系。一般而言，衡量一个城市的富裕程度或民富水平，包括居民人均可支配收入、社会消费水平、居民人均可支配收入占人均 GDP 比重等方面。GDP（生产总值）只能反映这座城市的综合生产和创造水平。人均可支配收入、社会消费水平则不同，能更好地比较实在地反映出当地的民富水平，如表8-8所示。

表8-8 富裕程度评价指标体系

名称	评价指标	变量标识	单位
富裕程度	居民人均可支配收入	W_{11}	元
	社会消费品零售额	W_{12}	亿元
	居民人均可支配收入占人均GDP比重	W_{13}	%

其中，W_{11}是指家庭总收入扣除缴纳的所得税、个人缴纳的社会保障费以及调查户的记账补贴后的收入，反映居民家庭全部现金收入能用于安排家庭日常生活的那部分收入；

W_{12}反映城乡居民和社会集团对实物商品消费需求的总量和变化趋势；

W_{13}是衡量企业和居民税负高低和普通民众可获得的福利水平高低的重要依据之一。

（2）富裕程度指标对比分析。

在衡量一个城市共同富裕程度时，除了宏观方面的GDP总量外，还有微观方面的居民人均GDP、居民人均可支配收入、社会消费品零售额、居民人均可支配收入占人均GDP比重等，每一项都很重要，指标如表8-9所示。

表8-9 富裕程度指标对比

类别	具体指标	东台	邳州	肥西	沭阳	简阳	涟水
富裕程度	居民人均可支配收入（元）	36303	29744	33671	26071	28288	25820
	社会消费品零售额（亿元）	245.63	332.68	214.1	306.45	358.09	204.8
	居民人均可支配收入占人均GDP比重（%）	36.12	43.40	30.55	39.32	37.83	38.90

①从居民人均可支配收入来看，2020年涟水县居民人均可支配收入为25820元，在六个城市中排名最后一位，与沭阳县大体相当，比邳州市、简阳市低2000~4000元，比东台市、肥西县低7000~11000元。不难看出，2020年涟水县居民人均可支配收入低于江苏平均水平，甚至比全国居民人均可支配收入的32189元低5469元。“十四五”期间，涟水县应从县域实际出发，进一步推进产业集群，稳步提高居民工资性收入水平；大力发展现代化工业，促进农民收入进一步提升；不断优化营商环境，稳步提升居民财产性收入；完善社

会保障体系，推进基本公共服务均等化，持续改善贫困问题，扩大中等收入群体。

②社会消费品零售额反映一定时期内人民物质文化生活水平的提高情况，反映社会商品购买力的实现程度，以及零售市场的规模状况。2020 年，涟水县社会消费品零售额在六个城市中排最后一位，与排名最高的邳州市相差 127.88 亿元，反映出涟水县大众消费水平和消费能力与其他五个城市还有一定的差距。

③从居民人均可支配收入占人均 GDP 比重来看，2020 年涟水县居民人均可支配收入占人均 GDP 比重在六个城市中排第三位，表明涟水县富民增收稳步推进，持续推动基尼系数下降，人民生活质量不断提高。

8.5.4 绿色水平

(1) 绿色水平评价指标。

城市绿色竞争力是指一个城市在竞争和发展过程中，基于可持续发展目标，以资源节约、环境友好的方式创造物质和生态财富，增进社会福利，进而获取竞争优势的系统合力。城市绿色发展水平的重要内容是城市的宜居程度、环保节能水平，而空气质量优良天数比例、建成区绿化覆盖率是重要的指标，如表 8－10 所示。

表 8－10　　绿色水平评价指标体系

名称	评价指标	变量标识	单位
绿色水平	空气质量优良天数比例	W_{11}	%
	建成区绿化覆盖率	W_{12}	%

其中，W_{11}是定量描述空气质量状况的指数，其数值越大说明空气污染状况越严重，对人体健康的危害也就越大；

W_{12}指在城市建成区的绿化覆盖面积占建成区的百分比，是衡量一个城市绿化水平的主要指标。

(2) 绿色水平指标对比分析。

绿色发展是以效率、和谐、持续为目标的经济增长和社会发展方式。当今世界，绿色发展已经成为一个重要趋势，特别是在“双碳”背景下，许多国家把绿色发展作为推动国家高质量发展的重要举措，在社会发展各个领域突出绿色的理念和内涵。《涟水县国民经济和社会发展第十四个五年规划和二〇三五年远景目标纲要》提出：把“生态优先、绿色发展”融入经济社会发展各个方面，坚持从生产和生活两头入手、治理和保护两手齐抓、约束和激励两端发力，扎实推进生态文明示范创建，积极探索生态经济化、经济生态化发展新路子，加快形成节约资源和保护环境的空间格局、产业结构、生产生活方式，护好生态本底，加速绿色崛起，建设美丽涟水，指标如表 8 - 11 所示。

表 8 - 11　　　　绿色水平指标对比

类别	具体指标	东台	邳州	肥西	沭阳	简阳	涟水
绿色水平	空气质量优良天数比例	86.30%	80.60%	82.10%	77.80%	88.70%	77.90%
	建成区绿化覆盖率	73.01%	40.00%	44.25%	43.72%	43.46%	24.10%

①从空气质量优良天数比例来看，2020 年涟水县空气质量优良天数比例 77.9%，在六个城市中排名第五位，但比 2019 年提升了 10.8 百分点。2020 年，涟水县坚持目标导向、问题导向、结果导向，突出精准治污、科学治污、依法治污，紧紧围绕《2020 年涟水县打好污染防治攻坚战目标责任书》，建立重污染天气预警会商制度，做好重污染天气预警及信息发布工作，督促企业落实应急管控措施。“十四五”期间，涟水应进一步聚力聚焦推进蓝天保卫战，严格落实重点行业深度治理、臭氧污染防治、柴油货车整治、扬尘综合管控等措施，积极防范应对重污染天气，力争到 2025 年空气质量优良天数比例比 2020 提升 10 个百分点达到 87% 以上。

②绿化覆盖率的高低，是衡量城市环境质量及居民生活福利水平的重要指标之一。学术界认为，城市绿化覆盖率达 50% 时，才可保持良好的城市环境。2020 年涟水县建成区绿化覆盖率为 24.1%，在六个城市中排最后一位，比排名第五位的简阳市低 19.36 个百分点，比排名最高的东台市低 48.91 个百分点，说明涟水县的公共绿地、居住区绿地、单位附属绿地、防护绿地、生产绿地、风景林地等六类绿地的覆盖率与其他五个城市相比有着较大的差距。“十四五”期间，涟水应进一步提高绿色植物载重量和栽种面积，选择栽植本地适生树种，因地制宜建设各具特色的城市绿色小客厅，提升绿化品质，不断点亮老城新风景，到 2025 年，城市建成区绿化覆盖率达 48% 以上。

8.6 县域经济发展综合竞争力评价的实证分析

8.6.1 评价指标选取原则

县域经济发展的评价指标很多，但对于高质量发展的评价指标研究较少。本章基于县域经济高质量发展内涵研究，依据新时代县域经济发展特点，从经济、社会、人口、资源、环境等方面构建评价指标体系，即评价体系在对“量”的考量基础上融入对“质”的关注，考察收入水平、经济规模等发展现状，也关注节能环节、科技创新等绿色、活动方面的评价。指标体系的设置，遵循以下准则：

（1）紧扣主要矛盾的变化。目前，我国社会主要矛盾是人民日益增长的美好生活需要和不平衡不充分的发展之间的矛盾。不平衡不充分在县域体现得尤为突出和明显。因此，指标体现坚持以人为本，实现全体人民共同富裕的发展思想。

（2）贯彻新发展理念。创新、协调、绿色、开放、共享新发展理念是我国新时期发展思路、发展方向、发展着力点的集中体现。因此，将体现新发展理念指标纳入指标体系。

（3）坚持以提高发展质量和效益为中心。高质量发展是新时期经济发展的基本特征和根本要求。县域经济考核指标贯彻“质量第一、效益优先”的原则，推动县域经济质量变革、效率变革、动力变革。

（4）坚持供给侧结构性改革。供给侧结构性改革是当前我国经济工作的重点。从人才、创新、科技等高质量供给要素方面设置指标、体现县域发展过程中供给结构对需求变化的适应性和灵活性，促进全要素生产率的提高。

8.6.2 评价方法和数据来源

（1）因子分析。

①因子分析方法的产生和发展。因子分析（Factor Analysis）方法最早是

在1904年由斯皮尔曼（Charles Spearman）和皮尔逊（Karl Pearson）在一篇著名论文《对智力测验得分进行统计分析》中提出的，之后被用于解决心理学和教育学方面的问题。由于这种方法计算量大，到了20世纪60年代得益于计算机的应用才有新的发展。

②基本原理。因子分析基本思想是通过研究众多变量之间的内部依赖关系，寻求这些数据的基本结构，并用少数几个被解析称为公因子的不可观测变量来表示基本数据结构，这些公因子能够反映原来众多变量所代表的主要信息。用因子分析法进行降维处理的基本机制实质是根据变量间的相关性大小把变量进行分组，使同组内的变量之间相关性较高，而不同组变量间相关性较低，使较多的原始指标被综合为较少的几个彼此独立的综合指标，即公因子，从而有利于研究者简化数据结构，抓住主要影响因素。公因子具有相应的贡献率，即包含原始指标信息的程度，当累计贡献率达到80%～90%的区间时，可以认为公因子基本反映了原始指数的信息。

测算步骤如下。

①将原始数据进行标准化处理，由于城市竞争力各项指标量纲不同，在对这些指标进行综合分析之前，首先要进行标准化处理；本章在对选取的县域经济综合实力评价进行标准化处理时运用了SPSS软件系统默认的z-score标准化方法。县域经济指标标准化处理后通常以0为基准，判断县域经济指标是否高于平均水平，就看其是否大于基准0；相反，如果标准化后的县域经济指标小于0，说明其低于平均水平。然后通过KMO和球形Bartlett检验情况确认分析的变量是否适合作因子分析。通过使用SPSS软件，当KMO的值大于0.5和Sig. 小于0.05时，证明选取的县域经济指标具有一定的相关性，是适合进行因子分析的，如果达不到标准值则证明使用因子分析法是不恰当的。

②计算所有变量的相关矩阵R。

③因子提取。采用主成分分析法，利用相关系数矩阵R进行因子提取。可通过研究公共因子在变量总方差中所占的累计百分数（一般为80%以上）确定所需要的公共因子数。主因子数量可以自己单独选择，也可以利用系统自行选择。在本章中，选用的系统默认方法会根据特征值大于1的原理自动得出主因子个数。此外，主因子的累计贡献率应该达到多大值虽没有对其进行规定，但通常认为越大越好，如果能达到60%以上最佳。

④因子旋转。因子分析的目的不仅是找出主因子，更重要的是知道每个主因子的意义，为便于对主因子进行解释，一般须对因子载荷矩阵进行旋转，以达到结构简化的目的。通过命名和分析选定的主因子，我们可以更清晰直接地看到每个公共因子所表达的含义，利用主因子内包含的各个变量，可以帮助我们快速找出问题的原因所在，从而使分析结果更加符合实际情况。根据因子载荷矩阵显示的原始因子解难以解释因子的意义，为了使因子命名更好理解，通常利用 SPSS 软件的最大方差法对因子载荷矩阵进行旋转，目的是让载荷向量级分化，接近 1 的更加逼近 1，本来就较小的更加逼近 0，从而更好地解释公共因子中的各个变量。通常运用主成分法、主轴因子法等得到因子载荷矩阵，在实践应用中常会出现一个变量反映在多个公共因子中，证明其代表了多个公共因子的特征，对多个公共因子产生影响，有时又会出现一个公共因子影响多个变量的情况。所以需要对因子载荷矩阵进行旋转，避免发生变量重复出现的问题，从而更好地进行分析得出更为客观合理的分析结果。因此对旋转后的成分矩阵进行命名是进行因子分析的关键环节，通过对筛选得出的公共因子进行命名解释可以更好地进行因子得分后的分析总结。

⑤计算每一样本的因子得分，以因子变量方差贡献率作为权数计算县域经济竞争力水平综合得分。利用软件计算得出的各公共因子得分及综合因子得分，可以帮助地区清晰地看到自身经济综合实力目前存在的差距，还可以通过因子排名得知该区域近年来的发展趋势，并根据各公共因子得分与排名找出具体是哪些变量对县域经济综合能力影响最大，从而有针对性地进行分析与调整，帮助县域经济实现可持续发展。

（2）对比样本的选取及数据来源。

在进行县域经济综合实力评价时，综合考虑到政治、经济、文化发展不平衡的现实状况与本报告的研究目的，共选取了具有代表性的六个城市进行比较。对比城市综合竞争力的选取应考虑城市人口、城市经济和城市发展水平、地域、行政隶属、城市功能、绿色发展等多方面因素。

涟水县经济以农业和农产品加工业为主，本章共选取涟水县在内的六个城市作为样本，所选的 5 个百强县排名具有一定的梯度，以便进行比较分析，数据主要来源于《中国县域统计年鉴》《2021 年江苏省统计年鉴》以及各城市统计年鉴和统计公报。

8.6.3　实证结果分析

（1）KMO 检验及 Bartlett 球形检验。

因子分析的目的是简化数据，找出基本的数据结构，避免评价指标之间的相关性所引起的权重的偏倚，因此，使用因子分析的前提条件就是观测变量之间应该具有较强的相关关系。如果变量之间的相关程度很小，变量就不可能共享公因子，公共因子对于变量的综合能力就偏低。因此，在提取公因子之前要对变量之间的相关程度进行检验。SPSS 提供了两种检验方法：KMO 检验和巴特利特球度检验。

为了检验 16 个指标（变量）数据是否适合进行因子分析，首先对其进行相关性检验。对 $X_1 \sim X_{16}$ 进行 KMO 检验及 Bartlett 球形检验如表 8－12 所示。

表 8－12　KMO 和巴特利特检验

KMO 取样适切量数		0.681
巴特利特球形度检验	近似卡方	447.551
	自由度	15
	显著性	0.000

巴特利特球检验是通过检测指标变量的近似卡方、自由度和显著性来判断指标变量是否适合进行因子分析，通过表 8－12 可以看出，卡方值为 447.551，自由度为 15，显著性值等于 0.000，符合小于 0.01 的标准，这说明本组数据适合进行因子分析。KMO 检验分析的是变量间的相关系数，得出的 KMO 取样适切性量数越接近 1，说明越适合因子分析，从表 8－12 可以看出检验值为 0.681，说明适合因子分析。综合上述两种检验结果，可以认为本组数据适合进行因子分析。

（2）因子提取。

采用主成分分析法得出如表 8－13 所示的数据。

表 8－13　　公因子方差

指标	初始	提取
X_1地区生产总值（亿元）	1.000	0.999
X_2规模以上工业增加值（亿元）	1.000	0.998
X_3一般公共预算收入（亿元）	1.000	0.998
X_4进出口总额（亿元）	1.000	0.929
X_5人均 GDP（元）	1.000	0.999
X_6地均 GDP（万元/平方千米）	1.000	0.696
X_7第三产业占 GDP 比重（%）	1.000	0.983
X_8一般公共预算收入占 GDP	1.000	0.981
比重（%）	1.000	0.975
X_9固定资产投资额（亿元）	1.000	0.987
X_{10}近三年平均工业投资总额（亿元）	1.000	1.000
X_{11}新增专利授权量（件）	1.000	0.966
X_{12}居民人均可支配收入（元）	1.000	0.857
X_{13}人均社会消费品零售额（亿元）	1.000	0.975
X_{14}居民人均可支配收入占人均 GDP 比重（%）	1.000	0.999
X_{15}空气质量优良天数比例（%）	1.000	0.837
X_{16}建成区绿化覆盖率（%）	1.000	0.999

表 8－13 显示的是公因子方差，可以看出公因子方差的初始值均为 1，提取值表示的是公因子在因子分析中提取出的百分比，提取值越接近 1，说明该因子所保留的原始信息越多，可以用来判断选取的指标是否合理。

（3）确定公共因子个数。

根据表 8－14 中的特征值和累计方差贡献率确定公因子个数。

表 8－14　　方差解释

成分	初始特征值			提取载荷平方和		
	总计	方差百分比	累积（%）	总计	方差百分比	累积（%）
1	6.150	38.439	38.439	6.150	38.439	38.439
2	4.196	26.223	64.662	4.196	26.223	64.662
3	2.992	18.699	83.36	2.992	18.699	83.36

续表

成分	初始特征值			提取载荷平方和		
	总计	方差百分比	累积（%）	总计	方差百分比	累积（%）
4	1.842	11.514	94.875	1.842	11.514	94.875
5	0.82	5.125	100			
6	5.41E-16	3.38E-15	100			
7	4.20E-16	2.62E-15	100			
8	3.83E-16	2.40E-15	100			
9	2.26E-16	1.41E-15	100			
10	1.06E-16	6.65E-16	100			
11	-4.88E-17	-3.05E-16	100			
12	-8.80E-17	-5.50E-16	100			
13	-1.61E-16	-1.01E-15	100			
14	-2.62E-16	-1.64E-15	100			
15	-5.61E-16	-3.51E-15	100			
16	-6.81E-16	-4.26E-15	100			

表 8-14 显示的是各因子的方差贡献率和特征值，可以看出，前四个因子的特征值均大于 1，且累计方差贡献率达到 94.875%，基本能够反映出原始变量的大部分信息，因此，共提取出四个因子，将其依次命名为 $F_1 \sim F_4$，对其展开因子分析。

图 8-4 为碎石图，其中，横坐标表示的各指标变量，纵坐标表示的是对应指标变量的特征值，按照特征值从大到小的顺序进行排列。从图 8-4 中可以看到，第一个指标变量到第四个指标变量形成的坡度较陡，第五个因子处存在明显的拐点，后面的指标变量逐渐形成一条较为平缓的曲线，由此可以看出，选取四个因子是较为合适的。

（4）主因子解释。

根据前述分析本章选取了 4 个公共因子，并做主成分分析，如表 8-15 所示。

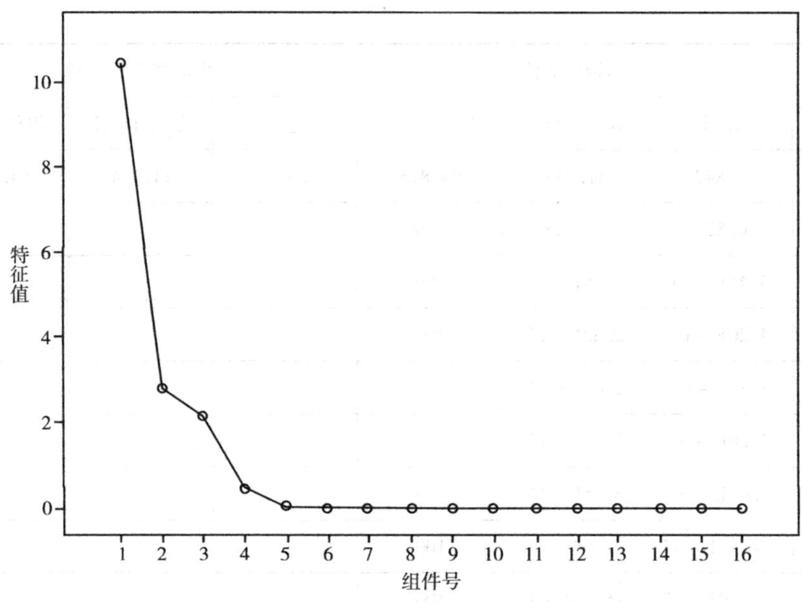

图 8-4 碎石图

表 8-15 成分矩阵

指标	成分			
	1	2	3	4
X_1地区生产总值（亿元）	0.759	0.553	-0.305	-0.156
X_2规模以上工业增加值（亿元）	0.608	0.564	0.187	-0.526
X_3一般公共预算收入（亿元）	0.981	-0.028	-0.132	-0.133
X_4进出口总额（亿元）	0.218	0.242	-0.103	0.278
X_5人均 GDP（元）	0.633	-0.748	-0.133	0.147
X_6地均 GDP（万元/平方千米）	0.343	-0.557	-0.517	0.018
X_7第三产业占 GDP 比重（%）	0.141	0.223	-0.955	0.030
X_8一般公共预算收入占 GDP 比重（%）	0.571	-0.239	0.221	-0.741
X_9固定资产投资额（亿元）	0.831	0.165	0.357	0.360
X_{10}近三年平均工业投资总额（亿元）	0.909	0.217	-0.156	0.299
X_{11}新增专利授权量（件）	0.665	0.202	-0.184	-0.175
X_{12}居民人均可支配收入（元）	0.749	-0.497	0.055	0.393
X_{13}人均社会消费品零售额（亿元）	0.047	0.567	0.730	-0.039
X_{14}居民人均可支配收入占人均 GDP 比重（%）	-0.319	0.881	0.218	0.220
X_{15}空气质量优良天数比例（%）	0.238	-0.478	0.822	0.195
X_{16}建成区绿化覆盖率（%）	0.806	-0.205	0.381	0.021

在表 8－15 的因子载荷矩阵图中可以看出一些因子的因子载荷区分度不大，因此需要采用最大方差法对因子载荷矩阵实施正交旋转，使因子含义更为清晰。因子旋转之后载荷系数取值出现向或靠近的两极分化，这样会使公共因子的解释更为清晰、命名更为合理。旋转之后见表 8－16。

表 8－16　　旋转后的成分矩阵

指标	成分			
	1	2	3	4
X_1 地区生产总值（亿元）	0.970	0.026	－0.218	0.097
X_2 规模以上工业增加值（亿元）	0.878	－0.345	0.063	－0.325
X_3 一般公共预算收入（亿元）	0.852	0.280	0.181	－0.097
X_4 进出口总额（亿元）	0.370	－0.219	－0.039	0.061
X_5 人均 GDP（元）	0.149	0.122	0.348	－0.080
X_6 地均 GDP（万元/平方千米）	0.060	0.112	－0.165	－0.079
X_7 第三产业占 GDP 比重（%）	0.311	0.347	－0.837	0.256
X_8 一般公共预算收入占 GDP 比重（%）	0.494	0.188	0.264	－0.795
X_9 固定资产投资额（亿元）	0.675	0.429	0.620	0.344
X_{10} 近三年平均工业投资总额（亿元）	0.826	0.354	0.172	0.388
X_{11} 新增专利授权量（件）	0.957	－0.187	－0.193	0.107
X_{12} 居民人均可支配收入（元）	0.303	0.239	0.536	0.303
X_{13} 人均社会消费品零售额（亿元）	0.258	－0.755	0.468	0.034
X_{14} 居民人均可支配收入占人均 GDP 比重（%）	0.099	－0.862	－0.121	0.456
X_{15} 空气质量优良天数比例（%）	－0.149	0.110	0.976	－0.104
X_{16} 建成区绿化覆盖率（%）	0.539	0.324	0.657	－0.097

提取方法：主成分分析法；旋转方法：最大方差法。

第一公共因子在地区生产总值、一般公共预算收入、规模以上工业增加值有较高的载荷指标，这个公共因子的得分越高，说明在经济活动方面越具竞争力，将其命名为经济实力因子（F_1）。

第二公共因子在固定资产投资额、近三年平均工业投资总额有较高的载荷，这个公共因子的得分越高，说明经济实力越强，将其命名为经济活力因子（F_2）。

第三公共因子在空气质量优良天数比例和建成区绿化覆盖率有较高的载荷，这个公共因子的得分越高，说明生态环境建设水平越高，将其命名为绿色水平因子（F_3）。

第四公共因子在居民人均可支配收入、居民人均可支配收入占人均 GDP 比重有较高的载荷，这个公共因子得分越高，说明区域人民的生活水平和富裕水平越高，将其命名为富裕程度（F_4）。

（5）因子得分计算和综合因子得分的计算排名。

通过回归分析法计算因子得分，如表 8 - 17 所示。

表 8 - 17　　　　成分得分系数矩阵

指标	成分			
	1	2	3	4
X_1地区生产总值（亿元）	0.195	-0.013	-0.108	-0.017
X_2规模以上工业增加值（亿元）	0.201	-0.139	-0.024	-0.230
X_3一般公共预算收入（亿元）	0.150	0.081	-0.002	-0.060
X_4进出口总额（亿元）	0.033	-0.018	0.028	0.099
X_5人均 GDP（元）	-0.013	0.213	0.067	0.024
X_6地均 GDP（万元/平方千米）	-0.004	0.207	-0.089	-0.006
X_7第三产业占 GDP 比重（%）	0.072	0.123	-0.280	0.084
X_8一般公共预算收入占 GDP 比重（%）	0.125	-0.024	0.011	-0.403
X_9固定资产投资额（亿元）	0.082	0.007	0.184	0.178
X_{10}近三年平均工业投资总额（亿元）	0.122	0.078	0.028	0.179
X_{11}新增专利授权量（件）	0.198	-0.067	-0.091	-0.022
X_{12}居民人均可支配收入（元）	0.000	0.171	0.143	0.158
X_{13}人均社会消费品零售额（亿元）	0.054	-0.217	0.168	-0.014
X_{14}居民人均可支配收入占人均 GDP 比重（%）	0.028	-0.193	0.014	0.168
X_{15}空气质量优良天数比例（%）	-0.070	-0.008	0.310	0.018
X_{16}建成区绿化覆盖率（%）	0.072	0.035	0.170	-0.024

提取方法：主成分分析法；旋转方法：最大方差法。

通过成分得分系数矩阵可以计算四个因子的得分，具体计算方式如下：

$$F_1 = 0.195x_1 + 0.201x_2 + 0.150x_3 + 0.033x_4 - 0.013x_5 - 0.004x_6 + 0.072x_7 + 0.125x_8 + 0.082x_9 + 0.122x_{10} + 0.198x_{11} + 0.000x_{12} + 0.054x_{13} + 0.028x_{14} - 0.070x_{15} + 0.072x_{16}$$

$F_2 = -0.013x_1 - 0.139x_2 + 0.081x_3 - 0.018x_4 + 0.213x_5 + 0.207x_6 + 0.123x_7 - 0.024x_8 + 0.007x_9 + 0.078x_{10} - 0.067x_{11} + 0.171x_{12} - 0.217x_{13} - 0.193x_{14} - 0.008x_{15} + 0.035x_{16}$

$F_3 = -0.108x_1 - 0.024x_2 - 0.002x_3 + 0.028x_4 + 0.067x_5 - 0.089x_6 - 0.280x_7 + 0.011x_8 + 0.184x_9 + 0.028x_{10} - 0.091x_{11} + 0.143x_{12} + 0.168x_{13} + 0.014x_{14} + 0.310x_{15} + 0.170x_{16}$

$F_4 = -0.017x_1 - 0.230x_2 - 0.060x_3 + 0.399x_4 + 0.024x_5 - 0.006x_6 + 0.084x_7 - 0.403x_8 + 0.178x_9 + 0.179x_{10} - 0.022x_{11} + 0.158x_{12} - 0.014x_{13} + 0.168x_{14} + 0.018x_{15} - 0.024x_{16}$

将标准化处理后的数据代入上述公式进行计算，得出四个因子的得分，将各因子的方差贡献率在累积贡献率中的比例作为各因子的权重，得到计算综合因子 F 的公式：

$F = (0.38439F_1 + 0.26223F_2 + 0.18699F_3 + 0.11514F_4)/0.94875$

将各城市四个因子的得分，分别代入公式中进行计算，可以得到综合评价得分（F），以反映各城市区经济发展水平，原数据计算结果保留 5 位小数，此处为使表格简洁易读，保留 3 位小数，完整数据见表 8－18，各县市区得分及排名情况如下。

表 8－18　　县域经济综合竞争力得分及排序

地区	F_1	F_2	F_3	F_4	F	排名
东台	0.5299	0.6744	1.0038	0.0655	0.6069	1
邳州	0.5739	－0.6474	－0.0432	1.7803	0.2611	3
肥西	0.0579	1.6869	－0.2749	－0.1882	0.4127	2
沭阳	1.1933	－0.7971	－0.8688	－1.1622	－0.0492	4
简阳	－0.8763	－0.8002	1.3458	－0.6475	－0.3895	5
涟水	－1.4787	－0.1166	－1.1626	0.1522	－0.8420	6

（6）评价结果分析。

经济实力因子（F_1）：由图 8－5 可知，经济实力因子最高是邳州，为 0.5739；最低的是涟水，为－1.4787。东台、邳州、肥西和沭阳处于平均水平之上，简阳和涟水处于平均水平之下。

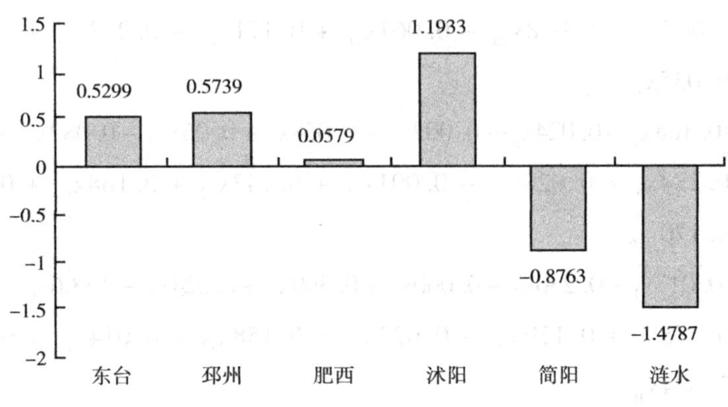

图 8－5 经济实力因子

经济活力因子（F_2）：由图 8－6 可知，经济活力因子最高是肥西，为 1.6869；最低的是简阳，为－0.8002。邳州、简阳、涟水和沭阳都处于平均水平之下，肥西和东台处于平均水平之上。

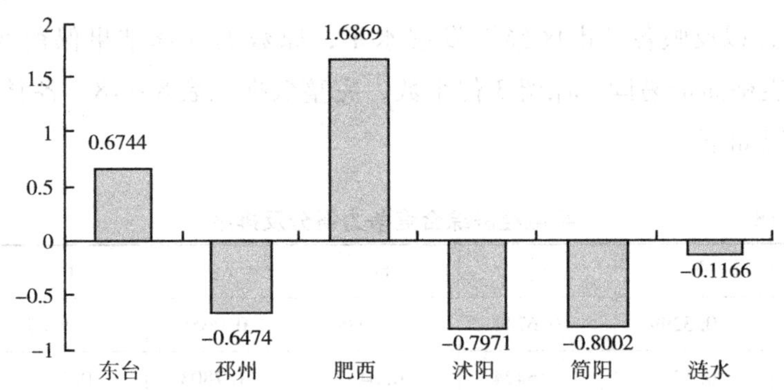

图 8－6 经济活力因子

绿色水平因子（F_3）；由图 8－7 可知，绿色水平因子最高是简阳，为 1.3458；最低的是涟水，为－1.1626。邳州、肥西、沭阳和涟水都处于平均水平之下，简阳和东台处于平均水平之上。

富裕程度因子（F_3）：由图 8－8 可知，富裕程度因子最高是邳州，为 1.7803；最低的是沭阳，为－1.1622。肥西、沭阳和简阳都处于平均水平之下，邳州、简阳和涟水处于平均水平之上。

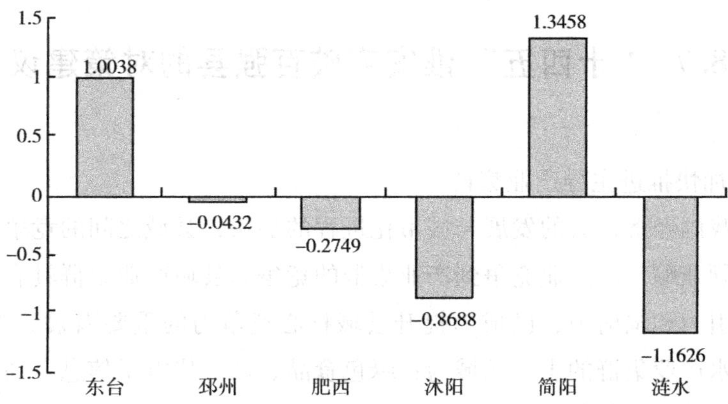

图 8－7　绿色水平因子

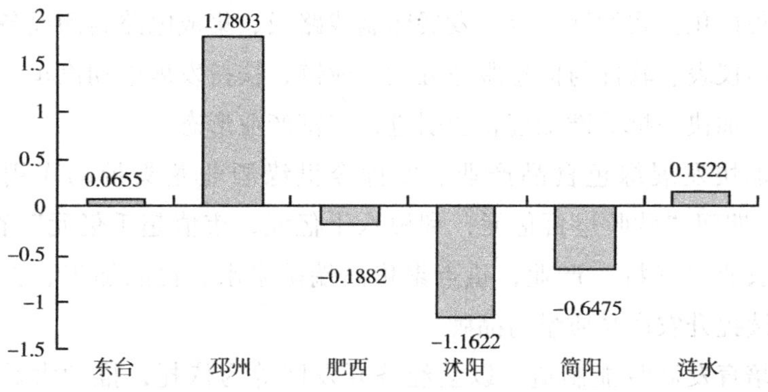

图 8－8　富裕程度因子

综上所述，涟水县域经济综合竞争力整体排名第六位，排名比较靠后，其中经济实力因子、经济活力因子以及绿色水平因子都处于平均水平之下，由于经济实力因子和经济活力因子在县域经济综合竞争力评价中占有较大的比重，严重影响了涟水县域经济综合竞争力的排名；富裕程度排名相对较为靠前，在县域经济综合竞争力评价中占有 23. 988% 的比重，说明了涟水县在社会民生保障方面的工作取得了一定的成绩，具有了一定的成效，但是距离样本县中的顶尖水平还有不小差距；绿色水平因子排名第六位，主要由于森林覆盖率指数和森林积蓄量指数不高；空气质量优良天数也处于较低水平，说明涟水县在生态环境治理方面还存在一些问题，需要进一步加以改善。

8.7 “十四五”淮安突破百强县的对策建议

（1）加快推进主导产业集群。

随着我国经济社会的发展与城市化进程的加快，县域之间的竞争已从硬实力到软、硬兼顾，从产业竞争到产业集群的竞争。县域产业集群具有较大的凝聚力、吸引力和辐射力，已成为提升县域核心竞争力的重要因素。“十四五”期间，涟水产业集群的主攻领域为：绿色食品、新一代电子信息、高端装备制造、纺织服装四大主导产业。

一是集聚发展新一代电子信息技术。围绕产业配套，推进电子电气产业向高端化、集群化方式发展，重点发展印制线路板、集成电路封测设备、电子元器件、仪器仪表、软件与信息服务五大产业链，扶持发展电动汽车、集成电路制造产业。加快一批关键配套企业引进，丰富产业形态。

二是加快发展绿色食品产业。发挥今世缘酒业龙头带动作用，今世缘“十四五”期间“营收过百亿元，利税八十亿元，市值超千亿元”奋斗目标；大力发展农业“三特”产业，重点聚焦高端矿泉水、食品加工、食品包装等领域，持续提升农产品质量与品牌。

三是培育发展智能制造。以县经济开发区等为依托，推动大数据、云计算、人工智能等新兴高端产业发展。建立完善大数据共享服务平台，鼓励中小企业深挖细分智能制造市场，培育制造业发展新模式、新业态。

四是提升发展纺织服装业。扶持鞋帽服装企业加强技术改造，通过自动化、智能化技术改造提升纺织服装鞋帽装备技术水平，出台扶持纺织服装业技术改造的政策措施，从税收、信贷、补贴等渠道给予扶持。以自动化、信息化、智能化带动服装鞋帽产业向高端化转型发展。到 2025 年，地区生产总值应达到 900 亿元，规模以上工业投资额 140 亿元，一般公共预算收入 40 亿元，进出口总额 4 亿元，第三产业占 GDP 比重达到 50%，实现涟水县经济实力的大提升。

（2）突出科技创新驱动。

“十四五”期间，涟水要完善科技创新体制机制，突出以创新赋能产业发展，着力打造以科技创新为核心、多领域互动、多要素联动的综合创新体系，进一步激发创新活力、释放创新潜能，夯实涟水县经济发展的潜力，实现高质量内涵式发展。

一是以科技创新引领骨干企业发展。支持今世缘酒业早日进入“营收百亿俱乐部”，加快今世缘南厂区技改项目建设进度。支持华昌化工通过技改、并购收购等方式，壮大企业体量，提升创新力、竞争力。加强上市后备企业培育，完善上市梯队后备库，推动企业挂牌上市。到 2025 年，全县固定资产投资额达到 350 亿元，工业投资额达到 200 亿元，高技术产业占规模以上工业投资 16.5% 以上，研发支出占 GDP 比重达 1.8% 以上。推进产学研用深度融合，打造科技、教育、产业、金融紧密融合的创新体系。

二是以科技创新引领高新技术企业集群。实施科技企业培育成长计划，推动科技型企业、高新技术企业和高成长性企业集聚发展，促进新技术快速大规模应用和迭代升级。到 2025 年，实现有效高新技术企业累计达 77 个，高新技术产业产值占比达 13.4% 以上。

三是以科技创新推动高端实用技术应用。支持重点企业在市场占有率高的优势产业突破一些关键技术，获取相关科技成果，以科技创新引领品牌化发展。到 2025 年，固定资产投资额达到 360 亿元，研发支出占 GDP 比重达 1.8%，新增专利授权量 800 件，万人高价值发明专利拥有量达 0.69 件。

（3）完善社会保障体系。

涟水县的居民人均可支配收入、社会消费品零售额等方面层次不高，各种保障机制的运行也不够通畅，城乡社会保障水平存在显著差异。“十四五”期间，首先，扩大社会保障范围，完善涟水县的各类社会保障机制，保障其正常运转，各制度之间要加强衔接，切实提高制度实行效率；其次，注重居民的就业保障，就业是民生之本，是提高居民收入的重要方式，是保持社会稳定的必要条件，涟水县应当继续实施积极的就业推动政策，如 2020 年出台《涟水县关于进一步做好就业创业工作的实施细则》，实现城镇新增就业 11820 人，城镇登记失业率控制在 2.34%，城镇失业人员实现再就业 3523 人，新增农村劳动力转移 4271 人，居民就业就取得了一定成效，为农村居民就业提供了有效帮助，同时，在政府提供相应的技术和资金扶持下，鼓励农村剩余劳动力和返乡人员自主创业，以创业带动就业；最后，为社会事业的发展提供有利条件，实现基本公共服务均衡化发展，尤其是公共卫生服务体系要实现无死角覆盖，特别是“新农合”制度、社区医疗制度等，更要适时完善，有计划地提高医疗救助额度，增强基层部门的公共卫生事件应对能力。

（4）紧扣绿色发展导向。

从第5、第6章的分析可以看出，涟水县绿色发展水平还不高，制约着涟水县域经济综合竞争力的提高。涟水县在大力培育经济潜力、发展综合经济实力的同时，必须坚定不移地把推动绿色发展作为鲜明导向，促进环境持续改善，践行“绿水青山就是金山银山”的理念，推进绿色低碳循环发展，坚持生态优先、绿色发展，才能切实提高涟水县域经济综合竞争力。

一是紧扣绿色发展导向。要扩大城市绿化面积，建设绿色社区、绿色村庄；要管理好、利用好现有的生态资源，林业生态红线任何人都不得碰触；要把循环绿色经济当成经济发展的方向，带领其朝着生态化的方向发展，从整体上提升产业价值。

二是持续提高环境治理水平。在治理环境方面，涟水县要从水、土地、空气三大资源入手；在空气污染治理方面，对污染严重的企业，要勒令其及时进行技术改造，还要把秸秆焚烧当成管理重点，让蓝天白云始终都能停留在涟水县的上空；在土地污染治理方面，涟水县要根据当前已经被破坏的土地情况制订合理的修复计划，把矿山复绿、土壤质量评价等当成重点工作来抓；在水污染治理方面，要全面推行河湖长制，根据每条河流的具体情况制订合理的治理对策。

第 9 章

结论与建议

9.1 健全产业体系

通过打造绿色食品、新一代信息技术、新型装备制造和新材料四大千亿元级主导产业，加快成为长三角先进制造业融合发展集聚区。

培育壮大主导产业。以新型装备制造、绿色食品、新一代信息技术和新材料四大千亿元级主导产业为引领，打造优势产业集群，建成长三角经济圈先进制造业融合发展集聚区。发展集成电路和应用电子产业集群，打造特色“智芯小镇”，推动敏安电动汽车、比亚迪专用车、骏盛新能源、跃马轮毂等企业发展，进一步完善产业链条。建设高标准国内一流盐化工新材料产业基地，优化食品产业结构，创建国家级食品产业园。

发展全域旅游产业。加快品牌创建步伐，强化智慧旅游建设，创建“水懂我心、自然淮安”全域生态旅游品牌，彰显“看河看湖看湿地，品虾品蟹品美食”淮安特色，打造精品旅游项目，推动西游乐园部分试运营，建成水上森林温泉酒店等高等级旅游度假酒店，白马湖生态旅游景区创成国家4A级景区。

打造数字经济产业。强化信息化应用示范引导，积极引进5G应用、区块链等新技术，加快新一代信息技术与产业融合发展。前瞻布局数字设施，推进新型智慧城市项目，规划建设市级数据中心，建成农业大数据平台，开展大数据、人工智能等增值应用联合创新，引导数字经济与实体经济、日常生活深度融合，开拓产业互联网、智能制造、远程教育医疗等新业态。形成多元协同、数智融合的算力基础设施服务体系，夯实淮安数字经济发展基础。

9.2 重视民生事业

建立富民增收机制，提高居民收入。城市就业岗位供给不足，居民收入不高是城市现代化的主要“瓶颈”。城市缺乏相应的就业岗位，农民进入城市以后，没有就业岗位，成为严重的社会问题。发展城市经济，特别是第三产业，可以吸引农民就业，提高城乡居民人均可支配收入，有效推动城市化进程。

优化公共交通基础，便于居民出行。建成高铁东站一期工程及综合客运枢纽、淮安运河大桥等交通新地标，加快推进省道348、省道420等干线公路工程，完善交通配套设施。

优化义务教育资源，化解居民焦虑。入学已经成为淮安居民最焦虑，也是政府最关注的民生事项，近年来，淮安优质教育资源均衡得到一定改善，但与居民对义务教育优质资源均衡期待还有较大的差距，合理布局义务教育优质资源，让人民充分享受优质教育资源，能够吸引各类资源入驻淮安，特别是人才资源能够在淮安安心干事创业，提升淮安枢纽城市的聚合力。

合理布局医疗机构，保障群众健康。做实紧密型医联体，打造一批急诊中心和农村区域性医疗卫生中心，完善疾病预防控制和院前急救体系，加强卫生综合监管执法。

9.3 加大基础投入

抢抓国家战略机遇，布局重大基础设施项目，构建现代综合交通运输体系，畅通枢纽经济发展的交通血脉。加大公路设施投入，改善市内交通环境。改善水运设施条件。构建“畅通、高效、安全、绿色”的现代化内河水运体系要求，推进干线航道建设，提升航道通达和区域带动能力，努力实现“通江达海、江海联运”目标。完善铁路网络。构建贯通南北、连接东西的铁路交通大通道，加快形成以淮安为中心的多向放射铁路网。

9.4 建设生态文明

标本兼治，推进生态文明建。提升环境基础设施改造，协同推进减污降碳，严控“两高”项目，改善土壤环境质量，实施跨域河湖共治机制，加强危废全生命周期监管，构建重点园区环境应急防控体系，建成生态环境大数据平台，实现饮用水水源地自动监测和重点镇空气监测全覆盖。实行 PM2.5 和臭氧浓度“双控双减”，控制道路和建筑工地扬尘扩散，治理餐饮油烟等污染，确保空气质量持续改善。

9.5　浓厚人文氛围

重视历史文脉传承，建设文化现代中心城市。通过以建设大运河“百里画廊”为引领，打造伟人故里、运河之都、美食之都、文化名城，夯实红色文化、运河文化底蕴，做强世界美食之都，打响“水懂我心、自然淮安”生态文旅品牌，提升淮安城市影响力和美誉度。

推进高水平职业院校和专业建设，支持区域性高水平淮安大学创建。推动城乡义务教育优质均衡发展和县域高中振兴。

参考文献

[1] [美] 保罗·萨缪尔森、威廉·诺德豪斯，经济学（第十四版）[M]. 北京：中国人民大学出版社（胡代光等译），1996.

[2] 蔡朝林. 网络环境下产业集群生态系统竞争优势及政策效应研究 [D]. 华南理工大学，2019.

[3] 蔡铁鹰，丁玉勇，王旭华. 菜系中"风味"的核心地位与淮扬菜系的风味——淮扬菜系基础理论研究之二 [J]. 淮阴工学院学报，2021，30 (4)：5-10.

[4] 曹远征. 中国国际竞争力研究发展报告（1999）——科技竞争力主题研究 [M] 北京. 中国人民出版社，1999.

[5] 陈华锋. 县域综合竞争力评价与提升对策研究 [D]. 杭州：浙江工业大学，2004，12.

[6] 陈亮. 数字经济核算问题研究 [D]. 大连：东北财经大学，2020. DOI：10.27006/d.cnki.gdbcu.2020.000066.

[7] 陈梦根，张鑫. 数字经济的统计挑战与核算思路探讨 [J]. 改革，2020 (9)：52-67.

[8] 陈如明. 广义智慧城市理念及其顶层设计系统方法论与务实发展实践探索（上）[J]. 数字通信世界，2016 (1)：41-44.

[9] 陈诗情. 数字经济的未来与规制 [J]. 中国商论，2022 (4)：22-25.

[10] 陈秀山，张可云. 区域经济理论 [M]. 北京：商务印书馆，2004.

[11] 程广斌，李莹. 基于投入产出视角的省域数字经济发展水平区域差异及效率评价 [J/OL]. 统计与决策：1-6.

[12] 从海燕，殷俊. 推动江苏产业集群创新发展的对策研究 [J]. 科技创新导报，2018，15 (23)：229-231.

[13] 丛新萍．安徽省县域经济竞争力评价研究 [D]．合肥：安徽财经大学，2012.

[14] 丁晏．淮阴说 [M] //刘学军，葛莱．千年古县——淮阴．南京：南京大学出版社，2011.

[15] 杜庆昊．中国数字经济协同治理研究 [D]．中共中央党校，2019.

[16] 范寿波．"长三角" 县域经济竞争力的研究 [J]．江南论坛，2005 (1)：16－18.

[17] 房仲甫，李二和．中国水运史 [M]．北京：新华出版社，2003.

[18] 冯之．江苏农村电子商务产业集群效应分析 [J]．农村经济与科技，2018，29 (18)：73－74.

[19] 高岱明．中国美食淮扬菜 [M]．南京：江苏人民出版社，2012.

[20] 高杰．舒城县域经济发展路径探究 [D]．合肥：安徽大学，2016.

[21] 高晓雨．2020 年二十国集团沙特会议关于数字经济测度议题的研究 [J]．中国信息化，2020 (12)：102－104.

[22] 官春子，黄俭．数字经济测度困境与核算建议 [J]．辽东学院学报 (社会科学版)，2020，22 (3)：22－26.

[23] 顾建国．江苏地方文化史·淮安卷 [M]．蔡铁鹰，王旭华．美食文化．南京：江苏人民出版社，2019.

[24] 顾伟忠．数字经济背景下经济增长路径转型研究 [D]．吉林大学，2021.

[25] 关玉娟．邯郸市县域经济竞争力评价研究 [D]．石家庄：河北大学，2019.

[26] 国家统计局．中国统计年鉴 [M]．北京：中国统计出版社，2005.

[27] 国旗，金凤君，陈娱，等．基于 POI 的物流节点和物流企业区位特征与分异机制——以北京为例 (英文) [J]．Journal of Geographical Sciences，2017，27 (7)：879－896.

[28] 韩冰宇．县域经济发展过程中企业行为的变迁规律研究 [D]．扬州大学，2012.

[29] 侯均宇，夏虎成，周意波．创生态水城建文明家园——江苏淮安市水生态文明城市建设纪实 [J]．河北水利，2018 (7)：20－21.

[30] 华夏．产业集群背景下企业迁移的方式与路径研究 [D]．东华大

学，2012.

[31] 淮安市统计局网站［EB/OL］http：//tjj.ha.gov.cn/2022－3－1/2021－12－10.

[32] 淮安市政府中心门户网站［EB/OL］http：//www.ha.gov.cn/，2022－3－26/2022－1－18.

[33] Ivan Sarafanov. 金砖国家数字产品贸易壁垒对数据密集型行业全要素生产率及宏观经济影响研究［D］. 对外经济贸易大学，2020.

[34] 姬小燕. 浙江省数字经济发展综合评价研究［D］. 杭州电子科技大学，2020.

[35] 贾兴元. 龙头企业与县域经济发展的实证研究［D］. 西南民族大学，2006.

[36] 简晓彬. 制造业价值链攀升机理研究［D］. 中国矿业大学，2014.

[37] 江苏省统计局编. 江苏统计年鉴2021［M］. 北京：中国统计出版社，2011.

[38] 江苏省统计局网站［EB/OL］http：//www.jssb.gov.cn/2013nj/，2022－3－26/2021－12－18.

[39] 姜珊. 区域人才竞争力的实证研究［D］. 西安科技大学，2011.

[40] 姜晓笛. 京津冀地区产业集群转型升级研究［D］. 天津大学，2020.

[41] 蒋兆岗. 县域经济综合竞争力——以云南省为例［M］. 北京：经济科学出版社，2005.

[42] 金辉，钱众，苗壮. 县域经济竞争力评价［J］. 统计与决策，2006（20）：57－59.

[43] 靳贞来. 县域经济综合竞争力的内涵及评估体系探讨［J］. 生产力研究，2006（3）：118－119.

[44] 景妍. 新疆贫困地区县域经济发展影响因素综合分析［D］. 新疆师范大学，2010.

[45] 李浩. 我国城市发展理念的四次转变［J］. 规划师，2015，31（10）：89－93.

[46] 李军. 集群环境中的产学研协同创新研究［D］. 太原理工大学，2020.

[47] 李思奕．关于扩权强县促进县域经济发展的研究 [D]．西南交通大学，2011.

[48] 李文星．新公共管理与中国欠发达县域竞争力的提升 [J]．西南民族学院学报：哲学社会科学版，2002 (5)：183 - 186.

[49] 李晓宇．长春市县域经济发展及对策研究 [D]．东北师范大学，2007.

[50] 李永亮．黑龙江省县（市）竞争力评价指标体系研究 [D]．黑龙江大学，2008.

[51] 李玉国．县级行政区旅游产业全域发展模式研究 [D]．山东师范大学，2014.

[52] 连云港市统计局网站 [EB/OL] http：//tjj. lyg. gov. cn/2022 - 3 - 1/2021 - 12 - 10.

[53] 连云港市政府中心门户网站 [EB/OL] http：//www. lyg. gov. cn/，2022 - 3 - 26/2022 - 1 - 18. - 18.

[54] 刘畅，张晓燕．物流集群协同的自组织特征和演化机理 [J]．甘肃社会科学，2018 (3)：236 - 242.

[55] 刘晗．淮水安澜——淮安 [J]．公共艺术，2010 (3)：80.

[56] 刘欢．数字经济的测度：文献综述与研究展望 [J]．商业经济，2021 (12)：146 - 147.

[57] 刘少华．基于产业化的中国农产品国际竞争力研究 [D]．武汉理工大学，2009.

[58] 刘志彪．长江三角洲地区的开放问题四题 [J]．南京社会科学，2003 (7)：45 - 48.

[59] 柳邦坤，丁桃红．“运河之都”淮安市旅游开发战略探析 [J]．江苏商论，2014 (9)：40 - 42.

[60] 卢松．从理性规划的视角看城市设计发展的四代范型 [J]．智能城市，2019，5 (21)：40 - 41.

[61] 陆丽娜，胡峰，刘媛．战略性新兴产业集群梯度差异与协同发展——基于江苏的数据分析 [J]．科技管理研究，2019，39 (20)：59 - 63.

[62] 罗荣渠．中国现代化历程的探索．北京：北京大学出版社，1998.

[63] 罗太平．甘南州县域经济竞争力实证分析与对策研究 [D]．兰州：

西北民族大学，2013：27－28.

［64］马汴京．我国地区经济差距影响因素实证研究［D］．华中科技大学，2011.

［65］马双伟．长垣县县域经济综合竞争力评价与提升对策研究［D］．山西农业大学，2017.

［66］马野等．中心城市的经济理论与实践．中国展望出版社，1986.

［67］彭硕毅，张营营．区域数字经济发展与企业技术创新——来自A股上市公司的经验证据［J/OL］．财经论丛，2022（3）：1－14.

［68］祁晓清．产业集群与区域经济发展研究［D］．北京邮电大学，2014.

［69］秦璐，高歌．中国物流运营网络中的城市节点层级分析［J］．经济地理，2017，37（5）：101－109.

［70］秦璐．城市物流空间结构特征及演化理论研究［D］．北京：北京交通大学，2012.

［71］丘远尧，王贵荣，黄雪冰．新疆地区竞争力评价的实证分析［J］．新疆财经，2002（4）：3－11.

［72］邱德君．关于吉林省县域经济发展模式与选择的思考［D］．东北师范大学，2007.

［73］闰恩虎．县域经济规划初探［J］．嘉应大学学报，2003（8）：29－32.

［74］史修松，魏拓，刘琼．农村电商产业集群发展模式与空间涉及差异研究——江苏淘宝村的调查［J］．现代经济探讨，2017（11）：118－125.

［75］苏北发展网网站［EB/OL］http：//www. sbfz. gov. cn/. 2022－3－1/2022－3－1.

［76］宿迁市统计局网站［EB/OL］http：//tjj. sq. gov. cn/2022－3－1/2021－12－10.

［77］宿迁市政府中心门户网站［EB/OL］http：//www. sq. gov. cn/，2022－3－26/2022－1－18.

［78］孙毅．新时代社会主要矛盾的区域协调发展维度浅析［J］．文化创新比较研究，2017，1（33）：6－7.

［79］滕宏虹．江苏信息社会发展水平报告（2018）［J］．市场周刊，2018（12）：81－83.

[80] 王秉安，陈振华，等．区域竞争力理论与实证 [M]．北京：航空工业出版社，2000.

[81] 王滇红，蔡守华，张健．京杭大运河江苏段里运河沿线大中型灌区灌溉用水计量方法探讨 [J]．节水灌溉，2018 (12)：92-96，103.

[82] 王芳．中国制造业产业集群内协同创新决策机制研究 [D]．中南财经政法大学，2019.

[83] 王健．大运河的精神品格和时代价值 [J]．群众，2018 (3)：31-33.

[84] 王节祥，蔡宁，盛亚．龙头企业跨界创业、双平台架构与产业集群生态升级——基于江苏宜兴“环境医院”模式的案例研究 [J]．中国工业经济，2018 (2)：157-175.

[85] 王田月．珠江-西江经济带县域竞争力差异及驱动因素研究 [D]．广西师范大学，2018.

[86] 王薇．河北省县域经济竞争力综合评价研究 [D]．河北科技大学，2009.

[87] 王雯慧．在基层扎下科技的根、扛起创新的旗 [J]．中国农村科技，2017 (6)：18-21.

[88] 王纤纤．基于区域竞争力的新疆兵团经济跨越式发展研究 [D]．石河子大学，2013.

[89] 王贤海．安徽县域经济竞争力实证分析与对策研究 [D]．合肥工业大学，2006.

[90] 吴小伟，仲崇庆，陈慧．淮安里运河文化旅游资源开发思路研究 [J]．黑河学刊，2015 (3)：4-7.

[91] 夏永久，朱喜刚，储金龙．基于ESDA的安徽省县域经济综合竞争力空间演变特征研究 [J]．经济地理，2011 (9)：1427-1431，1438.

[92] 谢呈阳．基于江苏产业集群演进的集群创新与升级研究 [D]．东南大学，2015.

[93] 谢守红，蔡海亚．长江三角洲物流业发展的时空演变及影响因素 [J]．世界地理研究，2015，24 (3)：118-125.

[94] 胥闻晓．探究淮安市里运河文化旅游营销创新模式 [J]．现代营销（信息版），2020 (1)：253.

[95] 徐清源，单志广，马潮江．国内外数字经济测度指标体系研究综述

[J]. 调研世界，2018（11）：52-58.

[96] 徐小凡. 数字经济测度方法比较研究 [D]. 北京邮电大学，2021.

[97] 徐业龙，郑孝芬. 淮安运河文化遗产水利科学价值解读 [J]. 淮阴工学院学报，2013，22（6）：1-5.

[98] 徐业龙. 淮安运河文化遗产社会价值解读 [J]. 淮阴工学院学报，2016，25（6）：1-3.

[99] 徐志明. 大运河文化带建设与乡村振兴融合发展的难点与对策 [J]. 江南论坛，2021（10）：4-6.

[100] 徐州市统计局网站 [EB/OL] http：//tjj. xz. gov. cn/2022-3-1/2021-12-10.

[101] 徐州市政府中心门户网站 [EB/OL] http：//www. xz. gov. cn/，2022-3-26/2022-1-18.

[102] 许皓. 苏联经验与中国现代城市规划形成研究（1949-1965）[D]. 东南大学，2018.

[103] 许宪春，张美慧. 中国数字经济规模测算研究——基于国际比较的视角 [J]. 中国工业经济，2020（5）：23-41.

[104] 亚当·斯密. 国民财富的性质和原因的研究 [M]. 北京：商务印书馆，1972.

[105] 严永利. 县域经济发展综合竞争力评价研究 [D]. 西北农林科技大学，2006.

[106] 盐城市统计局网站 [EB/OL] http：//tjj. yc. gov. cn/2022-3-1/2021-12-10.

[107] 盐城市政府中心门户网站 [EB/OL] http：//www. yancheng. gov. cn/，2013-11-26/2014-1-18.

[108] 盐城市政府中心门户网站 [EB/OL] http：//www. yc. gov. cn/，2022-3-26/2022-1-18.

[109] 叶依广. 区域经济学原理 [M]. 南京：江苏教育出版社，2002.

[110] 应晓萍. 淮安：继承优秀传统文化，开创运河美好未来 [N]. 中国文化报，2014-10-16（13）.

[111] 禹新荣. 县域经济产业竞争力研究——以湖南邵东为个案分析 [D]. 长沙：中南大学，2010.

[112] 袁超一．补齐短板，让县域经济强起来 [N]. 湖北日报，2021-01-27 (5).

[113] 詹磊．四川省丘陵地区县域经济综合竞争力评价研究 [D]. 西南交通大学，2016.

[114] 张大鹏，曹卫东，姚兆钊，等．上海大都市区物流企业区位分布特征及其演化 [J]. 长江流域资源与环境，2018，27 (7)：1478-1489.

[115] 张劲松．南水北调助推大运河复兴与生态保护 [J]. 群众，2019 (24)：46-47.

[116] 张楷．淮安市里运河文化长廊概念规划——里运河可持续性发展研究 [D]. 东南大学，2006.

[117] 张莅黎．经济增长中的产业投入产出关联效应：测度与中国实证 [D]. 云南财经大学，2021.

[118] 张璐．山东省县域经济竞争力评价及对策研究 [D]. 山东师范大学，2008.

[119] 张美慧．国际新经济测度研究进展及对中国的借鉴 [J]. 经济学家，2017 (11)：47-55.

[120] 张鹏．安徽县域经济发展评价研究 [D]. 安徽财经大学，2018.

[121] 赵婷婷．中国产业集群对区域创新能力的影响研究 [D]. 吉林大学，2020.

[122] 赵西君，刘科伟，王利华．浅析运河旅游资源的结构及开发对策 [J]. 西安电子科技大学学报（社会科学版），2003.

[123] 赵小芳．福建省安溪县县域经济发展研究 [D]. 福建师范大学，2005.

[124] 赵一鸿，朱筱．淮安：运河再安澜 [J]. 本月谈，2018 (19).

[125] 郑季良，李汝仙．数字经济赋能制造业服务化发展研究——以北京市为例 [J/OL]. 昆明理工大学学报（社会科学版），2022 (3)：1-11.

[126] 中共中央国务院印发《乡村振兴战略规划（2018~2022 年）》[J]. 中华人民共和国国务院公报，2018 (29)：9-47.

[127] 中郡县域经济研究所．中国县域经济年鉴 [M]. 北京：中国经济出版社，2007.

[128] 钟敏．国际数字经济测度的实践经验及中国的战略选择 [J]. 经

济体制改革，2021（3）：158－165.

［129］周毅．大运河文化带建设助力淮安高质量发展［J］．唯实，2018（9）：68－70.

［130］朱楠林．湖北省县域经济综合竞争力评价研究［D］．华中农业大学，2013.

［131］朱毅民．淮水安澜福佑淮安［J］．江苏水利，2010（10）：9－10，13.

［132］朱允卫，杨万江．县域综合竞争力的基本内涵及其评价指标体系研究［J］．浙江社会科学，2003（7）：173－177.

［133］宗晓玲．中国城市经济竞争力空间格局分析［D］．山西师范大学，2018.

［134］Albert O. Hirschman. The Strategy of Economic Development［M］. Westview PressInc，1988.

［135］Cattaruzza D. A. N.，Feillet D.，et al. Vehicle routing problems for citylogistics［J］．EURO Journalon Transportation and Logistics，2015，6（1）：51－79.

［136］Cui Y.，Song B. Logistics Agglomeration and Its Impactsin China［J］．Transportation Research Procedia，2017（25）：3879－3889.

［137］Daniel Kaufmann，Aart Kraay，Massimo Mastruzzi（2014）．The Worldwide Governance Indicators（WGI）projectreports.

［138］Gooderham P，Minbaeva D B，Pedersen T. Governance mechanisms for the promotion of social capital for knowledge transfer in multinational corporations［J］．Journal of Management Studies，2011.

［139］Hoover E. M. Location Theory and the Shoe Leather Industries［M］．Cambridge：Harvard University Press，1937.

［140］International Institute for Management Development（IMD）．The 2017 IMD World Digital Competitiveness Ranking，2018.

［141］Kooiman，J.，Van Vliet，M. Governanceand Public Management，in：K. Eliassen，J. Kooiman（eds），Managing Public Organizations（2nded.），1993.

［142］Michael E Porter，Clusters and New Economics of Competition，Harvard Business Review，1998，11.

[143] Myrdal. G. Economic theory and under developedregions [M]. London: Duckworth, 1957.

[144] Perroux F. Anoteonthe Notionof Growth Pole [J]. Applied Economy, 1&2: 307 -320.

[145] Perroux F. Economic Space: Theory and Applications [J]. Quarterly Journal of Economics, 1950, 64 (1): 89 -104.

[146] Porter, M. E. The Competitive Advantage of Nations. New York: The Free Press, 1990: 34 -65.

[147] Schultz T. W. Economic Growthand Agriculture [M]. Beijing: China Renmin University Press, 2015.

[148] William Arthur, Sir Lewis. The Evolution of tihe International Economic Order [M]. Princeton University Press, 1978 (4) .

[149] Williamson J. G. Regional inequality and the process of national development: a description of the patterns [J]. Economic Development & Cultural Change, 1965, 13 (4): 89 -97.

[150] World Economic Forum (WEF). The Global Competitiveness report 2017 -2018. 2018.

附录一　淮安建成长三角北部中心城市影响因素调查表

附表 2－1　淮安建成长三角北部中心城市准则层因素重要性调查表

准则层影响因素重要性比较

项目		标度				
		一样重要	略显重要	较为重要	相当重要	极端重要
重要性比较	M_1 与 M_2					
	M_1 与 M_3					
	M_1 与 M_4					
	M_2 与 M_3					
	M_2 与 M_4					
	M_3 与 M_4					

注：M－目标路径；M_1－经济现代化；M_2－社会现代化；M_3－基础设施与环境现代化；M_4－文化现代化。

附表 2－2　淮安建成长三角北部中心城市经济现代化因素重要性调查表（Ⅰ）

经济现代化因素重要性比较

项目		重要性比较			
		M_{11}与M_{12}	M_{11}与M_{13}	M_{11}与M_{14}	M_{11}与M_{15}
标度	一样重要				
	略显重要				
	较为重要				
	相当重要				
	极端重要				

注：M_1－经济现代化；M_{11}－人均社会产值；M_{12}－第三产业增加值占 GDP 比重；M_{13}－外贸依存度；M_{14}－高新技术产值占工业增加值比重；M_{15}－社会消费品零售总额。

附表2-3　淮安建成长三角北部中心城市社会现代化因素重要性调查表（Ⅱ）

社会现代化因素重要性比较

项目		重要性比较		
		M_{21}与M_{22}	M_{21}与M_{23}	M_{22}与M_{24}
标度	一样重要			
	略显重要			
	较为重要			
	相当重要			
	极端重要			

注：M_2 - 社会现代化；M_{21} - 平均预期寿命；M_{22} - 恩格尔系数；M_{23} - 城镇化率；M_{24} - 社会保险覆盖率。

附表2-4　淮安建成长三角北部城市基础设施与环境现代化因素重要性调查表（Ⅲ）

基础设施与环境现代化因素重要性比较

项目		标度				
		一样重要	略显重要	较为重要	相当重要	极端重要
重要性比较	M_{31}与M_{32}					
	M_{31}与M_{33}					
	M_{32}与M_{33}					

注：M_3 - 基础设施与环境现代化；M_{31} - 人均高速路里程数；M_{32} - 信息化程度；M_{33} - 绿化覆盖率；M_{34} - 污物处理率。

附表2-5　淮安建成长三角北部城市文化现代化因素重要性调查表（Ⅳ）

长三角北部城市主素质因素重要性比较

项目		标度				
		一样重要	略显重要	较为重要	相当重要	极端重要
重要性比较	M_{41}与M_{42}					
	M_{41}与M_{43}					
	M_{42}与M_{43}					

注：M_4 - 文化现代化；M_{41} - 人均拥有馆藏图书量；M_{42} - 高等学校数量；M_{43} - 受过高等教育人数比重。

附录二 相关数据

附表 7－1 淮安市 2010～2020 年相关数据

年份	GDP（亿元）	GDP 增长率/%	人均 GDP/元	城镇居民人均可支配收入/元	农村居民人均可支配收入/元	新增专利申请量/件	新增专利授权量/件	一般公共预算支出/万元	科技投入/万元	占比/%
2020 年	4025. 37	4. 80	87507	40318	19730	15989	11768	5682476	83700	1. 47
2019 年	3840. 21	6. 20	82699	38952	18567	13052	7676	5291463	90661	1. 71
2018 年	3615. 02	8. 10	77596	35828	17058	17644	8689	4867707	93497	1. 92
2017 年	3342. 61	8. 10	71525	32976	15601	16777	7331	4523140	97407	2. 15
2016 年	3090. 86	10. 90	65993	30335	14319	17293	8081	4834682	92942	1. 92
2015 年	2755. 58	11. 20	58558	28105	13128	15941	9365	5124698	120482	2. 35
2014 年	2478. 43	12. 20	52435	25798	12010	15101	6663	4316544	106174	2. 46
2013 年	2234. 99	13. 70	47087	23582	10762	12075	4573	3850537	732505	19. 02
2012 年	1935. 93	15. 40	40610	22995	9838	9325	3140	3398581	74402	2. 19
2011 年	1702. 38	21. 90	35550	20260	8645	6497	1819			
2010 年	1396. 38		29034	17680	7233		1170			

附表 7－2 盐城市 2010～2020 年相关数据

年份	GDP/亿元	GDP 增长率/%	人均 GDP/元	城镇居民可支配收入/元	农村居民可支配收入/元	新增专利申请量/件	新增专利授权量/件	一般预算支出/万元	科技投入/万元	占比/%
2020 年	5953	5. 25	88731	40403	23670	34489	21533	9736000	26. 7503	2. 75
2019 年	5656	4. 99	84408	38816	22258	25912	15713	8775200	26. 6412	3. 04
2018 年	5387	7. 96	80505	35896	20357	34078	15932	8400800	28. 445	3. 39

续表

年份	GDP/亿元	GDP增长率/%	人均GDP/元	城镇居民可支配收入/元	农村居民可支配收入/元	新增专利申请量/件	新增专利授权量/件	一般预算支出/万元	科技投入/万元	占比/%
2017年	4990	9.74	74707	33115	18711	31146	10017	7482800	25.0301	3.35
2016年	4547	8.73	68227	30496	17172	28509	8076	7303300	32.3589	4.43
2015年	4182	9.82	62721	28200	15748	22353	7840	7463100	28.9105	3.87
2014年	3808	9.90	56938	25854	14414	19944	4549	6032100	23.6313	3.92
2013年	3465	11.88	51165	23669	13344	16689	4718	5556200	19.7879	3.56
2012年	3097	12.58	44662	21941	11898					
2011年	2751	18.80	38508	19414	10511					
2010年	2316		31408	16935	8751					

附表7-3　　金华市2010～2020年相关数据

年份	GDP/亿元	GDP增长率/%	人均GDP/元	城镇居民可支配收入/元	农村居民可支配收入/元	新增专利申请量/件	新增专利授权量/件	一般预算支出合计/万元	科技投入/万元	占比/%
2020年	4703.95	2.94	95431	61545	30365	52054	42446	204448	7034142	2.91
2019年	4569.48	7.67	93169	59348	28511	43254	27237	247933	6644874	3.73
2018年	4243.89	7.11	87100	54883	26218	38489	23711	211407	5739988	3.68
2017年	3962.17	6.93	81975	50653	23922	28852	17444	186460	5366856	3.47
2016年	3705.24	6.44	77254	46554	21896	26488	16873	182163	5423599	3.36
2015年	3481.08	8.27	73043	43193	20297	19102	16353	160920	4643797	3.47
2014年	3215.17	7.86	67801	39807	18544	18989	15129	133838	3528648	3.79
2013年	2980.93	10.82	63157	36386	14788	23356	15997	121364	3222488	3.77
2012年	2689.85	10.55	57249	33130	13286	21491	17634	104206	2719529	3.83
2011年	2433.11	15.80	52005	29699	11877	16481	11827	83449	2350800	3.55
2010年	2101.13	19.31	45169	26023	10201	10255	10140	75525	2115178	3.57

附表 7－4　　　　襄阳市 2010～2020 年相关数据

襄阳市	GDP/亿元	GDP增长率/%	人均GDP/元	城镇居民可支配收入/元	农村居民可支配收入/元	新增专利申请量/件	新增专利授权量/件	一般预算支出合计/万元	科技投入/万元	占比/%
2020 年	4601. 97	－4. 40	78145. 2	37707	18422	11406	7092	6702833	204991	3. 06
2019 年	4812. 84	9. 36	81601. 2	37297	18933	9201	4121	7296831	270417	3. 71
2018 年	4400. 96	13. 22	74290. 3	33947	17305	9886	4140	6709664	302249	4. 5
2017 年	3886. 92	10. 41	65765. 4	31316	16005	9936	2602	6419853	229986	3. 58
2016 年	3520. 37	9. 48	59235. 6	28794	14762	8829	2638	6241245	206938	3. 32
2015 年	3215. 56	8. 29	54372	26282	13650	2038	1485	5845031	201511	3. 45
2014 年	2969. 49	10. 41	49873. 9	24113	12534	2069	1226	4379283	187876	4. 29
2013 年	2689. 48	7. 49	45193. 7	19329	9785	6347	2064	3648653	46699	1. 28
2012 年	2501. 96	17. 34	42120. 5	17532	8684					
2011 年	2132. 22	38. 61	35920. 1	15352	7549					
2010 年	1538. 27		26023. 9	14756	6365					

后　记

本书是作者近年来相关研究成果的总结与归纳，旨在分析淮安中心城市现代化发展的经济社会基础、产业集群架构和自然禀赋，为淮安建设长三角北部现代化中心城市提供政策参考。全书共分为九个章节，第一章介绍淮安建设长三角北部现代化中心城市的时代背景，揭示淮安建成长三角北部现代化中心城市建设的经济学机理;；第二章分析长三角北部主要城市的社会经济基础、产业集群构架及自然资源禀赋现状；第三章研究淮安枢纽城市建设；第四章研究淮安制造业产业集群；第五章研究淮安数字经济；第六章研究淮安大运城文化带特色城市建设；第七章研究淮安进入全国地级市 50 强；第八章研究淮安百强县突破；第九章结论与建议。

本书是江苏省重点培育智库苏北发展研究院、江苏省决策咨询研究基地“四化同步”研究基地、台商研究中心（2017ZSJDO22）、苏北社区治理现代化研究中心、创新创业研究中心（2018ZDJD – B013）、创新创业与苏北高质量发展研究团队、江苏高校哲学社会科学重点研究基地“苏北社区治理现代化研究中心”、苏北发展与社会治理研究团队（2017ZSTD018）、淮安现代化研究院智库建设专项等项目资助的阶段性研究成果。

本书中部分章节已公开发表，有部分内容是作者在已有研究积累的基础上整理而成。在本书的资料收集、整理与撰写过程中，史修松、刘长平、仇桂且、郭立新、阚中华、孔德财等同志给予了很大帮助，在此表示感谢。同时也感谢中国财政经济出版社在此书出版过程中给予的指导与帮助。

由于时间和能力有限，加之本书也是本领域的探索性研究，书中难免会有错误之处，恳请专家学者批评指正。

作者

2023 年 3 月于淮安